# Endurance. La prisión blanca



Contemporánea
Narrativa

## Biografía

Editor y autor, Alfred Lansing sirvió de joven en la marina de Estados Unidos durante la Segunda Guerra Mundial, llegando a recibir el Corazón Púrpura. En 1946, tras dejar la marina, regresó al North Park College por espacio de dos años para luego pasar a la Universidad de Northwestern, donde estudió periodismo. Hasta 1949 fue editor de un periódico semanal en Illinois. Después trabajó como escritor independiente para, entre otros medios, United Press y la revista *Collier's*, y más tarde como editor de Time Inc. Pero Alfred Lansing es sobre todo conocido por haber publicado el bestseller *Endurance. La prisión blanca*, un relato histórico del viaje de sir Ernest Shackleton a la Antártida en 1914.

ALFRED
LANSING

# ENDURANCE
## LA PRISIÓN BLANCA

### EL LEGENDARIO VIAJE DE SHACKLETON AL POLO SUR

Prólogo de Ramón Larramendi

Traducción de Elena de Grau

AUSTRAL

PENÍNSULA

Obra editada en colaboración con Editorial Planeta – España

Título original: *Endurance: Shackleton's Incredible Voyage*


Diseño de la colección: Compañía
Adaptación de la portada: Austral / Área Editorial Grupo Planeta
Fotografía de la portada: © Royal Geographical Society / Getty Images


Bajo el sello editorial AUSTRAL M.R.
Avenida Presidente Masarik núm. 111,
Piso 2, Polanco V Sección, Miguel Hidalgo
C.P. 11560, Ciudad de México
www.planetadelibros.com.mx

Primera edición impresa en España en Austral: enero de 2025
ISBN: 978-84-1100-326-1

Primera edición impresa en México en Austral: noviembre de 2025
ISBN: 978-607-39-3653-8



Impreso en los talleres de Impregráfica Digital, S.A. de C.V.
Avenida 11 463, Interior Bodega 2 Colonia San Nicolas Tolentino
C.P. 09850 Iztapalapa, CDMX
Impreso en México – *Printed in Mexico*

# Índice

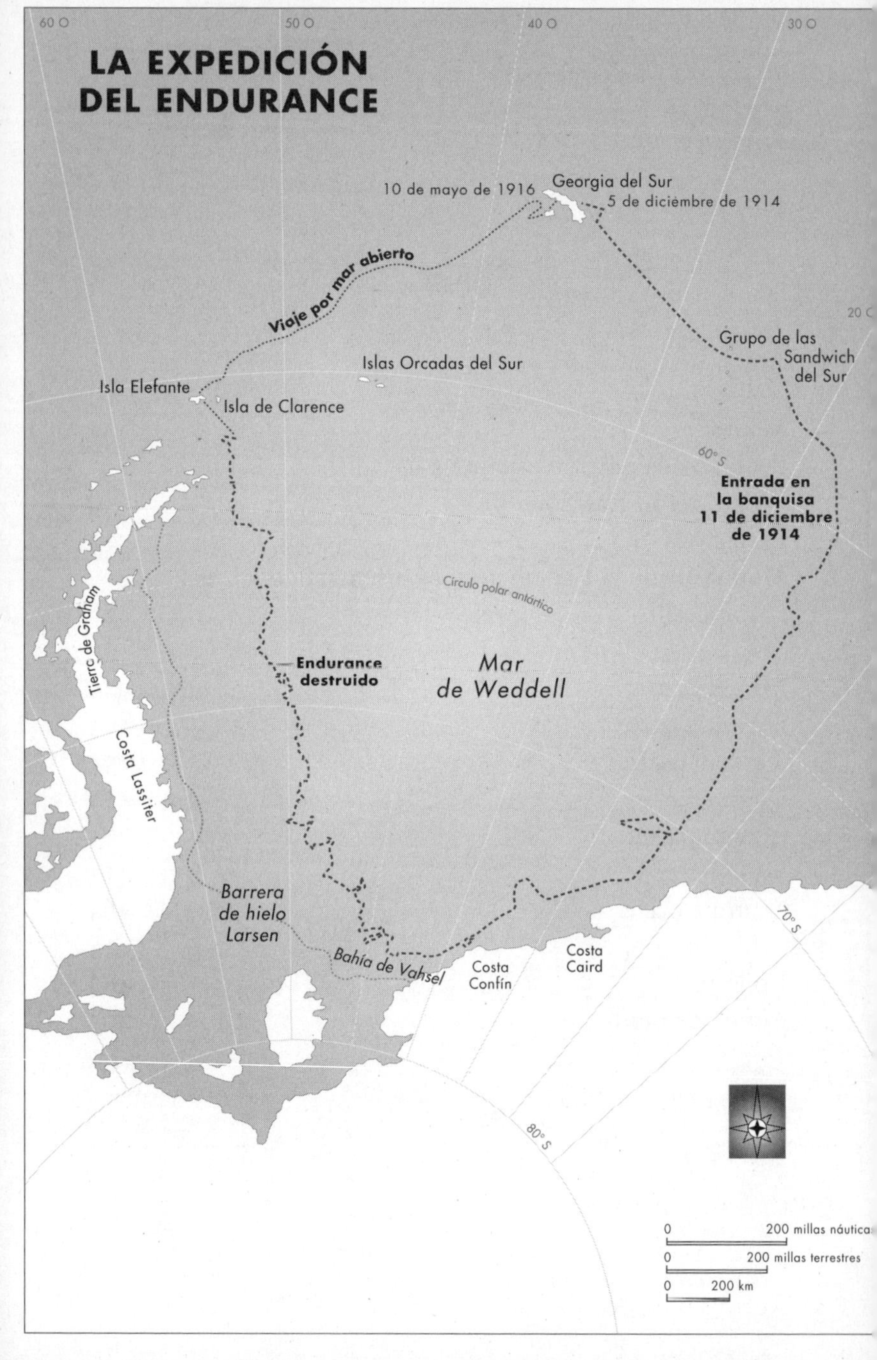

LA EXPEDICIÓN DEL ENDURANCE
60 O
50 O
40 O
30 O
20 O
Georgia del Sur
10 de mayo de 1916
5 de diciembre de 1914
Viaje por mar abierto
Grupo de las Sandwich del Sur
Islas Orcadas del Sur
Isla Elefante
Isla de Clarence
60° S
Entrada en la banquisa 11 de diciembre de 1914
Círculo polar antártico
Tierra de Graham
Endurance destruido
Mar de Weddell
Costa Lassiter
Barrera de hielo Larsen
Bahía de Vahsel
Costa Confín
Costa Caird
70° S
80° S
0 200 millas náuticas
0 200 millas terrestres
0 200 km

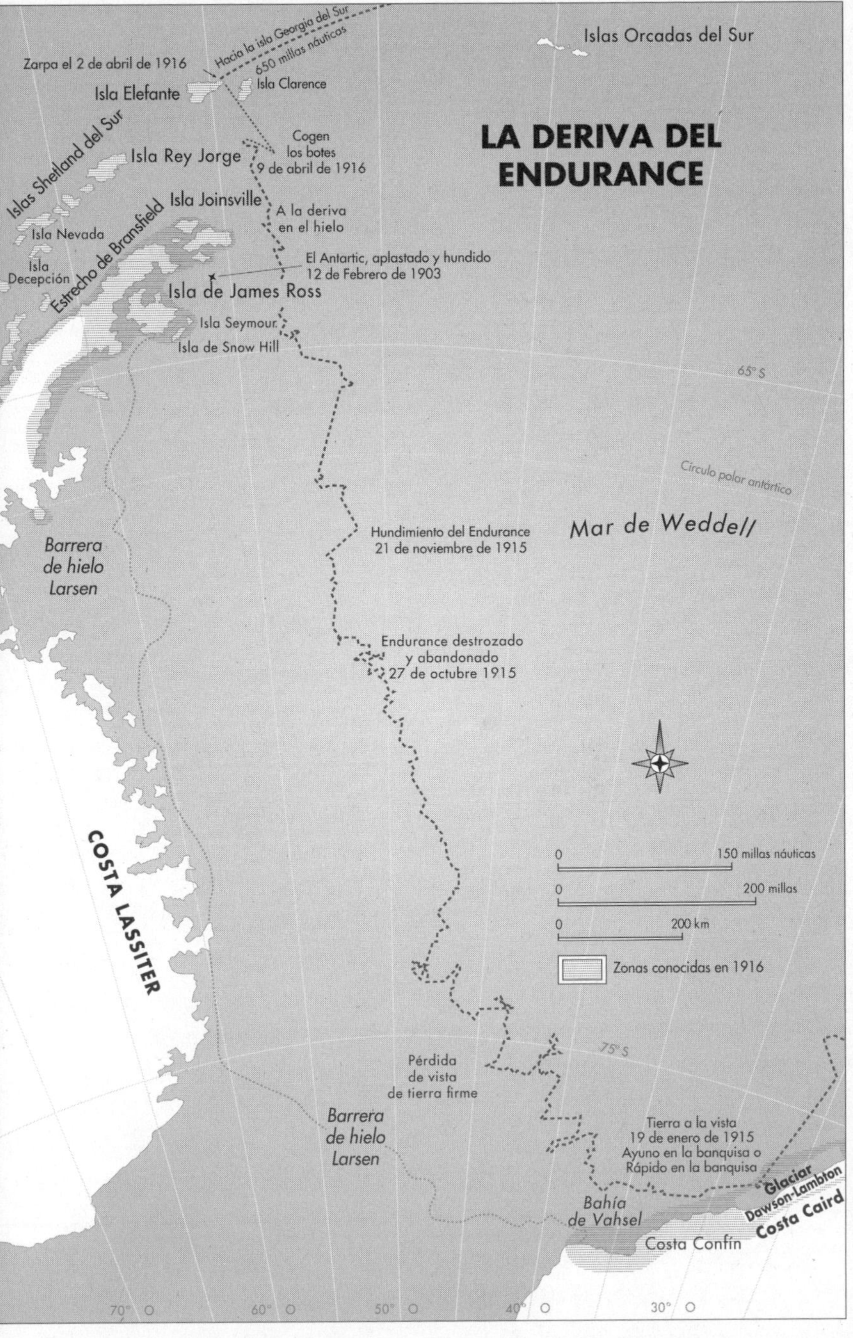

LA DERIVA DEL ENDURANCE
Islas Orcadas del Sur
Hacia la isla Georgia del Sur
650 millas náuticas
Zarpa el 2 de abril de 1916
Isla Elefante
Isla Clarence
Islas Shetland del Sur
Cogen los botes 9 de abril de 1916
Isla Rey Jorge
Isla Joinsville
A la deriva en el hielo
Isla Nevada
Estrecho de Bransfield
Isla Decepción
El Antartic, aplastado y hundido 12 de Febrero de 1903
Isla de James Ross
Isla Seymour
Isla de Snow Hill
65° S
Círculo polar antártico
Hundimiento del Endurance 21 de noviembre de 1915
Mar de Weddell
Barrera de hielo Larsen
Endurance destrozado y abandonado 27 de octubre 1915
COSTA LASSITER
0
150 millas náuticas
0
200 millas
0
200 km
Zonas conocidas en 1916
75° S
Pérdida de vista de tierra firme
Barrera de hielo Larsen
Tierra a la vista 19 de enero de 1915 Ayuno en la banquisa o Rápido en la banquisa
Glaciar Dawson-Lambton
Bahía de Vahsel
Costa Caird
Costa Confín
70°
60°
50°
40°
30°

# Prólogo a la edición española

Apenas contaba veintitrés años cuando, en un viaje a la ciudad británica de Cambridge cayó por primera vez en mis manos el libro de Albert Lansing *Endurance: Shackleton's Incredible Voyage*. Corría el año 1988 y el destino me había llevado hasta una librería de segunda mano, de las llamadas *de viejo* porque sus estantes acumulan tesoros por descubrir entre el polvo y el olvido. Y allí estaba: una primera edición de la obra de Lansing, de 1959, con la historia de uno de los grandes exploradores polares de todos los tiempos.

Por entonces, precisamente me encontraba en la famosa universidad para visitar el Scott Polar Institute, uno de los mejores centros de investigación del mundo sobre los territorios polares. Ya estaba planificando la que sería la gran aventura de mi vida: la expedición Circumpolar, que me llevaría desde Groenlandia hasta Alaska, cruzando todo el Ártico americano únicamente a bordo de un trineo de perros y de un kayak para las zonas navegables. Aquel sería un largo viaje de tres años en el que todo un mundo desconocido se abriría ante mí, siempre desafiante, lleno de misterio. Un mundo que marcó desde entonces el devenir de mi vida.

Antes de emprender aquel desafío, dediqué mucho tiempo a buscar la inspiración y la sabiduría en los clásicos de la exploración polar; quería encontrar claves que me ayudaran en la vida de quienes antes que yo se habían enfrentado a aquel inhóspito mundo, y habían sobrevivido para contarlo, o por el contrario no lo habían logrado.

La lectura del libro de Lansing solo me duró una noche. Desde el momento que abrí sus amarillentas páginas, no pude levantar la vista y aún recuerdo que daban las cinco de la mañana cuando, irresistiblemente fascinado, sumergido de lleno en la epopeya de Ernest Shackleton, puse fin a aquella Expedición Imperial Transantártica. Entendí entonces por qué, sin realizar ningún hito geográfico, ha pasado a los anales de la historia.

Quizá lo más sorprendente de esa voracidad lectora es que ya conocía los detalles de los hechos que se narraban, pues antes que leer la obra del periodista norteamericano ya había caído en mis manos el relato que escribió el propio Shackleton, *South: The Endurance Expedition*, pero la calidad literaria de Lansing logra una comprensión de la aventura que supera con creces la versión que nos había dejado su principal protagonista.

Aun así, para entender por qué logró convertir *Endurance* en un *best seller* —de hecho, aún hoy es un libro de referencia—, hay que tener en cuenta que lo escribió en el año 1959, justo cuando el geólogo anglo-alemán Vivian Funchs y el neozelandés Edmund Hillary acababan de culminar con éxito la primera travesía de la Antártida. Era la misma ruta que en 1914 ya había intentado realizar por primera vez Shackleton, aunque no lo consiguió. Casi cuarenta y cinco años más tarde, estos dos exploradores lo habían logrado, y el pionero británico volvía a estar de actualidad.

Además, cuando Lansing se puso a investigar los hechos, hacía ya décadas que habían pasado los turbulentos tiempos de la Primera Guerra Mundial que habían «pillado» a Shackleton en plena aventura, pero no tanto como para que el autor no pudiera encontrar y entrevistar a una decena de miembros de aquella expedición. Gracias a sus testimonios y al tiempo transcurrido desde entonces, pudo tener una perspectiva histórica privilegiada sobre lo acaecido, de la que había carecido el explorador británico.

Por otro lado, el libro recuperaba una expedición y a un personaje que habían caído en el olvido. Shackleton se consideraba un fracasado, aunque había logrado regresar a su país con todos sus hombres vivos. Y sin embargo, su historia quedó totalmente eclipsada por otro fracaso mucho más dramático: la muerte en 1912 de su compatriota el capitán Robert Scott y de los cuatro camaradas que iban con él. Ocurrió en la carrera por la conquista del Polo Sur, que ganaría finalmente el noruego Roald Amundsen.

El afán de Scott por llegar a la meta el primero aun a costa de su vida, su decepción al saberse perdedor, el sufrimiento de sus últimos días, que dejó plasmado en una emotiva carta a su esposa... Todo ello convirtió al militar en un mártir, en una leyenda que ocupaba plenamente el imaginario popular como héroe antártico.

Y no hay que olvidar que cuando Shackleton regresó de su expedición antártica a su país, en 1917, Inglaterra se hallaba envuelta en la Primera Guerra Mundial. Era un momento en el que las historias de heroísmo personal, de sufrimiento y de muerte ocupaban las páginas de la actualidad cada día. Y eran dramas que llegaban desde las lúgubres trincheras del frente oriental de Europa, donde toda una generación de jóvenes de la misma edad que gran parte de los miembros de la expedición se desangraba y moría. Demasiados héroes sin éxito. Malos tiempos para celebraciones.

De hecho, pasado el rápido tronar de los cañones a su regreso de la Antártida, y tras una efímera fama después de su muerte, Shackleton pasó al olvido al que la historia tiene condenado a un gran número de sus héroes victoriosos y, por norma, a todos los no victoriosos.

Pero no permaneció en la oscuridad. El *Endurance* de Lansing, décadas después, inició la recuperación de la memoria de aquel líder incombustible, que de repente se descubrió como un ser capaz de las más impensables hazañas. No es de extrañar el éxito que tuvo la obra nada más ser publicada. Es más, sin duda este libro marcó el comienzo de lo que con el tiempo se convirtió en «shackletonmanía», un afán por poner en su lugar el reconocimiento que merecen las cualidades de aquel personaje irrepetible. Y resulta curioso que, a medida que su figura ha ido tomando valor, la del capitán Scott ha ido, de forma inversamente proporcional, en detrimento; hasta el punto de que algunos de sus más alabados méritos comenzaron a no ser considerados como tales.

Debo reconocer que la vida de Ernest Shackleton siempre me ha fascinado. No por sus éxitos como explorador, que no los tuvo, sino porque nunca culminó con éxito alguna de sus expediciones a las tierras polares. Y es que no solo la Transantártica no acabó como estaba pensada; todas las que dirigió acabaron en un rotundo fracaso. Por ello, no deja de ser sorprendente que cuando se cumple un siglo de aquella travesía, uno de los exploradores polares más conocidos del mundo sea el que nunca triunfó. Es una paradoja que nos ofrece pistas de la excepcionalidad de una persona que consiguió su última y más perdurable victoria varias décadas después de muerto.

Bien es cierto que la historia y la percepción de la realidad de cualquier acción humana se modifica con el paso del tiempo, pero en este caso más que el efecto de los años ha sido posiblemente el libro de Lansing el que más ha influido, y aún lo sigue haciendo, para que haya tenido lugar ese cambio respecto a los logros del explorador británico.

A lo largo de las páginas, el autor, que no es conocido más que por esta obra, describe con enorme brillantez al aventurero, su tremenda capacidad como líder incuestionable, su actitud siempre positiva ante la adversidad, su afán en la lucha contra dificultades que a la inmensa mayoría parecían imposibles de superar, su valía para lograr mantener a su equipo cohesionado cuando todo a su alrededor se estaba desintegrando y cuando las posibilidades de supervivencia se hacían cada vez más remotas.

La lucha de Shackleton desde que su buque rompehielos Endurance es apresado por los hielos, y después destruido, y finalmente abandonado el 27 de octubre de 1915, hasta que consigue rescatar a sus hombres el 30 de agosto de 1916, 10 meses después, en isla Elefante, se convierte gracias al libro de Lansing en algo más grande que una gran aventura. Es el triunfo del espíritu humano ante la adversidad más absoluta, ante la desesperanza, ante el miedo, y se convierte también en un ejemplo imperecedero de cómo las cualidades personales de un auténtico «jefe», como le llamaban sus hombres, pueden hacer superar lo insuperable. Y así es como esa desesperada lucha por la supervivencia pasa a ser algo de más trascendencia que alcanzar una meta, en algo más universal y atemporal que la consecución del plan previo que tenía marcado.

Cuando se conoce el desfavorable escenario, ingrato para la vida, en el que se desarrolla esta historia, la eterna pugna por mantener las cualidades necesarias para afrontar la adversidad, bajo enormes presiones, toma una nueva perspectiva. Y este es precisamente su verdadero éxito, el que le ha granjeado de algún modo la inmortalidad. Hoy Shackleton se ha convertido en un icono, en un símbolo del afán de superación del ser humano desde un punto de vista moderno, porque su figura y los valores que supo transmitir no han perdido actualidad.

En la otra cara está Robert Scott, un militar imbuido por el ideario de la Armada británica, que en su época era las más importante del mundo. Un hombre que había sido formado para obedecer y ser obedecido, que tenía una concepción del mando mucho más vertical, más clasista y, por tanto, más encorsetada por los prejuicios de su época. Sus órdenes no podían ser reflexionadas, ni discutidas. Un carácter muy distinto al de Shackleton, quien tenía claro que lo importante era minimizar las diferencias con los subordinados, que supo que la forma de ganárselos para su causa era con una mezcla de increíble fortaleza y valor como los que él tenía; que era necesario poner en marcha la imaginación para que el equipo funcionara, incluso con estrategias que pudieran resultar estrambóticas; que había que utilizar la psicología para gestionar el equipo sin fisuras; y que logró transmitir una genuina preocupación por el bienestar de sus hombres. El cóctel de todos esos elementos le granjeó el respeto y la confianza total de sus hombres, que le siguieron, aun cuando sus órdenes les resultaran incomprensibles, y que fueron tan necesarias para la supervivencia final.

Los acontecimientos que suceden en la aventura son tan dramáticos que el desenlace está en el límite más extremo que separa lo posible de lo imposible. Incluso hoy, con toda la tecnología puntera a nuestro alcance, la Antártida sigue siendo un territorio lleno de peligros. Cuesta creer que la tripulación del Endurance no cayera en la desesperación paralizadora cuando se vio obligada a abandonar su barco en mitad de un mar de hielo. Y cuando su «jefe» les conminó a iniciar una desesperante ruta de destino incierto, arrastrando las chalupas por la banquisa, con el objetivo final de alcanzar tierra firme a cientos de kilómetros. Y cómo no pensar en la angustia que debieron de sentir cuando, una vez que estaban alcanzando los bordes de aquella banquisa, observaron que el hielo comenzaba a desintegrarse y a mezclarse con el agua, convirtiendo las cercanías de la costa en un chapapote en el que el agua y los icebergs se mezclaban convirtiendo la navegación en una actividad extremadamente peligrosa. Y qué decir de la alegría pasajera por la llegada a la inhóspita isla Elefante, donde nadie vendría a rescatarles porque nadie pasaba por allí. O de la partida de Shackleton y unos pocos hombres en un pequeño bote, bautizado como el James Caird, hacia la isla Georgia del Sur, convencido de que regresaría con ayuda a por el resto de los compañeros. Y, por último, una vez en Nueva Zelanda, cómo no sufrir con su desesperante lucha por conseguir un barco con el que ir a socorrer a sus hombres.

De hecho, el capitán del Endurance, Frank Worsley, y los otros compañeros que le acompañaban en el bote salvavidas remarcarían después cómo fue en esos momentos, durante los meses de junio y julio de 1916, cuando el explorador estuvo más estresado y más tenso. En pleno invierno antártico, Shackleton era consciente de que cada día que pasaba era un día perdido para conseguir el barco que podría suponer la vida o la muerte de algunos o de todos sus hombres. Y como siempre, lo logró, y el rescate final, con todos sus hombres sanos y salvos, tuvo lugar a finales de agosto de 1916.

Siempre me ha fascinado la lectura en paralelo de los sucesos que estaban teniendo lugar en la expedición de Shackleton y de los dramáticos acontecimientos que se estaban produciendo simultáneamente en Europa. Como comentaba antes, coincidía con la Primera Guerra Mundial, el primer conflicto bélico en el que cientos de miles de jóvenes eran enviados a una muerte segura en incontables e inútiles ataques de la guerra de trincheras. Y resulta curioso constatar cómo los generales y los mandos británicos que comandaban las tropas destacaron, precisamente, por las cualidades opuestas de las que Shackleton hacía gala en la otra punta del globo terráqueo. Entre los dirigentes de aquella barbarie, el engreimiento, la incompetencia, el clasismo en las relaciones y la indiferencia ante el sufrimiento de los subordinados eran las normas que regían el comportamiento.

Este contexto histórico sirve para situar el 1 de julio de 1916, cuando mientras el explorador, desesperado, recorre despachos en Uruguay en su intento por conseguir un buque de rescate, a muchos miles de kilómetros comienza la batalla del Somme. Fue una desastrosa ofensiva a lo largo de 40 kilómetros con la que el ejército franco-británico intentaba romper el frente alemán. En un solo día, los aliados registraron la mayor carnicería de su historia. En apenas 24 horas, más de 20.000 jóvenes, británicos en su mayoría, murieron en una de las jornadas más infames de la historia de Inglaterra.

Esta comparación no hace sino realzar la figura de un Shackleton que trasciende su época. De hecho, sus cualidades como líder han ido creciendo a comienzos del siglo XXI, donde se han ido incrementando las publicaciones que abordan la historia de sus aventuras desde las más variadas perspectivas. Hoy, su caso se ha llegado a convertir en un clásico en las escuelas de negocios, alcanzando el estatus de icono del liderazgo, un ejemplo de la actitud que hay que tener ante la adversidad. En muchas sesiones de *coaching* dirigidas a los ejecutivos de las grandes empresas se cuenta la odisea del Endurance.

Como uno de los pocos que sí hemos cruzado el continente antártico, en mi caso noventa años después del intento de Shackleton, y también como organizador de expediciones a los territorios polares, hay algunos aspectos de esta expedición que me llaman mucho la atención. El primero de ellos es el episodio de la selección del grupo de personas con el que haría su viaje. Como describe Lansing con gran maestría, el explorador británico puso un anuncio en la prensa, que se ha hecho famoso:

> Busco voluntarios para un viaje peligroso. Se ofrece: sueldo exiguo, frío intenso y se garantizan largas horas en absoluta oscuridad. Un regreso incierto. Honores y reconocimiento en caso de finalizar el viaje con éxito.

Más de cinco mil personas se presentaron a la convocatoria, pese a que las condiciones eran duras *a priori*. Y eso ya es sorprendente. Pero aún más perplejidad me produce que la elección de unos u otros fuera más por una mezcla de gente que coincidió por casualidad o, en todo caso, tras una entrevista que en ningún caso duró más de cinco minutos. El éxito posterior indica que tenía confianza absoluta en su intuición, y que esta resultó acertada.

Con este antecedente, podría pensarse que en el grupo resultante, compuesto por veintisiete personas, tenía asegurados los conflictos por el choque entre personalidades muy distintas. Sin embargo, su habilidad para gestionar al equipo se percibe en numerosos detalles. Y esa fue, sin duda, una de sus tareas más difíciles. Las fuertes divisiones en facciones dentro de un grupo, el cuestionamiento del líder, incluso la generación de bandos que resultan irreconciliables y hasta el motín abierto son algunas de las desgracias que han asolado a un buen número de expediciones. Algunas, antes que la suya y que estaban compuestas por equipos mucho más numerosos, y sometidos también a situaciones dramáticas.

No puedo dejar de pensar en la expedición «Bahía de Lady Franklin», que Adolphus Washington Greely realizó por el Ártico entre 1881 y 1884. En aquel viaje, promovido desde Estados Unidos para recoger datos astronómicos, magnéticos y meteorológicos, diecinueve de los veinticinco hombres murieron de hambre debido a la inexperiencia de la tripulación en un entorno tan hostil como era la costa de Groenlandia. Greely tuvo incluso que fusilar a alguno de sus hombres para poder mantener el orden. Podría decirse que estaba en circunstancias similares de desesperación que el grupo de Shackleton, y sin embargo los desenlaces fueron totalmente diferentes, algo que solo se puede achacar al carácter de sus líderes.

A lo largo de toda la obra, la descripción que hace Lansing del aventurero explorador logra capturar esas facultades del personaje en múltiples ocasiones, pero en pocas queda tan bien reflejada como cuando relata lo que ocurre después del hundimiento del barco, cuando su primer oficial, Lionel Greenstreet, y el doctor de a bordo, Alexander Hepburne Macklin, decidieron irse a cazar focas y, para ello, asumieron el riesgo de montarse sobre un bloque flotante de hielo. Aquella iniciativa de los dos hombres no hizo ninguna gracia a Shackleton que, en contra de lo que pudiera parecer, detestaba cualquier riesgo innecesario —de hecho era conocido como el «prudente Jack»—, y al líder le bastó una mirada de desaprobación para trasladar su mensaje a los atrevidos Greenstreet y Macklin, que inmediatamente cejaron en su empeño.

Pero mientras por un lado se hacía patente su aura de autoridad, por el otro se esforzaba por mantener a lo largo de los meses un comportamiento familiar con sus hombres, y por ello insistía en tener el mismo tratamiento que los demás, y no toleraba ningún privilegio con la comida o con la ropa, y hasta realizaba en igualdad de condiciones las tareas manuales más duras y menos agradables. Contaban sus compañeros, y así lo traslada Lansing, que el explorador llegaba al punto de enfadarse cuando descubría que el cocinero le había puesto más cantidad o que su comida era de mejor calidad que la del resto del equipo.

No menos llamativa resulta la manera en la que Shackleton trataba de evitar que cundiera el pesimismo y que el negativismo se expandiera como la pólvora entre sus hombres, un riesgo que aumentaba a medida que el tiempo transcurría y parecía más lejana una salida airosa. Justamente, utilizó su optimismo y su seguridad para ganarse la plena confianza de todos y hacer cundir la idea de que, si el grupo seguía cohesionado, saldrían adelante durante el duro invierno antártico.

No puedo por menos que mencionar las condiciones de la exploración en las que se desarrollaron los acontecimientos narrados por Lansing. Hoy en día, nadie se aventura en la Antártida sin las comunicaciones vía satélite, que nos permiten estar conectados con el exterior para solicitar un rescate en caso de peligro, para informar de nuestra situación o, sencillamente, para enviar noticias. Hoy, nadie viaja sin sofisticados materiales que aíslan de temperaturas que pueden superar los −50 °C, y aun así el frío es helador. Hoy contamos con instrumentos que nos indican dónde estamos en cada paso que damos porque no es difícil desorientase en mitad de una ventisca.

Con nada de ello contaba aquel grupo de hombres sobre los que cayó la noche durante largos, gélidos y tenebrosos días.

Por todo ello, abducido por su valentía y su resistencia, aquella noche, cuando la obra de Lansing cayó en mis manos, no pude desprenderme de aquellos supervivientes hasta que no los sentí a salvo, de regreso a sus hogares. Espero que los lectores de esta nueva edición la disfruten tanto como yo. Aunque en ello vayan horas de sueño.

Ramón Larramendi[1]

1. Pionero explorador polar español, director de Viajes Tierras Polares y promotor del proyecto Trineo de Viento.

# Prefacio

La historia que sigue es verdadera.

Me he esforzado en relatar los acontecimientos tal y como ocurrieron y en describir con la mayor exactitud las reacciones de los hombres que los vivieron.

Para este propósito, se me ha permitido consultar gran cantidad de material, sobre todo los diarios extremadamente detallados de casi todos los miembros de la tripulación que escribieron uno. Es sorprendente lo minuciosos que son, considerando las condiciones en las que se redactaron. A decir verdad, contienen mucha más información de la que podría incluirse en este libro.

Estos diarios de navegación son una hermosa y extraña colección de documentos, ahumados con grasa, arrugados porque se mojaron y luego fueron puestos a secar. Algunos se escribieron en libros de contabilidad con una caligrafía clara. Otros, en pequeños blocs de notas y con letra pequeña. En todos los casos, sin embargo, se ha conservado el lenguaje exacto, la puntuación y la espontaneidad con que fueron escritos.

Además, para facilitar la lectura de estos diarios, casi todos los miembros supervivientes de la expedición se sometieron a largas horas y muchos días de entrevistas con una amabilidad y espíritu de cooperación para los que no tengo suficientes palabras de agradecimiento. La misma buena voluntad caracteriza las numerosas cartas en las que estos hombres contestaron a muchas de las preguntas que surgieron.

Así, la mayoría de los supervivientes de esta extraordinaria aventura trabajaron conmigo, de buena gana y con un acusado grado de objetividad, para volver a crear en las páginas que siguen una descripción de los acontecimientos tan veraz como fue posible. Estoy muy satisfecho de mi colaboración con ellos.

Sin embargo, estos hombres no comparten conmigo responsabilidad alguna. Si en la narración existen inexactitudes o interpretaciones erróneas, se deben solo a mí y no deben atribuirse a los que tomaron parte en la expedición.

Los nombres que me ayudaron a hacer posible este libro aparecen al final del mismo.

ALFRED LANSING

# Miembros de la Expedición Transantártica Imperial

| | |
|---|---|
| Sir Ernest Shackleton | Jefe |
| Frank Wild | Lugarteniente |
| Frank Worsley | Capitán |
| Lionel Greenstreet | Primer oficial |
| Hubert T. Hudson | Oficial de derrota |
| Thomas Crean | Segundo oficial |
| Alfred Cheetham | Tercer oficial |
| Lewis Rickinson | Primer oficial de máquinas |
| A. J. Kerr | Segundo oficial de máquinas |
| Dr. Alexander H. Macklin | Médico |
| Dr. James A. McIlroy | Médico |
| James M. Wordie | Geólogo |
| Leonard D. A. Hussey | Meteorólogo |
| Reginald W. James | Físico |
| Robert S. Clark | Biólogo |
| James Francis (Frank) Hurley | Fotógrafo oficial |
| George E. Marston | Dibujante oficial |
| Thomas H. Orde-Lees | Experto en motores (más tarde pañolero) |
| Harry McNeish | Carpintero de ribera |
| Charles J. Green | Cocinero |
| Walter How | Marinero |
| William Bakewell | Marinero |

| | |
|---|---|
| Timothy McCarthy | Marinero |
| Thomas McLeod | Marinero |
| John Vincent | Marinero |
| Ernest Holness | Fogonero |
| William Stephenson | Fogonero |
| Perce Blackborow | Polizón (luego mozo) |

# PRIMERA PARTE

# I

La orden de abandonar el barco se dio a las cinco de la tarde. Para la mayoría de los hombres, sin embargo, no fue necesario recibir ninguna porque para entonces todos sabían que el barco estaba acabado y que había llegado el momento de abandonar cualquier intento de salvarlo. Nadie demostró miedo o aprensión. Durante tres días habían estado luchando sin tregua y habían perdido. Aceptaron la derrota casi con apatía. Estaban demasiado cansados para preocuparse.

Frank Wild, el segundo de a bordo, se dirigió por la cubierta inclinada hacia los camarotes de la tripulación. Allí, los marineros Walter How y William Bakewell estaban acostados en las literas más bajas. Tras haber pasado tres días en las bombas, se encontraban al borde del agotamiento y, sin embargo, no podían dormir debido a los ruidos del barco.

La embarcación estaba siendo aplastada. No había sido algo repentino, sino que sucedió lentamente, poco a poco. Una fuerza de diez millones de toneladas de hielo presionaba a ambos lados de la nave. Se estaba muriendo y lanzaba gritos de agonía. Las costillas, la tablazón y las inmensas cuadernas, muchas de ellas de casi 30 centímetros de grosor, gritaban conforme la presión asesina aumentaba. Y cuando las cuadernas ya no pudieron aguantar la tensión, se rompieron con un estampido similar al fuego de artillería.

La mayor parte de los maderos del castillo de proa ya había desaparecido a primeras horas del día y la cubierta estaba levantada y se desplazaba lentamente de arriba abajo siguiendo el vaivén de la presión.

Wild asomó la cabeza en el camarote de la tripulación.

—El barco se va a pique, muchachos —dijo con voz tranquila—. Creo que ha llegado el momento de abandonarlo.

How y Bakewell se levantaron de sus literas, cogieron dos fundas de almohada en las que habían guardado algunos efectos personales y siguieron a Wild hasta la cubierta.

Luego Wild bajó a la pequeña sala de máquinas del barco. Kerr, el segundo maquinista, estaba esperando al pie de la escalerilla. Junto a él se encontraba Rickinson, el jefe de máquinas. Habían permanecido allá abajo durante casi setenta y dos horas, manteniendo el vapor en las calderas para que las bombas de la sala de máquinas siguieran funcionando. Durante ese tiempo, aunque no pudieran ver el movimiento del hielo, sabían perfectamente lo que le estaba sucediendo al barco. Sus costados, que en muchos tramos alcanzaban los 60 centímetros de grosor, llegaban a combarse hasta 15 centímetros hacia dentro debido a la presión que sufrían. Al mismo tiempo, las planchas de acero del suelo se encallaban, chirriando allí donde sus bordes se encontraban; luego se abombaban y de pronto se superponían unas con otras con un agudo chirrido metálico.

Wild no perdió el tiempo.

—Apagad el fuego —dijo—. El barco se hunde.

Kerr pareció sentirse aliviado.

Wild se dirigió a popa, al pozo de las hélices. Allí McNeish, el viejo carpintero del barco, y el marinero McLeod estaban ocupados con unos trozos de mantas rotas calafateando una caja-dique construida por McNeish el día anterior. La habían levantado en un intento de contener el flujo de agua que entraba en el barco, donde el timón y el codaste habían sido arrancados por el hielo. Ahora el agua ya superaba las planchas del suelo y estaba subiendo a mayor velocidad de lo que las bombas podían soportar. Cuando la presión cesaba un momento, se escuchaba el sonido del agua que avanzaba y llenaba la bodega.

Wild les hizo una señal a los dos hombres para que abandonaran la labor y luego trepó por la escalerilla hasta la cubierta principal.

Clark, Hussey, James y Wordie habían estado trabajando en las bombas, que más tarde abandonaron por propia iniciativa cuando comprendieron la futilidad de lo que estaban haciendo. Ahora estaban sentados encima de unas cajas o en el suelo de cubierta y se apoyaban contra las amuradas. Sus rostros mostraban la terrible fatiga de haber pasado tres días en las bombas.

Más allá, los conductores de los perros habían atado un trozo largo de vela a la barandilla de la portilla para crear una especie de tobogán que llegaba hasta el hielo desde uno de los costados del barco. Cogieron a los cuarenta y nueve *huskies* de sus perreras y los deslizaron de uno en uno hasta los hombres que esperaban abajo. En otro momento, una actividad de esta clase habría vuelto locos a los perros, pero en esta ocasión intuían que estaba sucediendo algo extraordinario. No se pelearon entre ellos y ninguno intentó escapar.

Quizá era la actitud de los hombres. Trabajaban apresurados y apenas hablaban entre sí. Pero sin ninguna muestra de alarma. Aparte del movimiento del hielo y de los ruidos del barco, la escena era de relativa calma. La temperatura era de –22,5 °C y soplaba un ligero viento del sur. Arriba, el cielo crepuscular estaba despejado.

Pero en algún lugar más hacia el sur una tormenta empezaba a soplar, acercándose. Probablemente no los alcanzaría, al menos, hasta al cabo de dos días, pero su aproximación la sugería el movimiento del hielo, que se extendía hasta donde alcanzaba la vista y centenares de millas más allá. La banquisa era tan inmensa y tan gruesa que, aunque el vendaval no había llegado todavía a su posición, la lejana fuerza de los vientos ya presionaba unos témpanos contra otros.

La superficie del hielo era un caos en movimiento. Parecía un enorme rompecabezas cuyas piezas se fueran estrechando hacia el horizonte, empujadas en todas direcciones por una fuerza invisible pero irresistible. La deliberada lentitud del movimiento aumentaba la sensación de potencia titánica. Allí donde dos témpanos gruesos se tocaban, sus bordes se golpeaban entre sí y permanecían frotándose durante un rato. Cuando ninguno de los dos daba muestras de ceder, se alzaban lentamente, estremeciéndose, empujados por aquella energía implacable. Luego, misteriosamente, se detenían cuando esta fuerza invisible parecía perder interés. Pero, más frecuentemente, los dos témpanos, de un grosor de tres metros o más, seguían alzándose, formando como carpas, hasta que uno de ellos o ambos se rompían y se desmoronaban, creando aristas de presión.

Se percibían los sonidos de la banquisa en movimiento: los ruidos básicos, el gruñido y el gemido de los témpanos y el ocasional golpe sordo cuando un pesado bloque se derrumbaba. Pero, además, se diría que la compresión de la banquisa producía un repertorio casi ilimitado de otros sonidos, muchos de los cuales parecían no tener relación con el ruido del hielo sometido a presión. A veces era como si estuvieran forzando a cambiar de vía a un gigantesco tren de ejes chirriantes. Sonaba la sirena de un barco enorme mezclada con el canto del gallo, el rugido del oleaje distante, el suave latido de un motor lejano y los lamentos de una anciana. En los raros periodos de calma, cuando el movimiento de la banquisa se apaciguaba por un momento, el aire transportaba un apagado retumbar de tambores.

En este universo de hielo, el movimiento mayor y la presión más intensa se concentraban en los témpanos que atacaban el barco. Su posición no podría haber sido peor. Un témpano se había encajado sólidamente a estribor de la proa y otro la tenía sujeta en el mismo lado, a popa. Un tercer témpano se había clavado directamente en el través opuesto, a babor. Así pues, el hielo hacía esfuerzos por romperlo por la mitad. En varias ocasiones se inclinó entero a estribor.

El hielo inundaba la parte delantera, donde se concentraba lo más duro del asalto; se iba amontonando cada vez más contra la proa, a medida que el barco rechazaba cada nueva oleada, hasta que poco a poco fue inundando las amuradas para caer luego en cubierta, llenándola con una carga aplastante que la hundió aún más. Aprisionado de esta manera, el barco se encontraba cada vez más a merced de los témpanos que se abalanzaban contra sus flancos.

La reacción de la embarcación contra cada nuevo ataque variaba: a veces, se estremecía brevemente como un ser humano que padece una punzada de dolor; otras, sufría una serie de convulsiones acompañadas de gritos de angustia. En esas ocasiones, los tres mástiles se balanceaban violentamente mientras que el cordaje se tensaba cual cuerdas de un arpa. Pero lo que más atormentaba a los hombres era ver cómo la nave parecía una enorme criatura en trance de asfixiarse que intentaba respirar mientras sus costados se esforzaban por repeler la presión que la estrangulaba.

Lo que más les impresionó en aquellas últimas horas fue que la embarcación se comportara como una gigantesca bestia agonizante.

A las siete de la tarde ya habían trasladado al hielo todos los aparejos y los enseres esenciales y habían montado una especie de campamento en un témpano sólido, a poca distancia de estribor. La noche anterior habían bajado los botes salvavidas. Cuando descendieron al hielo, la mayoría de los hombres experimentó un inmenso alivio por alejarse del barco perdido para siempre, y pocos habrían regresado a él de buena gana.

Unos desafortunados recibieron la orden de volver para recuperar varias cosas. A Alexander Macklin, un médico joven y corpulento que era, además, el conductor de uno de los grupos de perros, se le dijo, en cuanto acabó de atarlos, que fuera con Wild a la bodega de proa a buscar madera.

Los dos hombres echaron a andar, y acababan de llegar al barco cuando oyeron muchos gritos que procedían del campamento. El témpano en el que habían levantado las tiendas se estaba rompiendo. Wild y Macklin regresaron corriendo. Pusieron el arnés a los perros y rápidamente trasladaron a otro témpano las tiendas, las provisiones, los trineos y todos los aparejos, alejándose un centenar de metros más del barco.

Cuando acabaron el traslado, la nave parecía estar a punto de hundirse por completo, de modo que los dos hombres la abordaron a toda prisa; se abrieron camino entre los bloques de hielo desparramados en el castillo de proa y levantaron una trampilla que llevaba a la bodega. La escalerilla, arrancada de cuajo, yacía a un lado y tuvieron que bajar a tientas en medio de la oscuridad.

En el interior, el ruido era indescriptible. El compartimento medio vacío amplificaba, como una gigantesca caja de resonancia, los sonidos de los tornillos al desprenderse y de la madera al astillarse. Desde donde se encontraban, a poca distancia de los costados del barco, oían los golpes del hielo intentando irrumpir en el interior.

Esperaron a que sus ojos se acostumbraran a la oscuridad y lo que vieron los aterrorizó. Las tablas verticales estaban cediendo y las del techo iban a desprenderse; era como si estuvieran apretando poco a poco una gigantesca pinza y el barco no pudiese aguantar la presión.

La madera que buscaban estaba almacenada en lo más recóndito y oscuro de la bodega. Para llegar hasta allí iban a tener que arrastrarse por un travesaño, pero vieron que se combaba como si estuviera a punto de partirse y temieron que el castillo de proa se derrumbara a su alrededor.

Macklin vaciló un momento; Wild, al percibir su miedo, le gritó por encima del ruido del barco que no se moviera, se lanzó por la abertura y en unos minutos empezó a pasarle las tablas.

Los dos se movieron a una velocidad febril, pero, aun así, la tarea les pareció interminable. Macklin estaba seguro de que no podrían sacar la última tabla a tiempo, pero la cabeza de Wild volvió a aparecer finalmente a través de la abertura. Subieron la madera a cubierta, salieron y permanecieron largo rato en silencio, saboreando la exquisita sensación de seguridad. Más tarde, Macklin le confió a su diario: «No creo haber experimentado nunca un temor tan espantoso como el que sentí en la bodega de ese barco que se estaba quebrando».

Una hora después de que el último hombre desembarcara, el hielo traspasó los costados del barco con afiladas astillas que le abrieron heridas y dejaron entrar enormes bloques de hielo y trozos de témpanos. Medio barco estaba hundido. El hielo había aplastado el castillo de proa a estribor con tanta fuerza que unas latas vacías de gasolina, apiladas en cubierta, atravesaron la pared y alcanzaron el otro lado arrastrando un gran cuadro enmarcado que había estado colgado en la pared. Curiosamente, el cristal del marco no se había roto.

Una vez que se hubo tranquilizado todo el mundo en el campamento, algunos hombres fueron a ver los restos de lo que había sido su barco. Los demás se acurrucaron en las tiendas, calados, de momento indiferentes a su suerte.

Había un hombre que no compartía la sensación de alivio, al menos no en un sentido amplio. Era un individuo corpulento, de rostro y nariz anchos que hablaba con un ligero acento irlandés. En las horas que tardaron en abandonar el barco, en sacar el equipo y a los perros, se había mantenido más o menos apartado.

Se trataba de sir Ernest Shackleton, y los veintisiete hombres que habían abandonado la nave de un modo tan poco glorioso eran los miembros de su Expedición Transantártica Imperial.

Era el 27 de octubre de 1915. El nombre del barco era Endurance ['aguante', 'resistencia'], y la posición del mismo, 69° 5' sur y 51° 30' oeste, en la helada inmensidad del mar de Weddell, en el Antártico, casi a medio camino entre el Polo Sur y la avanzada más austral habitada por el hombre, a unas 1.200 millas de distancia.

Pocos hombres han soportado tanta responsabilidad como Shackleton en ese trance. Si bien sabía que su situación era desesperada, en ese momento no podría haber imaginado los esfuerzos físicos y emocionales a los que se verían sometidos, los rigores que tendrían que afrontar, los sufrimientos que padecerían.

De hecho, se encontraban solos en los helados mares antárticos. Había transcurrido casi un año desde su último contacto con la civilización. Nadie sabía que tenían problemas, y mucho menos dónde estaban. No contaban con ningún aparato transmisor de radio con el que avisar a los posibles salvadores y, aunque hubiesen podido mandar un SOS, es dudoso que hubiesen llegado hasta ellos. Corría el año 1915 y no había ni helicópteros ni vehículos para la nieve, como los *weasels* y los *snowcats*, ni aviones aptos para esta tarea.

Así pues, su aprieto era de una simplicidad desnuda y aterradora. Solo contaban con ellos mismos para salvarse.

Shackleton estimaba que la plataforma de hielo que empezaba en la península de Palmer, la tierra más cercana entre las conocidas, se hallaba a 182 millas al oeste-suroeste. Pero la tierra propiamente dicha, carente de seres humanos y animales, estaba a 210 millas de distancia, y no proporcionaba ninguna posibilidad de rescate.

El lugar conocido más próximo, donde podrían encontrar como mínimo comida y refugio, era la minúscula isla Paulet, de dos kilómetros de diámetro, que se encontraba a 346 millas al noroeste, al otro lado de la banquisa en constante movimiento. En 1903, doce años antes, la tripulación de un barco sueco había pasado allí el invierno cuando el mar de Weddell aplastó su nave, el Antarctic. El barco que los rescató depositó provisiones en la isla para uso de futuros náufragos. Por ironías del destino, era el propio Shackleton a quien habían encargado comprar esas provisiones, y ahora, una docena de años más tarde, era él quien las necesitaba.

## 2

Si bien señalaba el principio de la mayor de todas las aventuras antárticas, la orden que dio Shackleton de abandonar el barco también marcó el destino de una de las más ambiciosas expediciones. El objetivo principal de esta Expedición Transantártica Imperial, como sugiere su nombre, era atravesar por tierra el continente antártico de oeste a este.

Lo que prueba la envergadura de esta empresa es que, tras el fracaso de Shackleton, durante cuarenta y tres años nadie intentó cruzar el continente. Después, en 1957-1958, el doctor Vivian E. Fuchs encabezó la Expedición Transantártica de la Commonwealth, como parte de una empresa independiente llevada a cabo en el Año Geofísico Internacional. Le exhortaron a que renunciara, pese a que el grupo iba equipado con vehículos de tracción con calefacción y poderosos radiotransmisores y lo guiaban perros y aviones de reconocimiento. Después de un tortuoso recorrido de casi cuatro meses, logró llevar a cabo lo que Shackleton quiso conseguir en 1915.

La del Endurance fue la tercera expedición de Shackleton al Antártico: primero fue en 1901 como miembro de la Expedición Antártica Nacional, encabezada por Robert F. Scott, el famoso explorador británico, que llegó a 82° 15' de latitud sur, a 1.300 kilómetros del Polo, que era lo más lejos que se había adentrado nadie en ese continente.

Luego, en 1907, Shackleton encabezó la primera expedición que tuvo el Polo como meta declarada. Con tres compañeros y muchos esfuerzos, llegó a unos 160 kilómetros de su destino y tuvo que desandar el camino por falta de alimentos. El viaje de regreso constituyó una desesperada carrera contra la muerte. Finalmente, lo consiguieron y Shackleton regresó a Inglaterra, donde fue recibido como un héroe del imperio. Lo agasajaron en todas partes, el rey lo nombró caballero y fue condecorado por los países más importantes del mundo.

Shackleton escribió un libro y realizó una gira de conferencias que lo llevó por Gran Bretaña, Estados Unidos, Canadá y gran parte de Europa. Sin embargo, antes de acabar la gira, en su cabeza ya había germinado la idea de volver al Antártico.

Había llegado a unos 165 kilómetros del Polo y sabía mejor que nadie que era cuestión de tiempo que otra expedición alcanzara la meta que a él le había sido negada. En marzo de 1911, desde Berlín, le escribió a su esposa Emily: «Creo que otra expedición, a menos que atraviese el continente, no vale gran cosa».

Entretanto, una expedición estadounidense, encabezada por Robert E. Peary había llegado al Polo Norte en 1909. Scott se dirigió al Polo Sur por segunda vez entre finales de 1911 y principios de 1912, pero el noruego Roald Amundsen había llegado allí un mes antes que él. Era una gran desilusión perder. Podía haberse quedado simplemente en una cuestión de mala suerte si Scott y sus tres compañeros no hubieran muerto mientras intentaban regresar a la base, debilitados por el escorbuto.

Cuando llegó a Inglaterra la noticia de la hazaña y las trágicas circunstancias de la muerte del explorador, la nación entera se entristeció. Al sentimiento de pérdida se añadía el hecho de que los británicos —que no tenían parangón entre las naciones del mundo en cuanto al récord de éxitos en este terreno— quedaron en un humillante segundo lugar con respecto a Noruega.

Mientras sucedía todo esto, avanzaban los planes de Shackleton para una expedición transantártica. En uno de sus primeros folletos para recaudar fondos, el explorador británico utilizó la excusa del prestigio como principal argumento para financiarla.

Shackleton escribía:

> Desde el punto de vista sentimental, esta es la última gran expedición polar que se puede llevar a cabo. Será más importante que el viaje de ida y vuelta al Polo y considero que debe lograrlo la nación británica, pues se nos adelantaron en la conquista del Polo Norte y en la primera conquista del Polo Sur. Queda ahora la expedición más importante: la travesía del continente antártico.

Su plan consistía en adentrarse en el mar de Weddell y desembarcar seis hombres, setenta perros y varios trineos cerca de la bahía de Vahsel, a unos 78º sur y 36º oeste. Un segundo barco atracaría más o menos al mismo tiempo en el canal de McMurdo, en el mar de Ross, prácticamente al otro lado del continente. El equipo del mar de Ross dejaría varias reservas de provisiones desde su base hasta casi el Polo. Mientras, el grupo del mar de Weddell se dirigiría hacia el Polo en trineos, alimentándose con sus propias raciones. Desde el Polo, irían hacia las proximidades del gigantesco glaciar de Beardmore; en la reserva más austral que habría dejado el equipo del mar de Ross, volverían a aprovisionarse. A lo largo de la ruta irían recogiendo provisiones en los demás almacenes camino de la base del canal de McMurdo.

Este era el plan sobre el papel y era típico de Shackleton: determinado, audaz y claro. No tenía la menor duda de que la expedición alcanzaría su meta.

En algunos círculos se criticó la empresa por considerarla «demasiado osada»; y quizá lo fuera. Pero, de no haberlo sido, a Shackleton no le hubiera gustado; era por encima de todo el clásico explorador: absolutamente autosuficiente, romántico y algo fanfarrón.

Había cumplido los cuarenta; era de estatura mediana, cuello grueso, hombros anchos y ligeramente caídos, y cabello castaño oscuro, peinado con raya en medio. La boca, carnosa, sensual y expresiva, se curvaba cuando reía con la misma facilidad que formaba una línea apretada cuando se enfadaba. La mandíbula parecía de acero. Al igual que sus labios, los ojos azul grisáceo podían brillar divertidos u oscurecerse en una mirada acerada y temible. Tenía un rostro bien parecido, aunque a veces de expresión meditabunda, como si sus pensamientos estuvieran en otro lugar, lo cual le proporcionaba un aire misterioso. Sus manos eran pequeñas, pero de apretón fuerte y seguro. Hablaba con una voz suave y perezosa, casi de barítono, con un leve acento de su condado natal de Kildare.

Fuese cual fuese su estado de ánimo, ya alegre y ligero, ya sombrío y furioso, poseía una característica particular: era un hombre voluntarioso.

Ciertos espíritus cínicos podían alegar que el propósito fundamental de la expedición era sencillamente alcanzar la mayor gloria de Ernest Shackleton... y las compensaciones económicas que obtendría si una misión de tal alcance tenía éxito. No cabe duda de que estos motivos eran importantes para el explorador británico. Le daba mucho valor a la posición social y era muy consciente del papel que desempeñaba el dinero en ella. De hecho, el eterno y nada realista sueño de su vida, al menos superficialmente, consistía en conseguir una prosperidad duradera. Le gustaba imaginarse en el papel de señor rural, apartado del mundo cotidiano, con suficiente tiempo libre y dinero como para hacer lo que se le antojara.

Era hijo de un médico de clase media que había tenido un cierto éxito. Se enroló en la marina mercante británica a los dieciséis años y, aunque ascendió sin pausa, para una flamante personalidad como la suya este avance progresivo resultaba cada vez menos atractivo.

Después ocurrieron dos acontecimientos importantes en su vida: la expedición con Scott en 1901 y su boda con la hija de un próspero abogado. El primero le hizo conocer el Antártico y cautivó su imaginación de inmediato. El segundo intensificó su deseo de riqueza, porque se sentía obligado a mantener a su esposa con el mismo nivel de vida al que estaba acostumbrada. El Antártico y la seguridad económica se convirtieron para él casi en sinónimos. Consideraba que el éxito en este campo —un maravilloso golpe de audacia, una hazaña que llamaría la atención del mundo— le abriría las puertas de la fama y, después, de la riqueza.

Entre una expedición y otra, seguía persiguiendo ese golpe maestro económico. Siempre le atraían los proyectos nuevos y consideraba que todos y cada uno de ellos le depararían riquezas. Sería imposible enumerarlos todos, pero iban desde una idea para fabricar cigarrillos (un proyecto seguro... con su respaldo), una flotilla de taxis, un proyecto de minería en Bulgaria, una factoría ballenera y hasta ir en busca de tesoros enterrados. La mayor parte de estas ideas nunca pasaron de meras conversaciones, y las que sí lo hicieron fracasaron casi siempre.

La renuencia de Shackleton a sucumbir a las necesidades de la vida diaria y su insaciable avidez de aventuras poco realistas provocaron que se le acusara de ser inmaduro e irresponsable. Y quizá lo fuera, según los patrones convencionales. Pero los grandes líderes de la historia —los Napoleones, los Nelson o los Alejandros— rara vez cupieron en moldes convencionales, y es quizá una injusticia valorarlos en términos corrientes. Existen pocas dudas de que Shackleton, a su manera, no fuera un jefe extraordinario.

Para el explorador, el Antártico no representaba solo el medio bastardo para lograr un éxito económico. Realmente lo necesitaba: necesitaba algo grande y atractivo que le proporcionara una catapulta para su enorme ego y su implacable impulso. En una situación corriente, su tremenda capacidad de osadía y valor no encontraba casi nada digno de su fuerza demoledora; era un caballo percherón de tiro engarzado al carrito de un niño. Pero en la Antártida existía una carga que desafiaba cada átomo de su fuerza.

Aunque no se puede negar que Shackleton era un inadaptado e incluso un inepto para la mayor parte de las situaciones de la vida cotidiana, poseía un talento, un genio casi de verdadero jefe, que compartía solo con un puñado de hombres en la historia. El explorador era, como apuntaba uno de sus hombres: «El líder más grande que nunca puso Dios en la tierra, sin excepción». A pesar de todas sus debilidades e insuficiencias, Shackleton mereció este tributo:

> Para la dirección científica, dadme a Scott; para un viaje rápido y eficaz, a Amundsen; pero cuando estéis en una situación desesperada, cuando parezca que no existe una salida, arrodillaos y rezad para que venga Shackleton.

Este era el hombre que desarrolló la idea de atravesar la Antártida... a pie.

Los mayores pertrechos que comportaba la expedición eran los barcos que llevarían a los dos grupos al Antártico. A sir Douglas Mawson, el famoso explorador australiano, Shackleton le compró el Aurora, un barco sólido del tipo que entonces se utilizaba para la caza de focas. El Aurora ya había participado en dos expediciones al Antártico. Iba a llevar al grupo del mar de Ross, bajo el mando del alférez de navío Aeneas Mackintosh, que había servido a bordo del Nimrod en la expedición de Shackleton de 1907-1909.

Shackleton estaría al mando del grupo transcontinental, que operaría desde el lado del mar de Weddell. A fin de obtener un barco para su grupo, Shackleton lo dispuso todo para comprarle a Lars Christensen, el magnate ballenero noruego, un barco que este había mandado construir para transportar a las cuadrillas de caza de osos polares hasta el Ártico. Tales cuadrillas se estaban haciendo entonces muy populares entre las personas acomodadas.

Christensen tuvo un socio en esta pretendida empresa, el barón de Gerlache. Se trataba de un belga que en 1897 había dirigido una expedición antártica y podía contribuir con ideas útiles en la realización de la nave. Sin embargo, durante la construcción de la embarcación, de Gerlache tuvo dificultades económicas y se vio obligado a retirarse.

Christensen, privado de su socio, se sintió satisfecho cuando Shackleton le ofreció adquirir el barco. El precio de venta final, 67.000 dólares, fue menor de lo que había pagado por construirlo, pero esperaba recuperar ampliamente las pérdidas favoreciendo los proyectos de un explorador de la talla de Shackleton.

Al barco le habían puesto el nombre de Polaris. Después de la venta, Shackleton lo volvió a bautizar con el de

Endurance, en honor al lema de su familia, *Fortitudine vincimus* («Resistir es vencer»).

Como ocurría con todas las expediciones privadas, la financiación de la Expedición Transantártica Imperial representaba el mayor quebradero de cabeza. Shackleton se pasó casi dos años recabando ayuda económica. Precisaba el beneplácito del Gobierno y el de varias sociedades científicas para justificar la seriedad de la expedición. Y el explorador, cuyo interés por la ciencia no podía compararse con su amor por la aventura, hizo gran hincapié en ese aspecto de la empresa, cosa que, en cierto sentido, era una hipocresía. Sin embargo, se suponía que varios investigadores competentes acompañarían a la expedición.

Pese a todo su encanto y a sus considerables poderes de persuasión, se fue desilusionando poco a poco porque las promesas de ayuda económica nunca se materializaban. Finalmente, obtuvo de sir James Caird, un próspero escocés fabricante de productos de yute, unos 120.000 dólares; el Gobierno británico votó entregarle la suma de unos 50.000 dólares; y la Royal Geographic Society contribuyó con 5.000 dólares como prueba de que apoyaba la expedición, aunque no del todo. Dudley Docker y la señorita Janet Stancomb-Wills donaron cantidades menores, sin contar con cientos de pequeñas aportaciones de personas de todo el mundo.

Como era habitual, Shackleton hipotecó la expedición en cierto sentido, al vender por anticipado los derechos de cualquier propiedad comercial que se derivaran del viaje. Prometió escribir un libro sobre la aventura, vendió los derechos de filmación y de fotografía y se comprometió a intervenir, a su regreso, en una larga gira de conferencias. Con todo esto, daba por sentado que sobreviviría.

A diferencia de las dificultades que se le presentaron para conseguir fondos, le resultó muy sencillo encontrar voluntarios para la expedición. Cuando anunció sus planes, le llegó una avalancha de más de cinco mil solicitudes de personas deseosas de acompañarlo (incluidas tres mujeres).

A todos estos voluntarios, casi sin excepción, los impulsaba un sentimiento de aventura, porque la paga era poco más que simbólica. El sueldo iba de los 240 dólares anuales de un marinero a los 750 dólares de los científicos con mayor experiencia; y, en muchos casos, no se pagaría hasta el final de la expedición. En opinión de Shackleton, el mero privilegio de participar en el viaje ya era suficiente recompensa, sobre todo en el caso de los científicos, a quienes la empresa ofrecía una oportunidad sin igual de investigación.

Shackleton confeccionó la lista de la tripulación en torno a un núcleo de probados veteranos: su lugarteniente iba a ser Frank Wild, un hombre de baja estatura pero de complexión fuerte, que estaba perdiendo los cabellos ralos y grisáceos; de habla suave y despreocupado en apariencia, poseía, sin embargo, una especie de fuerza interior. Fue uno de los tres compañeros de Shackleton en la carrera hacia el Polo en 1907-1909 y el explorador había llegado a respetarlo y a simpatizar con él. De hecho, los dos formaban un buen equipo. La lealtad de Wild era incuestionable; su naturaleza tranquila y algo carente de imaginación constituía un equilibrio perfecto para la de Shackleton, fantasiosa y, en ocasiones, explosiva.

El puesto de segundo de a bordo lo ocuparía Thomas Crean, un irlandés alto, huesudo y franco, cuyos muchos años de servicio en la Royal Navy le habían enseñado a obedecer sin cuestionar las órdenes. Participó con Shackleton en la expedición de Scott de 1901 y fue tripulante del Terra Nova, que llevó a la Antártida en 1910-1913 al malhadado grupo de Scott. Dada su experiencia y su fuerza, Shackleton pensaba encargarle la conducción del equipo de los perros y los trineos cuando el grupo de seis hombres atravesara el continente.

El aspecto de Alfred Cheetham, que sería el tercer oficial, era opuesto al de Crean. Era diminuto, aún más bajo que Wild, y de talante amable y discreto. Shackleton lo llamaba «el veterano del Antártico» porque había participado en tres expediciones, incluyendo una con Shackleton y otra con Scott.

George Marston era el artista de la expedición. Tenía treinta y dos años, rostro infantil y rechoncho; en 1907-1909 hizo una labor extraordinaria en el viaje de Shackleton. A diferencia de los demás, estaba casado y tenía hijos.

Thomas McLeod, también miembro de la expedición de 1907-1909, completaba el núcleo de veteranos, y figuraba en el Endurance como marinero.

Los métodos de selección de los nuevos miembros de la expedición podrían calificarse casi de caprichosos. Si le gustaba el aspecto de una persona, la aceptaba. Si no, la rechazaba sin más y tomaba la decisión con la rapidez de un rayo. No queda constancia de entrevistas con aspirantes que duraran más de cinco minutos.

Leonard Hussey, un individuo de baja estatura, de espíritu indomable y mordaz, fue contratado como meteorólogo, aunque a la sazón no estuviera cualificado para ello. A Shackleton le pareció «chistoso», y el hecho de que hubiese regresado hacía poco de una expedición (como antropólogo) al tórrido Sudán atrajo la fantasía del explorador. Se inscribió inmediatamente en un curso intensivo de meteorología y resultó muy competente.

El doctor Alexander Macklin, uno de los dos médicos, le transmitió a Shackleton un inmediato entusiasmo cuando, a la pregunta de por qué llevaba gafas, respondió «muchos rostros sabios parecerían bobos sin gafas». El explorador contrató a Reginald James como médico tras preguntarle cómo tenía los dientes, si padecía de varices, si era de buen carácter... y si sabía cantar. Esta última pregunta dejó perplejo a James.

—A ver, no me refiero a si canta como Caruso —lo tranquilizó Shackleton—, pero supongo que podrá vociferar un poco con los muchachos, ¿no?

Pese a lo instantáneo de estas decisiones, rara vez falló su intuición para seleccionar hombres compatibles.

Shackleton se pasó los primeros meses de 1914 adquiriendo los incontables artículos del equipo, las provisiones y los pertrechos. Encargó el diseño de los trineos, que se verificaron en las nevadas montañas de Noruega. Probó unas raciones nuevas, cuyo fin era evitar el escorbuto, así como tiendas especiales.

A finales de julio de 1914 lo había reunido, revisado y almacenado todo a bordo del Endurance, que zarpó el 1 de agosto desde el muelle de las Indias Orientales, del puerto de Londres.

Sin embargo, los trágicos acontecimientos políticos de esa dramática época no solo eclipsaron la partida del Endurance, sino que también supusieron una amenaza para la empresa. El archiduque Fernando de Austria fue asesinado el 28 de junio y, exactamente un mes después, el Imperio austrohúngaro le declaró la guerra a Serbia: se había encendido la mecha del reguero de pólvora. Mientras el Endurance permanecía anclado en la desembocadura del Támesis, Alemania le declaraba la guerra a Francia.

El mismo día en el que Jorge V le entregó la bandera británica a Shackleton para que la llevara en la expedición, Gran Bretaña le declaró la guerra a Alemania. La posición de Shackleton no podía ser peor. Tenía todas las de perder. Estaba a punto de partir en una expedición con la que había soñado y para la que se había preparado durante casi cuatro años, en la que había invertido enormes sumas de dinero y a cuya preparación y planificación había dedicado incontables horas. Pero, a pesar de todo ello, estaba convencido de que tenía que participar en la guerra de un modo u otro.

Se pasó muchas horas calibrando lo que debía hacer y habló del asunto con varios consejeros, sobre todo con sus principales patrocinadores. Finalmente, tomó una decisión.

Reunió a la tripulación y le explicó que quería su aprobación para enviar un telegrama al Almirantazgo en el que se pusiera la expedición a disposición del Gobierno. Todos estuvieron de acuerdo; mandó el telegrama. La respuesta consistió en una sola palabra: «Adelante». Dos horas más tarde, un mensaje más largo de Winston Churchill, a la sazón ministro de Marina, informaba de que el Gobierno deseaba que la expedición siguiera su curso.

El Endurance zarpó de Plymouth cinco días después con rumbo a Buenos Aires; Shackleton y Wild se quedaron rezagados para encargarse de los últimos detalles económicos. Saldrían después en un transatlántico comercial más rápido y se encontrarían con su barco en Argentina.

La travesía del Atlántico equivalió a una prueba. Era el primer viaje importante del barco desde su construcción en Noruega el año anterior, y para muchos de a bordo era la primera experiencia de navegación.

Bajo cualquier perspectiva, el Endurance, un bergantín de tres palos, era hermoso; el palo popel llevaba vela cuadrada y los otros un trinquete y una vela de popa, como una goleta. Lo propulsaba un motor de vapor de trescientos cincuenta caballos, alimentado con carbón, y alcanzaba velocidades de hasta 10,2 nudos. Medía cuarenta y cuatro metros de eslora y ocho de manga, que no era demasiado pero bastaba, y aunque desde fuera su elegante casco negro se pareciera al de cualquier navío de igual tamaño, no lo era en absoluto.

La quilla la componían cuatro piezas de roble macizo, de un grosor total de algo más de dos metros; los costados eran de roble y abeto de las montañas de Noruega, cuyo grosor variaba entre 45 centímetros y algunos más de 75. Para protegerlo del roce del hielo, iba cubierto, de proa a popa, por una capa de madera de bebeerú, una madera que pesa más que el hierro sólido y tan dura que una herramienta corriente no puede traspasarla. No solo tenía el doble de costillas que un barco convencional, sino que estas eran también el doble de gruesas, entre 23 y 27 centímetros.

La proa, que sería la primera en recibir los golpes del hielo, mereció especial atención. Cada una de las cuadernas se había fabricado a partir de un solo roble seleccionado fundamentalmente para que su forma natural siguiera la curva del diseño del barco. El grosor de estas piezas, una vez ensambladas, era de 1,30 metros.

Pero al barco se le dio algo más que simple resistencia. El Endurance se construyó en el famoso astillero Framnaes de Sandefjord, Noruega, que llevaba años fabricando embarcaciones para la caza de ballenas y de focas en el Ártico y el Antártico. Sin embargo, se dieron cuenta de que el Endurance podría ser el último de su clase, y de hecho lo fue: como se trataba de algo más que de aportarle una mayor resistencia al barco, se convirtió en el proyecto preferido del negocio. (Aunque Shackleton lo compró por 67.000 dólares, hoy en día el astillero no lo fabricaría por menos de 700.000 y su precio podría ascender hasta un millón de dólares.)

Lo diseñó Aanderud Larsen. Para obtener una resistencia mayor, cada articulación y cada arriostramiento debían ser capaces de soportar cualquier cosa. Christian Jacobsen, el maestro carpintero del navío, supervisó meticulosamente la construcción; insistió en que los carpinteros no solo fueran experimentados, sino que hubiesen navegado en embarcaciones para la caza de ballenas y focas. Los carpinteros vigilaron hasta el mínimo detalle, como si de un barco propio se tratara; seleccionaron cada cuaderna y cada tabla por separado y con gran minucia, y las encajaron buscando la máxima tolerancia. Como eran supersticiosos, colocaron la tradicional moneda de cobre de una corona debajo de cada mástil para asegurar que no se rompiera ninguno.

Cuando lo botaron, el 17 de diciembre de 1912, el Endurance era el barco más resistente de todos cuantos se habían construido en Noruega y probablemente en el mundo, con la posible excepción del Fram, utilizado por Fridtjof Nansen y luego por Amundsen. Sin embargo, existía una gran diferencia entre los dos barcos: la quilla del Fram tenía forma de cuenco y la presión del hielo podía levantarlo; a pesar de que el Endurance se diseñó para navegar entre placas de hielo relativamente sueltas, la presión del hielo no levantaría la embarcación porque, como en los barcos convencionales, sus costados eran como muros.

No obstante, en la travesía de Londres a Buenos Aires, el casco le resultó demasiado redondeado a la mayoría de las personas que iban a bordo; al menos la mitad de los científicos se mareó. El joven Lionel Greenstreet, el robusto y franco primer oficial, que poseía una gran experiencia en la navegación con veleros, declaró que la embarcación se había comportado «de manera abominable».

Worsley había cumplido cuarenta y dos años, aunque parecía mucho más joven. Era de pecho corpulento, de estatura ligeramente inferior a la media y de semblante tosco pero atractivo y pícaro. Le costaba mucho parecer severo, aunque lo intentaba.

Era un hombre sensible y fantasioso. La anécdota de su incorporación a la expedición, cierta o no, lo retrata perfectamente: estando en un hotel de Londres, cierta noche soñó que Burlington Street, en el elegante West End, estaba llena de bloques de hielo a través de los cuales él hacía navegar un barco.

A la mañana siguiente, temprano, se acercó apresuradamente a dicha calle y, mientras la recorría, vio una placa en una puerta en la que se anunciaba la Expedición Transantártica Imperial. (Efectivamente, la oficina en Londres de la expedición se encontraba en el número 4 de New Burlington Street.)

En el interior de la oficina conoció a Shackleton y ambos sintieron una mutua e inmediata simpatía. Worsley prácticamente no tuvo ni siquiera que mencionar que deseaba incorporarse a la expedición.

—Está usted contratado —le dijo Shackleton tras una breve conversación—. Vuelva a su barco y quédese allí hasta que yo le envíe un telegrama. Le daré todos los detalles en cuanto pueda. Buenos días.

Una vez dicho esto, le dio un apretón de manos y la entrevista, si es que podía considerarse una entrevista, finalizó.

Así pues, Worsley fue nombrado capitán del Endurance, es decir, se le puso al mando del funcionamiento físico del barco, a las órdenes de Shackleton, el jefe de la expedición.

Shackleton y Worsley tenían ciertas semejanzas de carácter. Ambos eran enérgicos, imaginativos, románticos, con sed de aventuras. Pero mientras la naturaleza de Shackleton le impulsaba siempre a ser líder, Worsley no poseía tales inclinaciones. Era sobre todo un hombre despreocupado, dado a las explosiones de excitación y a los entusiasmos impredecibles. El manto de líder que le cayó encima durante la travesía del Atlántico no se acomodó muy bien sobre sus hombros. Consideraba que era su deber interpretar el rol de comandante, pero se sentía fuera de lugar en el papel. Su tendencia a ceder a sus estados de humor fue evidente un domingo por la mañana, mientras se celebraba el servicio religioso. Tras unas cuantas oraciones reverentes muy apropiadas, se le ocurrió cantar unos himnos e interrumpió la ceremonia dando palmadas y exclamando con ímpetu: «¿Dónde está la maldita banda?».

Cuando el Endurance llegó a Buenos Aires el 9 de octubre de 1914, la falta de disciplina de Worsley había hecho que la moral se encontrara en un estado lamentable. Pero Shackleton y Wild habían llegado de Londres y aplicaron mano dura.

El cocinero, que había trabajado con desgana durante el viaje, subió a bordo borracho y fue despedido inmediatamente. Se presentaron veinte hombres para ocupar el puesto. El trabajo fue para uno de voz chillona, que respondía al nombre de Charles J. Green y que era un tipo totalmente diferente, concienzudo casi hasta la obcecación.

Posteriormente, dos de los marineros, después de una noche tormentosa en tierra, se pelearon con Greenstreet y también fueron despedidos. En este caso se decidió que sería suficiente con un hombre. El puesto fue para William Bakewell, un canadiense de veintiséis años que había perdido su barco cerca de Montevideo, Uruguay. Llegó con un compañero de tripulación regordete de dieciocho años, Perce Blackborow, que fue contratado temporalmente como pinche de cocina durante la permanencia del Endurance en Buenos Aires.

Mientras tanto, Frank Hurley, el oficial fotógrafo, había llegado procedente de Australia. Hurley había participado en la última expedición al Antártico de sir Douglas Mawson, y Shackleton lo contrató por la reputación que había adquirido gracias a su trabajo en dicha misión.

Finalmente, llegaron a bordo los últimos miembros de la expedición: sesenta y nueve perros de trineo que habían sido adquiridos en Canadá y que llegaron en barco a Buenos Aires. Fueron encerrados en casetas construidas a lo largo del centro de la cubierta principal.

El Endurance zarpó de Buenos Aires el día 26 de octubre a las diez y media de la mañana hacia el último puerto de la escala, la desolada isla de Georgia del Sur, en el extremo austral de Sudamérica. Salió de la desembocadura del Río de la Plata, que se abre ampliamente, y dejó al práctico del puerto a la mañana siguiente en el buque faro Recalada. A la puesta del sol, la tierra había desaparecido de la vista.

# 3

Al fin estaban en camino, y Shackleton se sentía muy satisfecho. Los años de preparación habían pasado... Las súplicas, las hipocresías, las maquinaciones: todo había acabado. El simple acto de zarpar le hizo dejar atrás un mundo de reveses, frustraciones e insensateces. En el espacio de pocas horas, había pasado de una existencia muy complicada, con miles de problemas triviales, a una vida llena de simplicidad en la que solo quedaba una tarea real: la consecución del fin.

Aquella noche, en su diario, Shackleton resumió sus sentimientos: «Ahora viene el verdadero trabajo... La lucha será beneficiosa».

Sin embargo, entre algunos hombres del castillo de proa había más tensión que satisfacción. La lista de la tripulación constaba de veintisiete hombres, incluido Shackleton. Pero había veintiocho hombres a bordo. Bakewell, el marinero que se había incorporado al Endurance en Buenos Aires, había decidido con Walter How y Thomas McLeod subir a bordo de contrabando a su compañero, Perce Blackborow. Mientras el Endurance se adentraba en un mar abierto cada vez más movido, Blackborow se había escondido detrás de los impermeables, en el armario de Bakewell. Por suerte, había mucho trabajo en cubierta y la mayoría de la tripulación estaba ocupada en el castillo de proa, así que Bakewell podía escaparse de vez en cuando para darle a Blackborow un poco de comida o agua.

A primera hora de la mañana siguiente, los tres conspiradores decidieron que había llegado el momento; el barco ya se había alejado mucho de tierra como para volver atrás. Blackborow, que sufría calambres, fue trasladado al armario asignado a Ernest Holness, fogonero que terminaba su turno de guardia al cabo de poco tiempo. Llegó Holness, abrió el armario, vio dos pies que emergían de debajo de su impermeable y se dirigió corriendo al alcázar. Encontró a Wild de guardia y le comunicó su descubrimiento. Wild acudió inmediatamente, sacó a Blackborow del armario y lo llevó ante Shackleton.

Pocos hombres podían ser más imponentes que Ernest Shackleton cuando se enfadaba, y ahora, cara a cara con Blackborow, con su enorme espalda encorvada, reprendió cruelmente al joven polizón galés. Blackborow estaba aterrorizado. Bakewell, How y McLeod se quedaron allí de pie, impotentes, porque no se esperaban algo así. Sin embargo, en medio de la diatriba, Shackleton se detuvo abruptamente y acercó su cara a la de Blackborow.

—Si nos quedamos sin alimentos y tenemos que comernos a alguien, tú serás el primero. ¿Has comprendido?

En el rostro redondo y juvenil de Blackborow se dibujó una sonrisa e hizo un gesto de asentimiento. Shackleton se volvió hacia Worsley y le sugirió que asignara a Blackborow como ayudante de Green en la cocina.

El Endurance llegó a la estación ballenera de Grytviken, en Georgia del Sur, el 5 de noviembre de 1914. Les esperaban noticias desalentadoras. Las condiciones del hielo en el mar de Weddell, que nunca eran buenas, eran ahora las peores que recordaban los capitanes de balleneros noruegos que faenaban en la zona. Unos predijeron que sería imposible atravesarlo y otros hasta intentaron disuadir a Shackleton, aconsejándole que esperara a la próxima estación. El explorador decidió quedarse en Georgia del Sur un tiempo, hasta que la situación mejorase.

Los balleneros estaban especialmente interesados en la expedición, porque sus conocimientos de primera mano de los mares del Antártico les proporcionaban una apreciación muy real de los problemas a los que se enfrentaba Shackleton. Además, la llegada del Endurance fue todo un acontecimiento en Georgia del Sur, porque de ordinario había muy pocas diversiones en este puesto fronterizo austral de la civilización. Se organizaron fiestas a bordo del barco y los balleneros les agradecieron la invitación celebrando reuniones en tierra.

La mayor parte de la tripulación iba a divertirse a casa de Fridtjof Jacobsen, el director de la estación ballenera de Grytviken, y Shackleton hasta hizo un trayecto de 22 kilómetros a Stromness invitado por Anton Andersen, que era director de la factoría de salazón fuera de temporada.

Mientras Shackleton estaba en Stromness, el director habitual de la factoría, Thoralf Sørlle, volvió de sus vacaciones en Noruega. Sørlle era un hombre de treinta y ocho años de fuerte constitución, cabello oscuro y un hermoso mostacho. En los tiempos en los que salía a la mar, Sørlle fue quizá el mejor arponero de toda la flota ballenera noruega, y poseía amplios conocimientos de navegación en los hielos polares. Durante los meses que siguieron, Shackleton aprendió todo lo que pudo de la experiencia de Sørlle y de la mayoría de los capitanes de balleneros, hasta formarse un retrato muy completo de los movimientos del hielo en el mar de Weddell. Lo que aprendió fue lo siguiente.

El mar de Weddell es de forma más o menos circular, cerrado por tres masas de tierra: el continente antártico propiamente dicho, la península Antártica o de Palmer y las islas Sandwich del Sur. Como consecuencia de ello, la mayor parte del hielo que se forma en el mar de Weddell se queda allí, ya que la tierra que lo rodea no deja que escape a mar abierto, donde se podría fundir. Los vientos en aquella zona eran ligeros para el Antártico, y no solo no movían el hielo, sino que permitían su formación en todas las estaciones del año, incluso en verano. Además, la fuerte corriente predominante, que se movía en la dirección de las agujas del reloj, provocaba que el hielo formara un inmenso semicírculo y lo comprimía con fuerza contra el brazo de la península Antártica, en el lado occidental del mar.

Pero su destino era la bahía de Vahsel, más o menos en la costa opuesta. Había, pues, razones para que Shackleton esperara que el hielo fuera arrastrado desde ese tramo de costa por los vientos y las corrientes predominantes. Con suerte, podrían deslizarse por detrás de los icebergs más peligrosos a lo largo de esa costa a sotavento.

Shackleton decidió bordear el perímetro noreste del mar de Weddell y su endiablada banquisa, porque esperaba encontrar la costa libre de hielo en las proximidades de la bahía de Vahsel.

Esperaron hasta el 4 de diciembre para que el barco de suministros llegara a la estación ballenera con las últimas noticias de casa. Pero no fue así y el 5 de diciembre de 1914, a las 8:45 horas, el Endurance levó anclas y salió de la bahía de Cumberland. Cuando pasó junto a Barff Point, se escuchó la orden de «¡Izad las velas!». Se alzaron la cangreja mayor popel, la vela mayor y la de trinquete, y luego fueron braceadas las gavias y los sobrejuanetes de proa antes de que se avivara el viento del noroeste. Una llovizna de aguanieve fría y entumecedora se movía a través del mar plúmbeo. Shackleton le ordenó a Worsley que pusiera rumbo al este, hacia las Sandwich del Sur. Dos horas después que el Endurance zarpara, el barco de suministros llegó con el correo.

El Endurance bordeó la costa de Georgia del Sur, dirigiéndose hacia alta mar. El barco ofrecía un espectáculo sorprendente. Sesenta y nueve *huskies* pendencieros iban atados en la parte delantera; varias toneladas de carbón se amontonaban en la cubierta, en medio del barco; encima de los aparejos colgaba una tonelada de carne de ballena, que era la comida de los perros. Constantemente rezumaba sangre, que manchaba la cubierta y mantenía a los animales en estado de frenesí mientras esperaban a que cayera algún pedazo.

La primera tierra avistada fue la isla Saunders, del grupo de las Sandwich del Sur, y el 7 de diciembre, a las seis de la tarde, el Endurance pasó entre ellas y el volcán de la isla Candelaria. Allí, por primera vez, se encontró con el enemigo.

Fue tan solo un pequeño fragmento de hielo flotante que el barco salvó sin dificultad. Pero dos horas después llegaron ante una banda de banquisa gruesa, de algunos metros de grosor y de cerca de un kilómetro de anchura. El agua libre era visible al otro lado, pero habría sido extremadamente peligroso embestir las placas heladas en medio del oleaje.

Durante más de doce horas estuvieron inspeccionando los bordes de la banquisa hasta que, a las nueve de la mañana del día siguiente, encontraron lo que parecía ser un paso seguro y empezaron a atravesarlo con las máquinas al ralentí. El Endurance embistió varias veces los témpanos, pero no se produjo ningún daño.

Worsley, como la mayor parte de los que estaban a bordo, nunca había visto una banquisa de hielo polar y aquello le impresionó mucho, sobre todo el espectáculo de esquivar los grandes témpanos.

Pasaron junto a icebergs muy grandes, algunos de más de tres kilómetros cuadrados, que presentaban una majestuosa visión al flotar en el mar henchido, con las olas rompiendo contra sus costados y elevándose por el aire, como cuando el oleaje bate contra las rocas. La acción del mar abría enormes cavernas de hielo en la mayor parte de ellos, y las olas, al romperse, producían un sonido profundo y atronador cuando se introducían en una de aquellas cuevas de hielo azulado. Además, se oía el bronco y rítmico arrastre de las olas rompiendo contra la elegante y ondulada banquisa mientras esta surcaba el mar embravecido.

Durante dos días navegaron hacia el este, dando un rodeo por el borde de la banda helada y, finalmente, a medianoche del 11 de diciembre, pudieron virar al sur, hacia la bahía de Vahsel.

El Endurance se abrió camino serpenteando y culebreando a través de la banquisa durante casi dos semanas, pero avanzaba de forma intermitente. A veces apenas era capaz de hacerlo y otras se detenía y debía esperar hasta que el hielo se abriera.

En mar abierto podía alcanzar de diez a once nudos sin la ayuda de las velas y fácilmente podía cubrir 200 millas al día. Pero a la medianoche del 24 de diciembre, su promedio diario era de menos de 30 millas.

Antes de abandonar Georgia del Sur, Shackleton estimó que llegarían a la costa a finales de diciembre. Pero ni siquiera habían cruzado el círculo polar antártico, aunque el verano ya había empezado oficialmente. Ahora había luz las veinticuatro horas del día; el sol solo desaparecía un instante cerca de medianoche, dejando atrás un crepúsculo prolongado y magnífico. A menudo durante este periodo, el fenómeno de una «ducha de hielo», provocado por la humedad del aire que se hiela y cae, proporcionaba un paisaje encantado. Millones de delicados cristales, en forma de finas agujas, descendían con centelleos bellísimos a través de la luz del crepúsculo.

Aunque la banquisa parecía extender la desolación hasta el infinito en cualquier dirección, en ella abundaba la vida. Ballenas jorobadas y gigantescos rorcuales azules, algunos de ellos de 30 metros de longitud, emergían y retozaban en los límites de alta mar entre los témpanos. También había orcas, que sacaban sus hocicos agudos y amenazadores por encima de la superficie en busca de una presa que pudieran arrastrar al agua. En el cielo, albatros gigantes y varias especies de petreles, fulmares y golondrinas de mar revoloteaban y se lanzaban en picado. Era frecuente ver a las focas de Weddell y a las cangrejeras echadas, durmiendo sobre el hielo.

Y había pájaros bobos, claro está: pingüinos emperador, ceremoniosos y de cuello tieso, que contemplaban con un majestuoso silencio el paso del barco. En cambio, no había nada de majestuoso en los pequeños pájaros bobos de Adelia. Eran tan confiados que se dejaban caer sobre el vientre y se deslizaban como por un tobogán, impulsándose con las patas y con un graznido que sonaba como «¡Clark! ¡Clark!»... Sobre todo cuando Robert Clark, el solitario y taciturno biólogo escocés, se encontraba al timón.

A pesar del lento avance, celebraron la Navidad. Decoraron la cámara de oficiales con banderas y disfrutaron de una excelente comida compuesta por sopa, arenque, liebre hervida en su jugo, budín de ciruelas y dulces, regado todo con cerveza de malta y ron. Después, hubo una fiesta con canciones marineras, con Hussey tocando un violín de una cuerda que él mismo había fabricado. Aquella noche, antes de acostarse, Greenstreet anotó en su diario los acontecimientos del día, concluyendo con estas palabras: «Se ha terminado otro día de Navidad. Me pregunto cómo y bajo qué circunstancias pasaremos el próximo. Temperatura, – 1 °C».

Se habría quedado atónito si lo hubiera sabido.

El comienzo del nuevo año de 1915 trajo consigo algunos cambios en la banquisa. A veces se veían acorralados por viejos témpanos, densos y llenos de camellones de hielo. Aun así, cada vez con más frecuencia encontraban solo hielo joven y quebradizo a su paso y entonces avanzaban a toda máquina porque no se topaban con resistencia.

El 9 de enero, a las once y media de la mañana, pasaron cerca de un iceberg tan magnífico que lo bautizaron como «El iceberg rampante». Tenía una altura de 45 metros, más del doble que el palo mayor del Endurance. Pasaron tan cerca de él que cuando miraron el agua de color índigo vieron cómo se extendía 12 metros por debajo de la quilla del barco, y aún seguía unos 300 metros por debajo de ellos, estimó Worsley, cada vez más azul hasta que desapareció de su vista. Justo al otro lado se encontraba el oscuro y ondulante océano sin hielo, extendiéndose hacia el horizonte. Habían atravesado la banquisa.

—Nos sentimos tan contentos como Balboa cuando, después de explorar la selva del istmo de Darién [Panamá], avistó el Pacífico —dijo Worsley.

Pusieron rumbo sur cuarta al sureste y avanzaron a toda máquina durante un centenar de millas sin obstáculos a través de mar abierto, con ballenas retozando y resoplando a su alrededor. El 10 de enero, a las cinco de la tarde, avistaron tierra; Shackleton la bautizó «costa de Caird» en honor al principal patrocinador de la expedición. A medianoche, en el crepúsculo, estaban navegando hacia el oeste a 150 metros de una sucesión de acantilados de hielo de 300 metros de altura, llamados «la barrera».

Ahora el Endurance se encontraba a unas 400 millas al noreste de la bahía de Vahsel, y Shackleton lo mantuvo en esa dirección. Durante cinco días navegaron paralelos a la barrera y el avance fue excelente. El 15 de enero se hallaban a 200 millas de la bahía de Vahsel.

Hacia las ocho de la mañana del día 16, avistaron una gran banquisa por la proa desde el tope del mástil. La alcanzaron media hora después y pudieron observar que se mantenía inmóvil debido a los numerosos icebergs gigantes que estaban encallados. Recogieron velas y avanzaron lentamente a motor bordeando la banda de hielo y buscando un paso para atravesarla, pero no pudieron encontrar ninguno. Hacia el mediodía, empezó a soplar un viento refrescante del este-noreste, y hacia media tarde soplaba un vendaval. A las ocho, cuando comprobaron que no podían avanzar, se refugiaron al abrigo de un gran iceberg varado.

La tempestad siguió durante el día 17 y hasta incrementó su intensidad. Aunque el cielo estaba azul y despejado por encima del barco, densas nubes de nieve procedentes de tierra les amenazaban. El Endurance se agitaba de un lado a otro, pero seguía bajo la abrigada protección del iceberg.

El temporal del noreste empezó a amainar hacia las seis de la mañana del 18 de enero, por lo que pusieron la gavia y avanzaron hacia el sur con los motores al ralentí. La mayor parte de la banquisa se había desplazado hacia el suroeste dejando tan solo pequeños fragmentos atrapados entre los icebergs varados. La atravesaron durante diez millas hasta las tres de la tarde, cuando volvieron a encontrar el cuerpo principal de la banquisa, que se extendía desde el frente de la barrera hacia el noroeste, tan lejos como abarcaba la vista. Sin embargo, la desaparición por la proa de la oscura línea de lo que llamaban «cielo de agua» era la promesa de un amplio tramo de océano abierto. Decidieron atravesar la banquisa: el Endurance entró en ella a las cinco de la tarde.

Casi inmediatamente se dieron cuenta de que se trataba de un hielo diferente a todo lo que se habían encontrado hasta entonces. Los témpanos eran gruesos pero blandos, la mayoría de ellos formados de nieve. Flotaban en un mar espeso compuesto por fragmentos de hielo blando y burujos de nieve. Su masa se cerraba alrededor del barco como un budín.

A las siete de la tarde, Greenstreet condujo al Endurance entre dos grandes témpanos hacia una zona de agua abierta. A medio camino, el barco topó con uno de los pedazos y, entonces, otro lo sitió por detrás. Aunque pusieron los motores a toda máquina, tardaron dos horas en conseguir atravesarlo. Lo que parecía una decisión rutinaria fue anotado en el cuaderno de bitácora de Worsley: «Nos detendremos un rato hasta que la banquisa se abra cuando cese este viento del NE».

Transcurrieron seis días fríos y nubosos hasta que el 24 de enero cesó la tempestad del noreste. Para entonces, el hielo rodeaba al Endurance por todas partes, hasta donde la vista podía alcanzar.

Worsley escribió en su cuaderno de bitácora: «Debemos armarnos de paciencia hasta que sople un vendaval austral o hasta que el hielo se abra por su cuenta».

Pero no estalló ninguna tempestad austral ni el hielo se abrió. A medianoche del 24 de enero apareció una grieta de unos cuatro metros y medio de ancho a unos 46 metros de distancia de la proa del barco. A media mañana, la grieta estaba a un cuarto de milla de distancia. Se izaron todas las velas y el barco avanzó a toda máquina para intentar romperla. Durante tres horas forzaron el navío al máximo contra el hielo, pero ni siquiera avanzó un metro.

El Endurance estaba sitiado. Orde-Lees, el pañolero, escribió: «Helado, como una almendra en medio de una barra de chocolate».

# 4

Lo que había sucedido era muy sencillo. La tempestad del noreste había comprimido y sobrecargado toda la banquisa del mar de Weddell contra la superficie de la tierra, y no existía fuerza en el mundo que pudiera abrir de nuevo el hielo, excepto otra tempestad procedente de la dirección opuesta.

Sin embargo, en lugar de tempestades australes, solo soplaban vientos moderados. El diario de Worsley narra día a día la espera de la tempestad que nunca llegó: «Ligera brisa del SO... Mod. brisa del este... Suave brisa del SO... Aires calmos y ligeros... Ligeras brisas del oeste...».

Fue una casualidad, un fenómeno raro. Una fuerte tempestad del noreste y luego la fría calma.

A la tripulación le costó un poco asimilar que el Endurance estaba atrapado de verdad; se lo tomaron con una especie de progresiva resignación, un mal sueño del que no iban a despertar. Los hombres vigilaban todos los días la banquisa, pero esta seguía sin cambios sustanciales.

De nuevo lo plasmaron en sus diarios. Cuando acabó la tempestad del 24 de enero, el viejo cascarrabias *Chippy* McNeish, el carpintero, escribió: «Inmovilizados, ningún signo de grieta todavía. La presión sigue siendo un peligro y si no salimos pronto de aquí creo que no lo haremos nunca...».

El 25: «Inmovilizados. Intentamos cortar el hielo para aliviar la presión sobre el barco, pero no ha servido...».

El 26: «Inmovilizados. El agua ha abierto un poco de camino delante de nosotros, pero el témpano en el que estamos es más sólido que nunca...».

El 27: «Inmovilizados. Otra tentativa para romper el hielo... sin resultado».

El 28: «Temperatura, – 14 °C. Mucho frío. Inmovilizados, sin signos de cambio».

El 29: «Inmovilizados... sin signos de cambio».

El 30: «Inmovilizados...».

El 31: «Inmovilizados...».

Sin embargo, se mantenían todos los turnos de guardia y las tareas en el barco se llevaban a cabo como siempre. El 31 de enero hicieron el primer intento de usar la radio, un aparato de batería, capaz solamente de recibir transmisiones eléctricas en código Morse. Su función era recoger el estado del tiempo para los cronómetros y programas de noticias que iban a ser transmitidos para ellos a primeros de cada mes desde las islas Malvinas, a 1.650 millas.

En vista de la distancia hasta el transmisor, Hubert Hudson, el oficial de derrota, y Reginald James, el joven físico de formación académica de la expedición, hicieron todo lo que pudieron para incrementar el radio de acción del aparato. Añadieron 55 metros más de alambre a la antena y soldaron todas las junturas para mejorar las conexiones.

A las 3:20 horas de la mañana siguiente, un pequeño grupo de hombres se reunía alrededor del receptor en la cámara de oficiales. Estuvieron manipulando los diales durante más de una hora, pero, como era de esperar, solo oyeron interferencias. De hecho, existía una notable falta de interés por la radio, ya que se consideraba no solo una novedad, sino también algo inservible. En 1914 la radio estaba todavía en mantillas, al menos en lo que se refería a recepción a larga distancia. Nadie a bordo del Endurance esperaba demasiado de ella, y no les sorprendió ni se preocuparon cuando sus expectativas se hicieron realidad. Si la radio hubiera incluido un transmisor para que ellos hubieran podido transmitir su difícil situación y posición, la actitud de la tripulación seguramente habría sido muy diferente.

A principios del mes de febrero, intentaron en dos o tres ocasiones liberar el barco cuando se abrieron algunas grietas a una distancia razonable de la embarcación, pero los intentos fracasaron por completo. El 14 de febrero, se abrió un paso de agua a un cuarto de milla de distancia de la proa del barco, por lo que se aumentó el vapor y todos los hombres bajaron al hielo con sierras, escoplos, picos y cualquier herramienta que pudiera ser utilizada.

El Endurance permanecía en una zona de hielo reciente de pocos metros de grosor, que fue serrado y apartado para darle al barco espacio para romper los témpanos que tenía delante. La tripulación empezó a trabajar a las ocho cuarenta de la mañana y continuó durante todo el día. A medianoche habían abierto un canal de unos 140 metros de longitud.

A primera hora de la mañana siguiente los hombres reanudaron sus esfuerzos y trabajaron con mayor ahínco para alcanzar el paso de agua antes cerrado. El barco dio marcha atrás tanto como pudo, para después avanzar a toda máquina hacia los témpanos. Habían abierto un canal en forma de V en el hielo para que la proa de la embarcación pudiera partirlo con mayor facilidad.

El Endurance golpeó el hielo con estrépito una y otra vez, levantando una ola de agua sobre el témpano; luego se balanceó, vibró y se deslizó hacia atrás. Cada vez penetraba un poco más. La tripulación que estaba en la banquisa colocó con rapidez cables de alambre alrededor de cada témpano; algunos pesaban más de veinte toneladas, y el Endurance, a toda máquina, los arrastraba de un lado a otro preparándose para otro avance. Pero no lo conseguía. Siempre había demasiado hielo desprendido, flotando a su alrededor, que lo inmovilizaba, debilitando sus violentas embestidas y amortiguando los golpes.

A las tres de la tarde, después de que el barco rompiera un tercio del camino hacia el agua a través de medio kilómetro de hielo, llegaron a la conclusión de que era inútil gastar carbón y más esfuerzos. Los 360 metros restantes de hielo tenían de cuatro a cinco metros y medio de grosor y Shackleton, abandonando toda esperanza de poderlos recorrer, ordenó que apagaran los motores.

La tripulación no se dio por vencida todavía y en los turnos de guardia bajaban a cortar hielo. Hasta el delicado Charlie Green, el cocinero, se reunía con sus compañeros después de hacer el pan para serrar y tratar de liberar el barco.

Hacia la medianoche los voluntarios comprendieron la inutilidad de la labor y volvieron a la nave. Green había hecho un ponche para calentar a los hombres cuando volvieran. La temperatura era de – 17 °C.

Greenstreet, siempre sincero y directo, resumió aquella noche el sentimiento general en su diario y escribió con mano cansada: «Si tenemos que permanecer aquí a pasar el invierno, nos acompañará la satisfacción de saber que hicimos todo lo que pudimos para salir».

Les quedaba poco tiempo. El 17 de febrero observaron que se aproximaba el final del verano antártico, cuando el sol, que durante dos meses había brillado veinticuatro horas al día, se ocultó detrás del horizonte por primera vez a medianoche.

Al fin, el 24 de febrero, Shackleton admitió que ya no se podía contar seriamente con la posibilidad de salir de allí. Se anularon las guardias, que fueron sustituidas por un sistema de vigilancia nocturno.

La orden de Shackleton solo hizo oficial lo que ya todos habían aceptado: pasarían el invierno a bordo del barco, con todo lo que eso podía significar. Wild comunicó la orden de Shackleton rutinariamente, y fue recibida casi con satisfacción. El fin de las guardias significaba que, al menos, los hombres podrían dormir toda la noche.

En cuanto a Shackleton, era otro asunto. Le atormentaban los pensamientos sobre lo que había sucedido y sobre lo que podía suceder. Un repaso retrospectivo le decía que si hubiera desembarcado el equipo transcontinental en alguno de los lugares por los que habían pasado a lo largo de la barrera, ahora estarían en la costa, listos para salir hacia el Polo en la siguiente primavera. Pero nadie podía prever la cadena de acontecimientos desastrosos que los habían llevado a aquella situación: tempestades del norte fuera de estación; más tarde, tiempo en calma y temperaturas muy bajas.

No existía ninguna posibilidad de desembarcar al grupo que iba a atravesar el continente. El movimiento de la banquisa en la que el Endurance estaba bloqueado los había arrastrado hasta unas 60 millas de la bahía de Vahsel, una distancia que podía parecer sorprendentemente corta. Pero 60 millas de hielo acamellonado con Dios sabe cuántos pasos intransitables de agua de por medio, llevando los suministros de alimentos y de equipo para todo un año, más la madera para el cobertizo, todo ello cargado en los trineos arrastrados por unos perros en malas condiciones y faltos de entrenamiento, podían ser un camino muy largo.

Aunque no hubiera existido ningún obstáculo para desembarcar al grupo transcontinental, no era aquel el momento para que el jefe de la expedición dejara el barco y al resto de la tripulación mientras la nave avanzaba entre el hielo. Era probable que el viento y las corrientes llevaran al Endurance hacia el oeste. Pero ¿hasta dónde? Y ¿hacia dónde? ¿Qué sucedería cuando llegara la fusión del hielo en primavera? Estaba claro que la obligación de Shackleton era quedarse en el Endurance. Sin embargo, el hecho de saberlo no impedía que las oportunidades de éxito de la Expedición Transantártica Imperial, siempre inciertas, fueran ahora mucho más problemáticas.

Shackleton tuvo la precaución de no transmitir su desasosiego a los hombres y se dedicó a supervisar minuciosamente las labores rutinarias del barco para la larga noche invernal que les esperaba.

Los perros fueron trasladados a los témpanos y les construyeron unos iglúes-casetas individuales con bloques de hielo y nieve. Se entregó a todo el mundo ropa de abrigo para el invierno, y se empezó a trabajar para trasladar a los oficiales y los científicos de la cámara de oficiales, en el castillo de proa, a unos habitáculos más cálidos en la zona de almacenaje entre la cubierta. Se mudaron allí a principios del mes de marzo y bautizaron sus cuarteles como «el Ritz».

La transformación del Endurance de barco a una especie de estación costera flotante llevó consigo un marcado relajamiento del ritmo de vida. Los hombres no tenían demasiadas cosas que hacer. El invierno solo les obligaba a trabajar tres horas al día y el resto del tiempo eran libres de hacer lo que desearan.

La única labor importante de verdad era la de almacenar gran cantidad de carne y de grasa de foca. La carne era necesaria para alimentar a los hombres y a los perros durante todo el verano, y la grasa se utilizaba como combustible con el fin de ahorrar carbón para el viaje al sur.

Durante el mes de febrero todo fue fácil. Los témpanos rebosaban de vida en cualquier dirección. A veces, desde el tope del mástil, veían más de doscientas focas, por lo que era muy sencillo obtener la cantidad de carne que necesitaban. Si se aproximaban en silencio, las focas raras veces huían. Como los pingüinos, no tenían ningún miedo cuando estaban en el hielo, porque los únicos enemigos que conocían eran animales marinos, como las focas leopardo y las orcas.

Sin embargo, con la llegada de marzo, como los días eran más cortos, la cantidad de animales se redujo considerablemente al migrar los pájaros bobos y las focas hacia el norte, siguiendo al sol. Hacia finales del mes, solo avistaban algún animal extraviado, y para descubrirlo tenían que aguzar la vista.

Frank Worsley, al que todos llamaban Wuzzles, poseía la visión aguda que precisaban. Por su capacidad para descubrir focas a distancias de hasta tres millas y media desde la cofa, lo nombraron jefe de los observadores. Para ayudarse en la labor, colgaba una serie de utensilios de su alta percha: telescopios, prismáticos, un megáfono y una banderola para señalar la dirección de la presa o para avisar a las partidas de cazadores de la proximidad de orcas. El pequeño Frank Wild era el ejecutor. Siguiendo la dirección que marcaba Worsley, a pie o con los esquís, llegaba al lugar en el que la foca estaba descansando y le disparaba un tiro en la cabeza.

La parte más difícil de la operación era arrastrar al animal hasta el barco, puesto que algunos ejemplares llegaban a pesar ciento sesenta kilos o más. Y se esforzaban por hacer el trabajo lo más rápido posible para que la foca no se congelara antes de llegar. Mientras la carne estuviera caliente, a los hombres que despellejaban y despedazaban al animal muerto no se les helarían las manos.

Durante este periodo, la condición física de los perros fue motivo de gran preocupación. Uno tras otro, enfermaban y se consumían. El 6 de abril, el perro Bristol tuvo que ser sacrificado, y desde que zarparon de Georgia del Sur eran ya quince el número de perros que habían perdido. De los sesenta y nueve originales, solo quedaban cincuenta y cuatro, y muchos en malas condiciones.

Los dos médicos —el joven Macklin y McIlroy, el cirujano— practicaron la autopsia a todos los perros muertos y descubrieron que la mayoría de ellos estaban infestados de lombrices intestinales rojas, de 30 centímetros de longitud, quizá más. Nada podía hacerse para curar a los animales enfermos. Una de las pocas cosas que la expedición no había traído de Inglaterra eran polvos antilombrices.

La pérdida de los quince perros fue parcialmente equilibrada en número, aunque no en poder de arrastre, por la llegada de dos camadas de cachorros. Sobrevivieron ocho y pronto fue evidente que eran tan inclasificables como sus padres, si bien eran de naturaleza más sosegada.

Los perros más viejos eran ariscos tanto entre ellos como con los conductores como, sobre todo, con cualquier foca o pájaro bobo que se les cruzara en el camino. No eran *huskies* de pura raza en el sentido moderno de la palabra, sino un grupo heterogéneo de animales de pelambre corta o larga, hocico romo o afilado. Procedentes de los bosques remotos de Canadá, poseían gran instinto y resistencia a las bajas temperaturas, pero poco más.

Para tratar con ellos, lo único que funcionaba era demostrarles superioridad física. En muchas ocasiones, un perro habría podido matar a otro si alguien no se le hubiera acercado y hubiera detenido la pelea provocada por una simple demostración de fuerza. Macklin, un hombre amable por naturaleza, desarrolló una técnica que se demostró mucho más efectiva que el látigo. Simplemente golpeaba al perro agresor bajo la mandíbula con un gancho sordo y con el puño enguantado. No hería al animal, que invariablemente se quedaba atónito y abandonaba su presa.

A principios de abril, Shackleton decidió que a los conductores permanentes de perros se les debería asignar la plena responsabilidad de sus grupos. Los puestos fueron distribuidos entre Macklin, Wild, McIlroy, Crean, Marston y Hurley.

Una vez que se establecieron los grupos y comenzó el adiestramiento, creció el interés de la tripulación por los perros. Cada día tenía lugar una especie de pugna para ocupar el puesto de ayudante de conductor de trineo. Las sesiones de entrenamiento también tenían el propósito de trasladar fuera del barco los cadáveres de las focas, en las raras ocasiones en las que mataban a alguna, que por desgracia eran cada vez menos frecuentes.

Hacia el 10 de abril habían acumulado en torno a dos mil kilos de carne y grasa. Shackleton calculó que estos suministros durarían noventa días y no tendrían necesidad de utilizar las provisiones de latas y de alimentos secos hasta que estuvieran en medio de la noche antártica, que se aproximaba rápidamente. Con unas temperaturas muy por debajo de cero no tenían que preocuparse de que los alimentos se estropearan; la carne fresca se congelaba automáticamente.

Durante el mes de abril, el sol cada día estaba más bajo, y poco a poco se fueron acortando las horas de luz. Aunque la banquisa permanecía casi siempre inmóvil, las observaciones demostraban que la masa, como un todo, estaba en movimiento. Avanzaba muy despacio. Durante el mes de febrero, cuando estuvieron a punto de quedarse atrapados de nuevo, la banquisa se deslizó de manera casi imperceptible hacia el oeste, paralela a la costa. A principios del mes de marzo, giró gradualmente hacia el oeste-noroeste y tomó mayor velocidad. En abril, osciló hacia el noroeste y durante ese mes se movió a un promedio de dos millas y media al día. El 2 de mayo, su posición mostraba una deriva total hacia el noroeste, desde finales de febrero, de 130 millas. El Endurance era una mancha microscópica de 43 metros de largo y 7,5 metros de ancho, incrustada en casi dos millones de kilómetros cuadrados de hielo, obligada a girar lentamente, en el sentido de las manecillas del reloj, por el irresistible barrido de los vientos y las corrientes del mar de Weddell.

A primeros de mayo, el sol apareció en el horizonte por última vez; luego desapareció poco a poco de la vista y comenzó la noche antártica. No sucedió de repente; la disminución hacia la oscuridad fue gradual: el día se fue haciendo más corto y la luz menos intensa.

Durante un tiempo hubo una claridad apagada, nebulosa, alucinante, y la solitaria silueta del barco podía verse recortada contra el horizonte. Sin embargo, era difícil percibir las distancias. El hielo que se extendía bajo los pies se advertía extrañamente borroso, hasta tal punto que caminar era muy difícil. Un hombre podía caer en un agujero invisible o chocar contra un camellón de hielo pensando que se encontraba todavía a una decena de metros de distancia.

Pero no pasó mucho tiempo antes de que desapareciera incluso la penumbra y el Endurance se quedara varado en la oscuridad.

# 5

En el mundo no existe una desolación más completa que la noche polar. Es un retorno a la Era glacial, sin calor, sin vida, sin movimiento. Solo aquellos que la han experimentado pueden apreciar plenamente lo que significa estar sin sol día tras día y semana tras semana. Ha habido pocos hombres que, poco acostumbrados a ello, hayan podido resistir sus efectos, y algunos han llegado a volverse locos.

Por coincidencia, el barón de Gerlache, antiguo socio del Endurance, se había encontrado asimismo varado en el mar de Weddell, a bordo de un navío llamado Bélgica, en 1899. Con la llegada de la noche, la tripulación del Bélgica se vio invadida por una extraña melancolía. A medida que fueron pasando las semanas entraron en una profunda depresión, que más tarde se transformó en desesperación. Con el tiempo les fue imposible concentrarse y hasta alimentarse. Para superar los terribles síntomas de locura de los que eran conscientes, paseaban en círculo alrededor del barco. El itinerario se conocía como «el paseo del manicomio».

Hubo un tripulante que murió de una enfermedad de corazón a consecuencia, en parte, del terror irrefrenable que sentía hacia la oscuridad. Otro vivió obsesionado con la idea de que el resto de la tripulación intentaba matarlo, y para dormir se escondía en un pequeño escondrijo del barco. Otro sucumbió a la histeria que, temporalmente, lo dejaba sordomudo.

Sin embargo, a bordo del Endurance hubo muy pocos casos de depresión. La noche polar que se aproximaba unió aún más a la tripulación.

Cuando el Endurance zarpó de Inglaterra, no podía llevar a bordo una colección de individuos más heterogénea. Iban desde universitarios de Cambridge hasta pescadores de Yorkshire. Pero después de nueve meses de permanecer juntos constantemente y vivir y trabajar en los mismos habitáculos comunes, esos hombres acumularon un bagaje de experiencias compartidas que iban más allá de sus diferencias. Durante aquellos meses, los hombres de a bordo del Endurance llegaron a conocerse muy bien. Y, con algunas excepciones, también llegaron a apreciarse.

Ya nadie consideraba a Blackborow un polizón. El joven galés, regordete y de cabellos oscuros, era ahora un miembro regular de la tripulación. Era un individuo muy callado, aunque ingenioso y bien dispuesto, un marinero apreciado y servicial que ayudaba a Green en la cocina.

Todos conocían a Bobby Clark, el biólogo, un escocés austero, trabajador incansable, casi sin sentido del humor. Pero sabían que podían contar con él para cualquier trabajo que se le requiriese. Solo se alteraba cuando la draga que dejaba caer a través del hielo todos los días aparecía con nuevas especies de animales para su colección de especímenes embotellados. En cierta ocasión, la tripulación le hizo una broma en medio de un gran jolgorio: le metieron unos cuantos espaguetis cocidos en uno de sus tarros de formol. Clark era un hombre callado y nunca habló con nadie de su vida personal.

Tom Crean —alto, casi un gigante— era exactamente lo que aparentaba, un marinero tosco, franco y carente de tacto que hablaba con el rudo vocabulario de los hombres de mar. No poseía una personalidad demasiado afable, pero conocía el océano y su trabajo, y era respetado por ello. Shackleton lo apreciaba mucho, pues le gustaba el carácter voluntarioso de aquel irlandés grandullón. El explorador le daba mucha importancia a la disciplina y Crean, después de muchos años en la Royal Navy, consideraba que una orden debía ser obedecida sin cuestionarla, aunque no era hombre que lisonjeara a Shackleton.

En cuanto a Charlie Green, el cocinero, daba la sensación de estar un poco «chiflado» o de ser bobalicón, por su carácter desvergonzado y aparentemente de cabeza de chorlito. Lo llamaban Chef o Cookie o, en ocasiones, Bolitas, porque tenía la voz chillona y porque había perdido un testículo en un accidente. Aparentemente se reían de él, pero en el fondo era respetado y apreciado. Pocos hombres eran más responsables que él. Mientras los demás solo trabajaban tres horas al día, Green lo hacía en la cocina desde primera hora de la mañana hasta mucho después de la cena, por la noche. A veces era víctima de las bromas crueles a las que en todas partes se somete a los cocineros de los barcos, pero él también se divertía a costa de los demás. En dos o tres ocasiones, para celebrar el cumpleaños de algún miembro de la tripulación, preparó una tarta: en una de las veces, esta resultó ser un balón hinchado que había congelado; y, en otra, un pedazo de madera cubierto cuidadosamente con un glaseado de azúcar.

Hudson, el oficial de derrota, era un tipo peculiar. Tenía buenas intenciones, desde luego, pero era un poco torpe. Lo llamaban Buda, por una broma pesada que le gastaron cuando el barco estaba anclado en Georgia del Sur. La tripulación lo convenció de que iba a haber una fiesta de disfraces en tierra... Quien haya estado en Georgia del Sur (con los glaciares, las montañas escarpadas y el hedor de las vísceras de las ballenas putrefactas en el puerto) no podría creerse que aquel fuera el escenario idóneo para una fiesta de disfraces..., pero Hudson se lo creyó. Dejaron que se quitara casi toda la ropa y lo vistieron con una sábana. Le colocaron la tapadera de una tetera en la cabeza y se la ataron con unos trozos de cuerda debajo de la barbilla. Ataviado de esa guisa, fue trasladado hasta la orilla del mar, temblando bajo las ráfagas de viento helado que descendían de las montañas. La fiesta se celebraba en casa del director de la factoría ballenera. Pero cuando Hudson entró, era el único que iba disfrazado.

La tripulación siempre podía contar con Leonard Hussey, el meteorólogo, a la hora de gastar bromas como esta. A sus veinte años tenía poca experiencia, pero todo el mundo lo conocía por su incansable buen humor. Poseía una lengua afilada y satírica, y era el primero en burlarse de sí mismo, aunque en un intercambio de agudezas no siempre resultaba tan brillante. También les gustaba porque tocaba el banjo y siempre accedía a interpretar una pieza cuando alguien se lo pedía. A Hussey lo llamaban con diferentes apodos: Hussbert, Hussbird o Huss.

La gran mayoría consideraba a McIlroy, el cirujano, un hombre de mundo. Era un individuo guapo, aristocrático, un poco mayor que los demás; a estos les divertía escuchar los relatos de sus antiguas conquistas. Sabía ser sarcástico y le admiraban por ello, aunque ese sarcasmo era inherente a su carácter cosmopolita y no había malicia en lo que decía. Lo llamaban Mick.

George Marston, el artista de la expedición, era un compañero taciturno, alegre un día y triste al siguiente. Al parecer, era el único al que le preocupaba el futuro, mientras que los demás confiaban en que al final todo saldría bien. Cada vez que se sentía abatido, Marston se acordaba de su casa, de su mujer y de sus hijos. Shackleton sentía por él una antipatía cada vez mayor, lo cual no ayudaba a mejorar en absoluto su actitud negativa. Fue una de esas cosas inexplicables; quizá tuvo la culpa el malestar de Marston. Shackleton temía que su actitud se extendiera a los otros miembros de la tripulación. Pero, aparte de su carácter mudable y del hecho de que no era demasiado fácil sacarle del trabajo, Marston era bien aceptado por la mayoría.

Entre la tripulación de marineros y fogoneros, el único que se distinguía por su personalidad era John Vincent, un fanfarrón joven y ambicioso. Era bajo, pero corpulento y mucho más fuerte que los otros marineros. Solía utilizar la fuerza para dominar a sus compañeros mediante la intimidación. Insistía en ser el primero al que se le sirviera la comida para poder elegir la mejor porción, y cuando se repartía grog, siempre conseguía más que sus compañeros. A los demás marineros no solo les desagradaba su personalidad, sino que sentían muy poco respeto por sus habilidades a bordo del barco. Vincent había estado en la Navy, pero la mayor parte de su experiencia la había adquirido a bordo de barcos de arrastre en el mar del Norte. A diferencia de How, Bakewell y McLeod, que durante años sirvieron a bordo de buques de cruz, Vincent no tenía experiencia en la navegación a vela. Sin embargo, tenía puesto el ojo en la plaza vacante de contramaestre y creía que la mejor manera de obtenerla era mostrándose tiránico. Al cabo de un tiempo en el castillo de proa estaban hasta la coronilla de él, y How, un sujeto de palabra suave, agradable y muy competente, fue a quejarse a Shackleton. El explorador mandó llamar inmediatamente a Vincent y, aunque no se supo lo que le dijo, su comportamiento fue mucho menos dominante después de la conversación.

No hubo más casos de fricción entre la tripulación, sobre todo después de la llegada de la noche antártica. La oscuridad y el tiempo impredecible limitaban las actividades a un área restringida alrededor del barco. Los hombres tenían pocas ocupaciones y permanecían en estrecho contacto entre ellos, más que nunca. Sin embargo, la tripulación no se dejó llevar por los nervios y se mantuvo muy unida.

A principios del invierno, George Marston y Frank Wild decidieron un día cortarse el cabello el uno al otro, afeitándoselo al cero con la máquina del barbero. Por la tarde la moda se había extendido al resto de la tripulación y todos, incluido Shackleton, lucían el cuero cabelludo desnudo.

Se divertían haciendo bromas. La tarde siguiente al corte de pelo, Wild apareció a la hora de la cena con la cara oculta por el cuello del jersey, dejando al descubierto solamente la cabeza rasurada, en la que Marston había pintado lo que Greenstreet describió como «un tipo de mirada estúpida».

La noche siguiente, *Wuzzles* Worsley fue acusado de «robar en una iglesia presbiteriana el botón de unos pantalones de la bolsa de la colecta y utilizarlo para un uso innoble y vil». Los trámites fueron largos e indisciplinados. Wild fue el juez, James el fiscal y Orde-Lees el abogado defensor. Greenstreet y McIlroy declararon en contra del acusado, pero cuando Worsley invitó al juez a una copa después del juicio, Wild presionó al jurado para que declarara al acusado inocente. De todas formas, Worsley fue hallado culpable en la primera votación.

Además de estas diversiones espontáneas, también celebraban fiestas. Todos los sábados por la noche se repartía entre la tripulación una ración de grog; después del brindis —«Por nuestras amantes y esposas»—, invariablemente un coro de voces añadía: «¡Que nunca se conozcan!».

Los domingos por la tarde escuchaban música en el fonógrafo de manivela durante una o dos horas, mientras permanecían echados en las literas o escribían sus diarios. Pero estas audiciones estaban limitadas por la escasez de agujas. En Inglaterra encargaron cinco mil, pero Wild, al rellenar el pedido, se olvidó de especificar «para gramófono». Solo mucho después de que el barco zarpara, Orde-Lees, el pañolero, descubrió que tenían cinco mil agujas de coser extra y solo un paquete pequeño de la variedad para el fonógrafo.

Una vez al mes se reunían todos en el Ritz. Frank Hurley, el fotógrafo, pronunciaba una «charla de linterna», una conferencia ilustrada con diapositivas de los lugares que había visitado: Australia, Nueva Zelanda, la expedición de Mawson. La favorita era una titulada «Vistas de Java», en la que aparecían ondulantes palmeras y jóvenes nativas.

En noches como esas, el Ritz era un lugar agradable. Antes había sido una zona de carga, situada justo debajo de la cubierta principal de popa y de los camarotes de la tripulación en el castillo de proa. Después, los hombres y los productos almacenados cambiaron de sitio. Los suministros fueron trasladados a la zona del comedor de oficiales en la caseta de cubierta, y los hombres se instalaron en la bodega. La zona tenía diez metros de largo por siete metros y medio de ancho y McNeish hizo unas separaciones para obtener unos cubículos para los oficiales y los científicos. En el centro había una mesa larga con una lámpara de parafina encima. Allí comían, escribían en los diarios, jugaban a las cartas y leían. En un rincón había una estufa de carbón que mantenía una temperatura agradable en el interior. Los gruesos costados del Endurance eran un excelente aislante.

Fuera, sin embargo, el tiempo iba empeorando. A finales de mayo descendió por debajo de los –18 °C, y así siguió. Durante la primera mitad de junio, la media fue de –27 °C. La vista desde la cubierta del Endurance era extraordinariamente hermosa. En los días despejados, cuando la luna estaba alta, se formaban unos grandes círculos en el cielo que iluminaban los témpanos con una luz suave y pálida, lo que podía apreciarse durante días consecutivos. En otras ocasiones, las exhibiciones de la *aurora australis*, el equivalente antártico de la aurora boreal, cortaban la respiración. Increíbles resplandores de verde, azul y plata se alzaban por el horizonte hasta el cielo azul y negro, y en el hielo que se extendía debajo rielaban y centelleaban iridiscentes tonalidades. Aparte del frío, que iba en aumento, no sufrían tempestades porque el tiempo permanecía muy estable.

Hacia mediados de junio, durante el periodo más oscuro del invierno, Frank Hurley se jactó de tener el equipo más rápido, lo cual fue motivo para organizar una carrera de perros. Estaba tan oscuro que los espectadores de esta «carrera antártica» no conseguían ver el final. Ganó el equipo de Wild, pero Hurley aseguró que él llevaba más peso que el otro y solicitó un desquite. Venció Hurley porque Shackleton, que iba como pasajero en el trineo de Wild, se cayó en una curva y el equipo fue descalificado.

La noche siguiente, el astuto doctor McIlroy «sacó a la luz» un par de dados que encontró casualmente entre sus cosas. En la primera partida, apostó con Greenstreet para ver quién compraría champán cuando volvieran a casa. Perdió Greenstreet. Por entonces ya se habían reunido muchos hombres alrededor de la mesa del Ritz, y se entretuvieron toda la tarde jugando a los dados. Wild apostó la invitación de la cena, McIlroy perdió las entradas del teatro, Hurley el resopón de después y el tranquilo *Jock* Wordie, el geólogo, tendría que pagar los taxis de vuelta a casa.

Celebraron el día del solsticio de invierno, el 22 de junio. El Ritz fue engalanado con banderas y enseñas y Hurley construyó una especie de plataforma que se iluminó con una hilera de candilejas de acetileno. Todo el mundo acudió a la fiesta, convocada a las ocho de la tarde.

Shackleton, en calidad de jefe, presentó a los participantes. Orde-Lees, el pañolero, se disfrazó de ministro metodista, el «reverendo Amor Burbujeante», y exhortó a los espectadores contra los riesgos del pecado. James, como «*Herr Professor* von Schopenbaum», pronunció una larga conferencia sobre la «caloría». Macklin recitó un verso tropical que había escrito sobre el «capitán Eno», el efervescente navegante, que no podía ser otro que el efervescente Worsley.

Greenstreet hizo un relato de la velada en su diario:

> Me reí mucho al ver a Kerr disfrazado de vagabundo y cantando «Spagoni el Torero». Empezó varios tonos más alto de lo debido y Hussey, que lo acompañaba, murmuraba en vano «¡Más bajo! ¡Más bajo!», porque tocaba en una clave menor. Siguieron así hasta que los dos perdieron el tono. Cuando Kerr pronunció la palabra «Spagoni», resultó que la había olvidado, que siguió con «Stuberski el Torero», y también se olvidó del estribillo, así que dijo simplemente: «¡Debe morir, debe morir, debe morir!». Fue divertidísimo y nos reímos hasta que se nos saltaron las lágrimas. McIlroy, que se disfrazó de española, tenía un aspecto espantoso, con un traje de noche muy escotado y una falda con un corte que mostraba la pierna desnuda encima de los calcetines largos [...]. Bailó danza española.

Marston cantó, Wild recitó «El naufragio del Hesperus», Hudson era una chica mestiza, Greenstreet un borracho de nariz colorada y Rickinson una prostituta callejera de Londres.

La velada acabó a medianoche con una cena fría y un brindis. Luego todos cantaron «Dios salve al rey».

De este modo pasaron el ecuador del invierno.

# 6

Los hombres empezaron a pensar en la primavera, en el retorno del sol y el calor, cuando el Endurance rompiera su prisión de hielo y pudieran aproximarse de nuevo a la bahía de Vahsel.

A finales de junio comenzaron a escucharse los sonidos de la presión del hielo sobre el barco. El día 28, Worsley escribió en su diario: «A veces, durante la noche, se oye un bramido distante y profundo que, en ocasiones, se transforma en un largo crujido que parece transmitir un tono amenazador. Se inicia poco a poco y luego se detiene abruptamente y suena mejor en la distancia; a mayor distancia, mejor sonido».

El 9 de julio, el barómetro empezó a descender lentamente. Durante cinco días consecutivos, la lectura fue: 757, 752, 749, 746, 743 milímetros de mercurio.

En la mañana del 14 de julio, la última lectura se salió de la escala: 733 milímetros. A mediodía se abatió una tenebrosa penumbra. Empezó a soplar un viento del suroeste, no demasiado fuerte al principio, y a las siete de la tarde empezó a nevar.

A las dos de la madrugada siguiente, el barco comenzó a vibrar bajo un viento de 110 km/h. La nieve era como una tormenta de arena procedente del polo. Nada podía mantenerse sujeto, aunque ataron con sogas alquitranadas las escotillas intentando mantenerlas bien cerradas. Por la noche fue imposible ver más allá de media longitud del barco. La temperatura alcanzó los – 37 °C.

Shackleton ordenó que nadie se aventurara lejos de las perreras, que estaban solo a unos metros del barco. Los hombres que daban de comer a los perros tuvieron que arrastrarse sobre las rodillas y las manos para que la fuerza del viento no se los llevara. A los dos minutos de haber abandonado el barco, la nieve cegadora y sofocante les cubría los ojos y la boca.

El viento, a sotavento del Endurance, erosionaba el hielo, produciéndole estrías y canales. A barlovento, la nieve alcanzaba cuatro metros de altura y probablemente su peso era de cien toneladas. Los témpanos situados a lo largo del barco se hundían bajo su propio peso y la embarcación, debido a la carga que estaba soportando, se sumergió unos 30 centímetros.

Al día siguiente la temperatura descendió a – 38 °C y se dio a cada perro un cuarto de kilo de manteca para ayudarles a soportar el frío. Después del desayuno, Shackleton mandó que toda la tripulación bajara al hielo para intentar limpiar de nieve los témpanos situados a babor del barco. La zona alrededor de las perreras se había convertido en un lugar peligrosamente sobrecargado y se temió que las casetas pudieran inclinarse y arrastrar con ellas a los perros.

La tempestad siguió toda la noche; el 16 de julio la nieve empezó a aclararse y a primera hora de la mañana había parches de cielo azul encima de sus cabezas. En la lejanía, bajo el brillo de la luz mortecina de mediodía, se podían ver otra vez los camellones presionando en todas direcciones, semejantes a setos que separaran diferentes placas de hielo. Había bancos de nieve que se habían acumulado contra ellos, pero el viento rugiente había limpiado la superficie del hielo, que ahora aparecía pulida y brillante.

Antes de que estallara la tormenta, la banquisa era como una masa sólida de hielo, pero ahora se había quebrado en fragmentos y al norte había una zona de mar abierto.

En estas circunstancias, la presión era inevitable. La rotura del hielo proporcionaba diez millones de superficies nuevas contra las que el viento podía presionar. Y cada témpano se movía con independencia del resto. La banquisa avanzaría con el viento, y a través del hielo se establecería una aceleración monstruosa. A la fuerza resultante del movimiento se la denomina presión, y esta empezó el 21 de julio. No contra el barco, porque la nave estaba en el centro de un témpano muy grueso, pero se percibían los sonidos del hielo dirigiéndose hacia el sur y el suroeste.

Los ruidos continuaron toda la noche y durante la mañana siguiente. Después de comer, Worsley decidió salir a echar una ojeada. Se puso el gorro de punto, el anorak y subió la escalerilla. Volvió casi al instante con la noticia de que el témpano se había roto. Todos se apresuraron a buscar sus impermeables y sus gorros de lana y subieron a cubierta. La grieta estaba allí: medía unos 60 centímetros de ancho y discurría desde el borde externo del témpano, donde la enorme presión había superpuesto las placas, hasta un radio de 35 metros alrededor de la zona de babor del Endurance. Llevaron inmediatamente a bordo los trineos y se apostaron vigías.

La rotura parecía inminente. Esperaron todo aquel día y el siguiente. No ocurrió nada. Podía oírse la presión alrededor del barco y de vez en cuando sentían la fuerte sacudida que transmitía el hielo, pero el Endurance todavía seguía encajado en el centro del témpano intacto. La superficie de la grieta de babor se había helado y, a medida que los días pasaban sin ningún cambio significativo, disminuía la sensación de estar a la expectativa. Los vigías se retiraron y se reanudaron las salidas con los trineos a una escala limitada.

Cada vez que salía un grupo, se encontraba con una demostración de fuerza de la naturaleza a la que nunca se había enfrentado. El 26 de julio, Greenstreet se fue con el equipo de Wild a dar una vuelta. Cuando vieron que el hielo se movía lentamente, se detuvieron a observar. Un témpano sólido, azul verdoso, de unos tres metros de grosor, avanzó hasta otro témpano próximo, y ambos se elevaron con tanta facilidad como si de dos fragmentos de corcho se tratara.

Greenstreet, cuando volvió al barco, escribió en su diario: «Por suerte para nosotros, no hemos sufrido una presión así en el barco, porque dudo que ninguna embarcación pudiera soportar una fuerza que levanta bloques de esa forma».

Entre la tripulación, la sensación de seguridad fue desapareciendo con rapidez. Aquella noche, después de la cena, se cernía en el Ritz un sombrío silencio. La tripulación se animó cuando apareció en el horizonte, y durante un minuto, la imagen refractada del sol. Fue la primera vez que lo veían en setenta y nueve días. Con todo, este acontecimiento no sirvió para que desapareciera el desasosiego general.

McNeish, que no era de los que evadían los problemas, fue directo a la cuestión cuando escribió esa noche en su diario:

> Esto [el sol] significa mucho para nosotros ahora, porque tendremos más luz del día a medida que avance el tiem-

po. Estamos esperando a que suban las temperaturas, pero no queremos que se rompa este témpano hasta que haya algún camino de agua, porque de otro modo, si se liberara en estos momentos, el barco se vería aplastado.

Seis días después, a las diez de la mañana del 1 de agosto, mientras los guías de los perros estaban sacando la nieve de las perreras, se produjo un temblor, seguido de un chirrido, un sonido agobiante, y el Endurance se elevó de repente, a continuación se escoró hacia babor y cayó hacia atrás en el agua otra vez, dando un ligero giro. El témpano se había roto y el barco estaba libre.

Shackleton subió a cubierta inmediatamente, seguido por el resto de la tripulación. Enseguida se dio cuenta de lo que estaba sucediendo y gritó que subieran a los perros a bordo. Todos los hombres saltaron al témpano móvil y fueron a buscarlos, sacaron las cadenas del hielo y los subieron por la pasarela. Toda la operación duró ocho minutos.

Llegaron justo a tiempo. Cuando estaban alzando la pasarela, el barco se movió violentamente hacia delante y hacia los lados, impulsado por la fuerza del hielo que se movía por debajo. El gran témpano que lo había protegido durante tanto tiempo ahora se convertía en su enemigo, lo empujaba por los costados y lanzaba contra la embarcación pequeños trozos sueltos.

La presión se incrementó en la proa y todos los hombres contemplaron con impotente ansiedad cómo los témpanos se fragmentaban, se elevaban y eran cubiertos por otros que destrozaban el revestimiento de madera de bebeerú a lo largo de la línea de flotación.

Fueron quince minutos de agonía y luego un témpano elevó lentamente la proa del Endurance. La tripulación notó cómo se elevaba la embarcación y emitió un espontáneo grito de alivio. De momento, el barco estaba salvado.

El hielo próximo al barco permaneció bajo una intensa presión hasta poco antes de la medianoche y después se detuvo. El Endurance se quedó posado encima del hielo con una inclinación de cinco grados a babor. Se limpiaron los botes para bajarlos y los hombres recibieron instrucciones para que tuvieran a mano sus ropas de abrigo en caso de tener que «salir y andar». Todo permaneció tranquilo durante la mañana y la tarde.

Worsley, tras registrar los acontecimientos del día, finalizó la anotación en su diario aquella noche:

> Si algo impidiera que el barco se levantara debido a la presión que está sufriendo, se rompería como una cáscara de huevo vacía. El comportamiento de los perros ha sido estupendo... Parecían considerarlo como una diversión que les hubiéramos preparado.

Durante la noche se levantó viento del suroeste y por la mañana soplaba un vendaval. Los vientos que comprimían la banquisa y que tenían delante habían sido los responsables de la presión.

Por la mañana, los trozos de hielo de alrededor del barco se habían vuelto a helar, convirtiéndose en una masa sólida. Curiosamente, a pesar de la rotura general, un gran fragmento del témpano antiguo se mantuvo intacto. Pero fue empujado hasta el barco y se ladeó en un ángulo de cuarenta y cinco grados, de tal manera que las huellas de los trineos en su superficie ahora ascendían.

La mayor parte de los hombres se dedicó a construir nuevas perreras en cubierta. La labor requirió muchos días de trabajo, pero, antes de acabar, y por extraño que pueda parecer, casi habían olvidado sus últimas experiencias.

El 4 de agosto, justo tres días después de la rotura, Shackleton reunió a un grupo de hombres en el Ritz, argumentando que el Endurance podría soportar cualquier presión. Se sentó con ellos ante la mesa.

Shackleton contó la historia del ratón que vivía en una taberna. Una noche encontró un barril de cerveza agujereado y bebió todo lo que pudo. Cuando hubo acabado, se sentó, se retorció los bigotes y miró a su alrededor con arrogancia: «Y ahora —dijo—, ¿dónde está el maldito gato?».

A pesar de la significativa parábola de Shackleton, los hombres no perdieron la confianza creciente. Sabían lo que era la presión del hielo. Habían visto cómo el barco había pasado por ella, y no había resultado dañado en absoluto. La reaparición del sol ayudó a elevar la moral. Ahora tenían luz durante tres horas al día, más siete u ocho horas de crepúsculo. Volvieron a jugar al *hockey* en el hielo, organizando divertidas competiciones. Cuando el enorme Tom Crean colocó los arneses a los cachorros para que dieran los primeros pasos con los trineos, sus esfuerzos provocaron gran interés. Worsley observó: «En parte persuadidos y en parte obligados, siguieron un camino incierto y desviado, aún más errático que el del pobre barco a través del mar de Weddell».

El 15 de agosto, Worsley volvió a describir la elevada moral que reinaba entre la tripulación. Al comentar las grandes rivalidades entre los equipos de los conductores de perros —o «dueños»—, Worsley relató, con la exageración que le era característica:

> [...] algunos se permiten grandes fanfarronadas sobre el mérito y el comportamiento de sus equipos. Parece que un equipo sufre un ataque de corazón, y su propietario espera que toda la

creación contenga el aliento mientras su equipo pasa. Una persona vulgar que a menudo se abandona a los gritos y alaridos de «Vamos, ajústate, alto», tuvo el indescriptible descaro de lanzar su horrible grito de guerra mientras montaba el vehículo arrastrado por esas dignas aunque nerviosas criaturas y fue amonestado por el indignado propietario, quien le señaló a la Persona Vulgar el terror que su voz había provocado en los hermosos y delicados perritos. Me resulta muy doloroso relatar que esta Horrible Persona Vulgar, al día siguiente, lanzó de nuevo su temible grito cuando pasaba el equipo «Corazón Enfermo». El resultado fue un desastre: dos de las pobres criaturas se desmayaron y tuvieron que ser reanimadas con amoníaco, etcétera, mientras los restantes se pusieron histéricos hasta que la Persona Vulgar y sus asociados desaparecieron en el horizonte.

El equipo «Corazón Enfermo» pertenecía a Macklin, que creía que había que tratar a sus perros con la mayor suavidad. La «Horrible Persona Vulgar» era Worsley.

Otro factor que contribuyó al buen humor general fue que iban a la deriva. Desde la tempestad de nieve en julio, la mayor parte del tiempo soplaron fuertes vientos antárticos y durante este periodo cubrieron una distancia de más de 160 millas.

La medianoche del 29 de agosto, el barco sufrió una fuerte sacudida. Un poco más tarde se produjo un sonido semejante a un trueno distante. Los hombres se incorporaron en las literas, a la espera de que sucediera algo, pero no pasó nada.

A la mañana siguiente observaron que había una fina grieta que discurría por la popa, pero eso fue todo. El resto del día transcurrió sin novedades. Luego, hacia las seis y media de la tarde, justo cuando la tripulación estaba acabando de cenar, el Endurance se estremeció con una segunda sacudida. Algunos hombres se levantaron precipitadamente de la mesa y corrieron a cubierta. De nuevo no sucedió nada, excepto que la grieta de popa se había ensanchado hasta casi un centímetro y medio.

El 31 transcurrió tranquilo hasta las diez de la noche. Entonces el Endurance empezó a crujir y a gemir como una casa vieja. El vigía relató que el hielo por la proa y a lo largo de babor se estaba moviendo, pero no había nada que los hombres pudieran hacer para contenerlo. Una serie de ruidos fuertes y crepitantes que resonaban a través del barco los mantuvo despiertos durante toda la noche.

Los que estaban en las literas de babor fueron los que más lo sufrieron. Mientras permanecían echados, procurando dormir, oían los golpes y chirridos del hielo contra el casco en el exterior, a menos de un metro de sus oídos. El ruido se detuvo justo antes del amanecer, y por la mañana un grupo de hombres cansados e inquietos se sentó a desayunar.

La presión comenzó de nuevo a última hora de la tarde y continuó hasta la noche, que fue la peor que pasaron hasta ese momento. Worsley lo describe así en su diario:

> Justo después de medianoche hubo una serie de fuertes y violentos crujidos, gemidos y golpes que provocaron sacudidas y estremecimientos del barco, de proa a popa. La mayoría se vistió de cualquier manera y corrió a cubierta. Personalmente estoy harto de las alarmas contra las que nada se puede hacer, así que solo cuando oí el crujido más fuerte escuché para asegurarme de que no se había producido ningún ruido chirriante de madera astillada que indicara que estaba entrando hielo en la bodega; luego me di la vuelta y seguí durmiendo.

A la tarde siguiente cesó la presión del hielo: el Endurance había sobrevivido al segundo ataque.

# 7

La confianza de los hombres en su barco tuvo que aumentar. Como Greenstreet registraba en su diario el 1 de septiembre: «El barco es más fuerte de lo que pensábamos, y si el hielo no ejerce una presión mucho mayor... podremos salir adelante».

Pero las palabras de Greenstreet no revelaban una completa seguridad. ¿Quién podía saber que no se incrementaría la presión del hielo? No era que dudasen de la estanquidad del Endurance, pero sabían muy bien que el barco no había sido diseñado para soportar aquella fuerza y mucho menos las terribles presiones del hielo del mar de Weddell, sin duda las peores del planeta.

Además, los tres días de ataques contra el barco habían agotado a la tripulación hasta el límite. Ignoraban lo que el futuro les podía deparar. La novedad había pasado, y con ella su optimismo. La banquisa todavía no había acabado con ellos: eso lo sabían. Llenos de frustración e inseguridad, lo único que podían hacer era esperar acontecimientos, viviendo cada día a merced del hielo que los conducía hacia el norte cuando hacía buen tiempo y con la esperanza diaria de que el Endurance no se encontrara con algo peor de lo que ya había superado.

Hasta Worsley, cuyos ánimos raramente flaqueaban, reflejaba en su diario la ansiedad general:

> Muchos icebergs tabulares parecen enormes depósitos y silos de grano, pero la mayoría parecen la creación del delirio de un brillante arquitecto después de haber permanecido durante demasiado tiempo en esta infernal banquisa inmóvil [...] condenada a dirigirse de un lado a otro hasta que el día del Juicio Final la resquebraje y la astille al N, al S, al E o al O en miles de millones de fragmentos, cuanto más pequeños mejor. ¡¡¡No se atisba ni vida animal ni tierra ni nada!!!

Lo que más sentían era la ausencia de focas, que les habrían proporcionado el placer de la caza y la oportunidad de saborear carne fresca, un placer que no se permitían desde hacía cinco meses.

Pero de vez en cuando se observaban signos de que estaba próxima la primavera antártica. El sol ahora brillaba cerca de diez horas al día y el 10 de septiembre la temperatura ascendió a – 17 °C, la lectura más elevada desde hacía siete meses. Aquello les pareció una ola de calor; podían subir a cubierta con la cabeza y las manos desnudas, en un confort razonable. Una semana después, la red de plancton de Bobbie Clark demostró que la cantidad de estos organismos en el agua estaba aumentando, signo definitivo de la proximidad de la primavera.

En el Antártico, el plancton —diminutas plantas y animales unicelulares— es el fundamento de toda vida. Los peces más pequeños subsisten gracias a él, y ellos, a su vez, son alimento de peces más grandes, que nutren a calamares, focas y pingüinos, quienes constituyen, a su vez, el alimento de orcas, ballenas, focas leopardo y cachalotes. El ciclo de la vida empieza con el plancton, por lo que cuando este aparece, los demás animales del Antártico nunca están demasiado lejos.

Cinco días después del informe de Clark, *Jock* Wordie avistó un pájaro bobo emperador y lo atrajo fuera de un paso de agua. Lo mataron rápidamente. Al día siguiente, hicieron lo mismo con una foca hembra.

A pesar de estos signos, que levantaban los ánimos, un indudable ambiente de aprensión se iba extendiendo entre los hombres. Se aproximaba el 1 de octubre. En dos ocasiones, en agosto y en septiembre, el día primero del mes había sido la señal de la aparición de una fuerte presión del hielo, y los hombres se habían vuelto supersticiosos.

En esta ocasión el destino se equivocó por un día. La presión comenzó el 30 de septiembre, alrededor de las tres de la tarde. Solo duró una hora, pero fue terrible.

Esta vez, el atacante fue un témpano a babor de la proa, que hizo un agujero debajo del palo de trinquete. La cubierta inferior tembló, se levantó y se doblaron los soportes. *Chippy* McNeish estaba en el Ritz. Encima de su cabeza las vigas gigantes se retorcieron «como un trozo de caña». Greenstreet, en cubierta, era incapaz de apartar los ojos del palo de trinquete, que parecía que fuera «a salirse del barco, debido a la tremenda sacudida que estaba sufriendo».

Worsley se encontraba en popa ocupado en el timón y, cuando desapareció la presión, escribió en su diario:

> El barco tiene una resistencia casi inconcebible [...]. Parecía que el témpano iba a atravesarlo como si fuera una cáscara de nuez. Toda la tripulación estaba preparada, pero, para nuestro alivio, justo cuando parecía que el barco ya no podría soportarlo más, el enorme témpano, que posiblemente pesaría un millón de toneladas o más, se rindió ante nuestra pequeña embarcación, rompiéndose transversalmente, a un cuarto de milla, y de este modo la presión se debilitó. El comportamiento de nuestro barco en el hielo fue magnífico. Indudablemente es el mejor barquito de madera que se haya construido nunca...

Cuando todo hubo pasado, la tripulación descubrió que la cubierta estaba pandeada y que la mayoría de los objetos se habían caído de las estanterías. Pero el barco seguía entero.

Afloró tímidamente un poco del antiguo optimismo. El Endurance lo había conseguido. En tres ocasiones el barco había sufrido las acometidas del hielo y la presión cada vez era más fuerte. El Endurance había luchado y había ganado. A medida que los primeros días del mes de octubre pasaban, el hielo comenzó a mostrar los signos definitivos de que se estaba abriendo. También las temperaturas empezaron a subir. El 10 de octubre, el termómetro marcó −12 °C. El témpano que había estado comprimiendo el costado de estribor del barco desde el mes de julio desapareció el 14 de octubre, y el Endurance pudo flotar encima de un pequeño charco de agua por primera vez desde que quedó atrapado nueve meses antes.

Los oficiales y los científicos volvieron al camarote en el castillo de proa. Se retiraron las divisiones hechas en el Ritz y este volvió a convertirse en almacén.

El 16 de octubre Shackleton decidió que la creciente apertura de la banquisa justificaba generar presión de vapor para así poder abrir un camino a través de ella. La tripulación llenó las calderas de agua. El agotador trabajo duró tres horas y media y se acabó cuando descubrieron una grieta en uno de los ajustes. Entonces vaciaron las calderas para que los ingenieros pudieran llevar a cabo la reparación. Cuando el trabajo finalizó, era demasiado tarde para continuar. A primera hora de la mañana siguiente apareció por la proa del barco un paso de agua. No había tiempo para accionar el vapor, así que los hombres izaron todas las velas e intentaron que el barco pasara por la grieta. Pero el barco no se movió. El 18 de octubre amaneció con niebla y nieve. El paso había desaparecido y el hielo estaba un poco más cerca.

Durante el día, el barco sufrió pequeños movimientos producidos por la presión, pero no fue nada serio. A las 16:45, los témpanos de hielo encerraron al Endurance por los costados y empezaron a cercarlo.

Todos estaban tensos, como si ellos mismos estuvieran atrapados. Muchos subieron corriendo las escaleras hasta la cubierta. Instantes después, pareció como si perdieran pie a medida que el barco, de repente, se balanceaba hacia babor. Una pausa de un segundo y salió disparado todo lo que podía moverse: maderas, cabos, perreras, trineos, pertrechos, perros y hombres se deslizaron por cubierta. James quedó atrapado entre dos cajas de ropa de abrigo sobre las que pasó un montón de perros en una confusión de gemidos y aullidos. Nubes de vapor se elevaron de la cocina y del camarote de oficiales, allí donde los cazos de agua se volcaron sobre los fuegos.

En el espacio de cinco segundos, el Endurance se escoró veinte grados a babor, y continuó haciéndolo. Worsley corrió a la barandilla de sotavento y observó cómo iba desapareciendo la tablazón bajo el hielo. Greenstreet estaba allí cerca, dispuesto a saltar.

El témpano a estribor se había agarrado a la sentina del casco, y estaba sencillamente derribando el barco. Este se fue deteniendo cuando se encontró escorado treinta grados a babor, y luego se detuvo; la amurada se quedó apoyada en el hielo y los botes salvavidas casi tocándolo. Worsley comentó: «Fue como si el barco le dijera a la trituradora y hambrienta banquisa: "Puedes aplastarme, pero maldita seas si me inclino otro centímetro ante ti; antes veré cómo te fundes en el infierno"».

Cuando el Endurance se detuvo, Shackleton mandó extinguir los fuegos; todo el mundo se apresuró a ordenar el barco. Sujetaron todo lo que se había quedado sin amarrar y clavaron pequeñas tablas de madera en cubierta para que los perros tuvieran un lugar estable donde apoyarse. A las siete, el trabajo en cubierta estaba acabado y los hombres bajaron al interior del barco para contemplar una escena en la que parecía que todos los objetos hubieran sido arrastrados por un vendaval. Cortinas, cuadros, ropas y utensilios de cocina colgaban del mamparo de estribor.

Green consiguió preparar la cena mientras el resto de la tripulación se dedicaba a clavar más tablas en las cubiertas. La mayoría cenó sentado en cubierta, unos sobre los otros, sosteniendo los platos en el regazo. «Era como si estuviéramos sentados en una tribuna», señaló James.

Hacia las ocho, los témpanos situados debajo del Endurance se separaron y el barco se enderezó rápidamente. Entonces la tripulación se dedicó a picar el hielo que rodeaba el timón. Acabaron hacia las diez de la noche. Se repartió una ración de grog y luego empezaron de nuevo a llenar las calderas. Hacia la una de la madrugada se retiraron todos muy cansados, excepto el vigía de turno.

El 19 de octubre fue un día sin presión y sin apenas actividad. Una orca apareció en el paso de agua que discurría junto al barco y, durante un rato, deambuló de arriba abajo con graciosa arrogancia. La última lectura del barómetro de ese día fue de 735 milímetros, la más baja desde la desastrosa tempestad de julio.

El 20 de octubre tampoco se dieron muchos cambios en la banquisa. Todo estaba dispuesto para emprender el camino en cuanto apareciera una abertura. Se encendieron lentamente los motores y se vio que estaban en buenas condiciones. Se establecieron turnos de guardia regulares de cuatro horas. Los días 21 y 22 fueron jornadas de espera; el único cambio que se produjo en la banquisa fue que pareció cerrarse ligeramente. La temperatura descendió de −12 °C a −26 °C. Antes de que acabara el día 22, el viento viró ciento ochenta grados, del suroeste al noreste. McNeish escribió en su diario aquella noche: «muy tranquilo, pero parece como si fuéramos a tener un poco de presión».

# 8

Llegó despacio. El 23 de octubre transcurrió sin novedad, excepto que la banquisa se movía un tanto bajo la influencia del viento del noreste.

El 24 de octubre, a las 18:45 horas, cuando apareció de nuevo la presión, esta no perdió tiempo; ya la habían sufrido antes, pero no como la de ahora. Se movía a través de la banquisa como una lenta ola de choque, haciendo que toda la superficie del hielo apareciera como un caos de agitación, derrumbamiento y destrucción. Macklin contempló el suceso un momento y luego se volvió con incredulidad. «La sensación que producía —anotó— era la de que estaba sucediendo algo colosal, algo de una naturaleza demasiado grande para poder captarlo.»

El hielo empujó y agitó al barco sin esfuerzo, y al fin la embarcación quedó fija entre dos témpanos, de proa a popa, en el lado de estribor, mientras el hielo la golpeaba en el centro del otro costado.

Una gran masa de hielo trituró la popa y arrancó parcialmente el codaste del entarimado de estribor. El agua entraba en abundancia. Enviaron a McNeish a comprobar los daños, y este volvió diciendo que el agua estaba subiendo rápidamente en proa. Rickinson dijo que lo mismo estaba sucediendo en la sala de máquinas.

Montaron y pusieron en funcionamiento la pequeña bomba portátil Downton para accionar las bombas de sentina de la sala de máquinas. Empezaron a trabajar a las ocho de la tarde, pero no pudieron contener el agua. Todos los hombres que estaban disponibles se pusieron en las bombas principales a lo largo del palo mayor. Tras varios minutos de bombeo, no había salido ni una gota de agua. Era evidente que las tomas estaban congeladas.

Worsley se llevó a Hudson y a Greenstreet a las carboneras. Trabajando en una oscuridad casi total y en medio de un frío helado, penetraron y se abrieron camino con dificultad por el fondo de la quilla a través del carbón húmedo y resbaladizo sobre el que había caído la grasa de sesenta focas. Los sonidos del barco atormentado eran ensordecedores y cercanos. Vertieron un cubo tras otro de agua hirviendo en la tubería congelada. Uno de los hombres prendió la llama de un soplete mientras que los otros dos golpeaban para desatascar las tomas de agua. Finalmente, después de trabajar durante una hora, las bombas comenzaron a funcionar.

McNeish empezó a construir una ataguía de tres metros hacia la proa del codaste para sellar la parte posterior del barco y evitar la entrada de agua. Hicieron relevos de quince minutos en las bombas y algunos de los hombres de la tripulación le ayudaron a calafatear la ataguía con tiras de mantas. Otros fueron con picos y sierras para abrir pasos en los puntos más débiles de los témpanos atacantes. Sin embargo, en cuanto abrían una zanja, el hielo caía en ella y la invadía de nuevo.

Así pasaron toda la noche... Quince minutos en las bombas, quince minutos fuera, luego al otro lado o a la sala de máquinas. Aunque eran hombres acostumbrados al trabajo duro en los barcos y a los trineos, diez horas en las bombas y con las sierras dejaron hasta a los más fuertes tan agotados que daban traspiés al caminar. Al amanecer, Shackleton ordenó un descanso de una hora y Green le repartió un cuenco con gachas a cada hombre. Después llegó el momento de empezar de nuevo. Hacia media mañana, Shackleton envió a los conductores de perros fuera del barco para que prepararan los equipos y los trineos por si tuvieran que abandonarlo inmediatamente. Worsley y un grupo de marineros liberaron los botes para bajarlos.

Muchos de ellos habían dejado de vigilar la banquisa en su lucha por salvar el barco. Se había calmado un poco, pero tenía un comportamiento extraño. Crestas de presión de una altura jamás vista antes se elevaban entre los témpanos, y la compresión era imponente, como si a la banquisa la empujaran contra una sólida barrera situada en el horizonte.

Los hombres trabajaron en las bombas y en la construcción de la ataguía durante todo el día y parte de la noche. A medianoche, tras veintiocho horas de trabajo incesante, McNeish acabó su labor, al menos tan bien como pudo, aunque solo sirvió para rebajar el flujo de agua y tuvieron que poner las bombas otra vez en marcha.

Cada turno era una agonía por el esfuerzo y, cuando acababa, los hombres iban a echarse a las literas o se desplomaban en un rincón. Pasaban al menos diez minutos hasta que sus agotados músculos se relajaban lo suficiente para permitirles conciliar el sueño; y, justo cuando conseguían hacerlo, se les llamaba para el turno siguiente.

Por la tarde aumentó de nuevo la presión. El témpano situado a lo largo de babor volvió a golpear al barco, lo movió y, cuando el hielo consiguió romper la parte posterior, le arrancó unos gritos semejantes a los de un animal. A las nueve de la noche, Shackleton dio instrucciones a

Worsley para bajar los botes y llevar las provisiones y los equipos más necesarios al témpano situado a estribor, que parecía el más sólido.

A última hora de la tarde, los hombres que estaban en cubierta vieron a un grupo de diez pájaros bobos emperador que se aproximaba al barco, contoneándose lentamente, y se detenía a poca distancia. Los pingüinos emperador, solos o en pareja, no eran difíciles de ver, aunque nadie había visto antes a un grupo tan numeroso. Los pájaros bobos permanecieron un momento contemplando el torturado barco; luego levantaron la cabeza y emitieron una serie de gritos espectrales, lastimeros, como un canto fúnebre. Aquello fue de lo más extraordinario porque nadie, ni siquiera los veteranos que conocían el Antártico, había oído la voz de los pingüinos a excepción de sus graznidos.

Los marineros abandonaron su trabajo y el viejo Tom McLeod se volvió hacia Macklin.

—¿Has oído eso? —preguntó—. Ninguno de nosotros volverá a casa.

Macklin observó que Shackleton se mordía el labio.

A medianoche, el movimiento del hielo cerró en parte la herida de popa y el flujo de agua descendió. Sin embargo, todavía tuvieron que utilizar las bombas manuales para evitar que el nivel del agua subiera. Se quedaron toda la noche trabajando con los ojos cerrados, como muertos, como presos de alguna maquinación perversa que no les dejara reposar.

No hubo mejora ni al amanecer ni al mediodía. Hacia las cuatro se incrementó la presión. Las cubiertas se inclinaron y se rompieron las vigas; la popa fue impulsada seis metros hacia arriba y el timón y el codaste fueron arrancados. El agua se desplazó hacia delante y se congeló, sobrecargando la popa de tal manera que el hielo se levantó por los costados e inundó el barco, que con su peso se desplazó. Los hombres seguían bombeando. Pero a las cinco en punto ya sabían que había llegado el momento de dejarlo. El barco se iba a pique: nadie tenía que decírselo.

Shackleton le hizo un gesto a Wild, y Wild se deslizó por la insegura cubierta a ver si había alguien en el castillo de proa. Encontró allí a How y a Bakewell, que intentaban dormir después de su turno en las bombas. Asomó la cabeza al interior.

—El barco se va a pique, muchachos —dijo—. Creo que ha llegado el momento de abandonarlo.

# SEGUNDA PARTE

# 9

Que el Señor te ayude en tus obligaciones y te guíe a través de todos los peligros por tierra y por mar.

Que puedas contemplar todas las obras del Señor y sus maravillas en las profundidades.

Estas palabras estaban escritas en las guardas de una biblia que la reina madre, Alejandra de Inglaterra, había regalado a la expedición. Shackleton llevaba en la mano el libro sagrado cuando abandonó el Endurance y cruzó lentamente el hielo, dirigiéndose hacia el campamento.

Los demás apenas notaron su llegada. Salían y entraban de las tiendas de campaña intentando, todavía aturdidos, proporcionarse un cierto grado de comodidad con la poca energía que les quedaba. Unos dispusieron unas tablas de madera para protegerse de la nieve que cubría el hielo. Otros extendieron unas lonas sobre el suelo. Pero no había suficiente entarimado para todo el mundo y algunos hombres tuvieron que echarse directamente en la nieve. Lo único que les importaba era dormir y lo hicieron, abrazando al compañero de tienda más próximo para evitar congelarse.

Shackleton ni siquiera intentó dormir y paseaba sin parar por el témpano. La presión todavía era fuerte y a veces el campamento sufría una violenta sacudida. La oscura silueta del Endurance, a 180 metros del campamento, se dibujaba contra la claridad del cielo nocturno. Hacia la una de la madrugada, mientras Shackleton paseaba de arriba abajo, se produjo una fuerte sacudida y una estrecha grieta, como una cinta, se abrió sinuosa en el témpano, entre las tiendas. Casi al mismo tiempo empezó a ensancharse. Shackleton corrió de tienda en tienda y despertó a los agotados durmientes. Necesitaron una hora de dificultoso trabajo en medio de la oscuridad para trasladar el campamento a la mitad más amplia del témpano.

Después se hizo el silencio hasta justo antes del amanecer, cuando se oyó un ruido procedente del Endurance: el bauprés y el tormentín se habían roto, cayendo sobre el hielo. Durante el resto de la noche, Shackleton escuchó el ritmo fantasmal de la cadena de la botavara del bauprés que el movimiento del barco arrastraba lentamente hacia delante y hacia atrás.

La mañana se presentó nublada aunque la temperatura había subido a −14 °C. Los hombres se despertaron ateridos de frío después de haber dormido sobre el hielo. Tardaron bastante tiempo en levantarse. Shackleton no les metió prisas, y al cabo de un rato empezaron la labor de seleccionar el equipo, acomodarlo y sujetarlo en los trineos. Lo hicieron en silencio, y se dieron muy pocas órdenes. Todos sabían lo que tenían que hacer y lo hicieron sin que se les tuviera que decir nada.

El plan, que todos conocían, era marchar hacia la isla Paulet, a 346 millas hacia el noroeste, donde todavía debían de estar las provisiones que dejaron en 1902. La distancia era mayor que la de Nueva York a Pittsburgh, Pensilvania, e iban a llevar con ellos dos o tres botes porque creían que finalmente tendrían que viajar por el agua.

McNeish y McLeod comenzaron montando en los trineos el bote ballenero y una de las balandras. Los botes y los trineos pesarían más de una tonelada cada uno y nadie se hacía ilusiones sobre la posibilidad de arrastrarlos por la caótica superficie del hielo, con unas crestas de presión que a veces alcanzaban la altura de dos pisos.

Sin embargo, nadie se desanimó. Los hombres estaban exhaustos, pero ninguno se detuvo a reflexionar en las terribles consecuencias de la pérdida del barco. Ni les inquietaba el hecho de que habían acampado sobre un trozo de hielo que tendría quizá unos dos metros de grosor. Aun así, era un refugio comparado con la pesadilla de trabajo e incertidumbre de los últimos días en el Endurance. Era suficiente estar vivos, y hacían sencillamente lo que tenían que hacer para seguir estándolo.

Todavía les quedaban ánimos; al fin tenían ante ellos un trabajo concreto. Los nueve meses de dudas y especulaciones sobre lo que podía suceder a la deriva en la banquisa ya habían quedado atrás. Ahora tenían que salir de allí a pesar de las grandes dificultades con las que podían encontrarse. Pequeños grupos de hombres peregrinaban durante el día hasta los restos de lo que había sido su barco. Aquello ya no era una embarcación. Lo cierto es que ni siquiera se encontraba a flote. Era una estructura de madera retorcida y desgarrada. El hielo, en su frenesí por llevarla a pique, se había introducido por los costados y sostenía el casco roto. Y permanecería en la superficie tanto tiempo como perdurara la presión. En uno de los viajes, un grupo de hombres izó la bandera de la Union Jack en el penol de proa, el único aparejo que todavía se mantenía en pie. Cuando el Endurance se hundiera, al menos lo haría con sus colores ondeando.

El trabajo de cargar los trineos continuó al día siguiente, y por la tarde Shackleton convocó a la tripulación en el centro del círculo de las tiendas. La expresión de su rostro era grave. Explicó que era absolutamente necesario que el peso se redujera al mínimo. Cada hombre, dijo, podía llevar su ropa a la espalda más dos pares de mitones, seis pares de calcetines, dos pares de botas, un saco de dormir, medio kilogramo de tabaco y un kilogramo de utensilios personales. Shackleton, hablando con suma convicción, señaló que ningún objeto tenía el más mínimo valor cuando se trataba de la supervivencia y los exhortó a que no cayeran en sensiblerías a la hora de llevar peso innecesario, con independencia de su valor.

Cuando acabó de hablar, buscó en su parka y sacó una cigarrera de oro y unos cuantos soberanos de oro y los dejó caer en la nieve a sus pies.

Luego abrió la biblia que la reina Alejandra les había regalado y arrancó la guarda y la página que contenía el salmo veintitrés. También arrancó la página del Libro de Job con este versículo:

> ¿De qué seno sale el hielo?;
> y la escarcha del cielo, ¿quién la engendra?
> Se endurecen las aguas como piedra
> y se congela la superficie del abismo.
> Después dejó la biblia en la nieve y se marchó.

Fue un gesto dramático, pero así actuaba Shackleton. Por la experiencia de las expediciones anteriores, sabía que aquellos que cargaban con un equipo para hacer frente a cualquier contingencia lo habían pasado mucho peor que aquellos que lo habían sacrificado todo por ir ligeros de peso.

Por la tarde, la cantidad de objetos innecesarios amontonados en la nieve creció considerablemente. James anotó que había «una extraordinaria colección de objetos». Cronómetros, hachas, un oftalmoscopio, sierras, telescopios, calcetines, lentes, jerséis, escoplos, libros, material de escritorio... y un gran número de retratos y recuerdos personales. A algunos hombres se les permitió rebasar el límite de un kilogramo por razones especiales. A los dos cirujanos, desde luego, se les permitió llevar una pequeña cantidad de medicinas e instrumental. A los hombres que escribían los diarios se les permitió llevarlos y Hussey también pudo llevar su banjo, aunque pesara cinco kilos y medio. Ataron su estuche con una cuerda bajo las planchas de la proa del bote ballenero para resguardarlo de las inclemencias del tiempo.

El viaje iba a empezar al día siguiente. La víspera de la salida, Shackleton escribió: «Ruego a Dios que pueda llevar a toda la partida a salvo hasta la civilización».

El 30 de octubre amaneció gris y nuboso y hasta nevó un poco. La temperatura era incómodamente cálida: – 9 °C, lo que hacía que la superficie del hielo estuviera blanda, esto es, inadecuada para que se deslizaran los trineos.

Pasaron toda la mañana disponiendo los últimos pertrechos. Hacia las once y media, Shackleton y Wild salieron a explorar la ruta que debían seguir. Antes de marcharse, Shackleton ordenó que mataran a tres de los cachorros más pequeños y a Sirius, un perrillo de una camada anterior, cuyo único defecto era que nunca había sido sujetado a un arnés. El gato de McNeish, al que por equivocación le habían puesto el nombre de Mrs. Chippy antes de darse cuenta de su sexo, también tuvo que ser sacrificado. Solo había comida para aquellos que pudieran cargar con su peso.

Tom Crean, práctico y duro como siempre, se llevó a los cachorrillos y a Mrs. Chippy a cierta distancia del campamento y les pegó un tiro sin ningún escrúpulo. Luego fue el turno de Macklin de sacrificar a Sirius. A duras penas pudo hacerlo. Cogió a regañadientes una escopeta del calibre 12 de la tienda de Wild y se llevó a Sirius hasta una cresta de presión próxima. Cuando encontró el lugar adecuado, se detuvo y se inclinó sobre el perrillo. Sirius era un cachorro simpático y amistoso y no paraba de saltar, de mover el rabo y de intentar lamer la mano de Macklin, quien lo apartó hasta que finalmente consiguió reunir el coraje suficiente para apoyar la escopeta en el cuello del animal. Apretó el gatillo, pero como la mano le temblaba tuvo que volver a cargar y disparar otra vez para acabar con el cachorro.

Se pusieron en marcha hacia las dos de la tarde. Shackleton, Wordie, Hussey y Hudson abrían el camino con un trineo y una colección de palas y piquetas de montañero. Procuraban conducir la partida principal a lo largo de un camino nivelado, aunque cada pocos cientos de metros había que atravesar una cresta de presión. Entonces se ponían a trabajar y picaban el hielo hasta que conseguían excavar un pequeño paso de montaña para los botes. Cuando se encontraban con camellones muy altos, construían una rampa de hielo y nieve hacia arriba por un lado y hacia abajo por el otro.

Luego los seguían los trineos cargados con un peso de hasta cuatrocientos kilos cada uno. Los botes, arrastrados por quince hombres con arneses bajo el mando de Worsley, cerraban la marcha. Aquello era agotador porque, debido al peso, los botes se hundían en la blanda superficie de la nieve. Para moverlos, los hombres con los arneses tenían que inclinarse hacia delante, a veces casi paralelos al suelo. La operación se parecía más a un avance laborioso en la nieve que a un deslizamiento con trineo.

Shackleton ordenó que caminaran poco a poco, en tramos de alrededor de medio kilómetro cada uno. Temía que las grietas se abrieran y que, si la línea de la marcha se alargaba demasiado, el grupo quedara dividido. El avance era lento y difícil, y tenían que volver sobre sus pasos aproximadamente a cada kilómetro. Hacia las cinco de la tarde, después de tres horas de camino, estaban a kilómetro y medio del barco en línea recta, aunque con los rodeos que tuvieron que dar quizá habían recorrido el doble. Los de los equipos de los perros, que habían retrocedido una y otra vez para coger provisiones, probablemente habían recorrido más de 15 kilómetros.

La cena se repartió a las seis en punto y los hombres, debilitados, se metieron inmediatamente después en los sacos de dormir. Durante la noche comenzó a caer la nieve y al amanecer había una capa de varios centímetros de grosor. La temperatura subió a −4 °C, una perspectiva francamente mala para deslizarse con los trineos.

Por la mañana, Shackleton y Worsley encontraron una ruta bastante buena hacia el oeste y el grupo estuvo listo hacia la una. Pero el avance por la nieve era lentísimo y los hombres sudaban profusamente y estaban sedientos en cuestión de minutos.

Dedicaban los mayores esfuerzos a abrir un paso en la nieve para los trineos que llevaban los botes. Aun así, los quince hombres de los botes se sentían como si arrastraran la carga a través de lodo. Al cabo de un rato, Wild y Hurley volvieron para ayudar con sus equipos. Tiraron del trineo de la balandra y consiguieron que se moviera.

Hacia las cuatro de la tarde, cuando solo había recorrido unos 1.200 metros, el grupo llegó a un témpano grueso y plano. Como a la vista no había otro lugar adecuado para acampar, Shackleton decidió que pasarían la noche en aquel lugar. En cuanto hubieron plantado las tiendas, entraron arrastrándose en el interior. Era imposible entrar a gatas en ellas sin arrastrar dentro grandes cantidades de nieve húmeda y pegajosa.

Macklin comentó: «No puedo menos que sentir lástima por Worsley, ahí en la entrada de nuestra tienda, empapándose de la nieve que arrastramos todos al entrar».

Worsley, sin embargo, no se encontraba tan apurado. Aquella misma noche escribió en su diario: «La rapidez con la que uno puede cambiar de idea [...] y adaptarse a un estado de barbarie es maravillosa».

Shackleton estaba satisfecho por la animación general de los hombres. «La mayoría considera la situación una fiesta», escribió: «Es mejor así».

Y observó también: «Este témpano es realmente fuerte. Dormiremos toda la noche».

Desde luego: aquel témpano era un gigante. Medía más de 800 metros de diámetro y tenía un grosor de unos tres metros de hielo, con metro y medio de nieve encima. Probablemente tendría más de dos años, según estimaciones de Worsley.

La robustez del hielo estaba en la mente de Shackleton cuando a la mañana siguiente salió con Worsley a buscar una ruta que seguir. Observaron derrumbamientos y confusión hacia el oeste: «Un mar de presión —declaró Shackleton— por el que es imposible avanzar». Los botes y los trineos no podrían avanzar ni siquiera 15 kilómetros sobre aquella superficie.

En el camino de vuelta al campamento, Shackleton tomó una decisión. Cuando llegó, convocó a todo el mundo. Les dijo a los hombres que habían recorrido menos de kilómetro y medio al día y que el camino que tenían delante empeoraría progresivamente. El resultado del avance, añadió, apenas merecía el esfuerzo que habían hecho. Y como no iban a poder encontrar un sitio mejor para acampar, permanecerían allí hasta que el movimiento del hielo los aproximara a tierra.

Hubo un gesto de desagrado en algunos rostros, pero Shackleton no permitió lamentaciones. Envió a los equipos de los perros al campamento que se encontraba a unos tres kilómetros de distancia a buscar la mayor cantidad de alimento, ropa y utensilios que pudieran transportar.

Wild, con seis hombres, fue enviado de vuelta al barco a salvar todo lo que encontrara de valor. Cuando llegaron al Endurance, descubrieron que en los dos días transcurridos el hielo había mutilado el deformado casco. La proa estaba más hundida en el hielo, de manera que el castillo de proa estaba completamente sumergido y lleno de pequeños fragmentos de témpanos. Los aparejos formaban una indescriptible confusión de mástiles rotos y jarcias enredadas que tuvieron que cortar para poder hacer su trabajo. Luego practicaron un agujero en la parte superior de la cocina y recuperaron algunas cajas de provisiones. Pero el botín más preciado del día, que requirió los esfuerzos combinados de varios equipos de perros para llevarlo hasta el campamento, fue el tercer bote.

Para la cena de la noche, Shackleton ordenó a Green que añadiera algunos grumos de grasa en el estofado de carne de foca para que los hombres se acostumbraran a comerla. Algunos, cuando vieron aquellos trozos semejantes a goma que olían a aceite de hígado de bacalao flotando en su pitanza, los apartaron cuidadosamente. Pero la mayoría estaban tan hambrientos que saborearon con deleite cada bocado, grasa incluida.

# 10

Permanecieron en aquel témpano una semana. En siete días habían pasado de una existencia ordenada y agradable a bordo del Endurance, a una vida llena de incomodidades primitivas, de humedad inacabable y de un frío ineludible. Poco más de una semana antes dormían en sus literas calientes y comían en un ambiente acogedor alrededor de la mesa del rancho. Ahora se apretujaban en tiendas abarrotadas, dentro de sacos de dormir de reno o de lana sobre el hielo desnudo o, en el mejor de los casos, sobre trozos irregulares de madera. A la hora de comer se sentaban sobre la nieve y comían en un cubilete de aluminio que llamaban cazoleta, en el que lo echaban todo a la vez. En cuanto a los cubiertos, cada uno de ellos tenía una cuchara, un cuchillo y... los dedos.

Eran náufragos en una de las regiones más salvajes del mundo; iban a la deriva hacia no sabían dónde, sin esperanzas de rescate y subsistiendo solamente con lo que la Providencia les enviaba para comer.

Sin embargo, se adaptaron a la nueva existencia con muy pocos problemas y la mayor parte de ellos era feliz de verdad. La adaptabilidad del ser humano es tal que de vez en cuando tenían que recordarse que se encontraban en una situación desesperada. El 4 de noviembre, Macklin escribió en su diario: «Ha sido un día agradable; es difícil recordar que nos encontramos en una situación tan tremendamente precaria».

Era una observación típica de todo el grupo. Entre ellos no había un héroe, al menos no en el sentido de la literatura de ficción. Pero en los diarios solo se reflejaban los asuntos prácticos del trabajo de cada día.

El cambio más patente lo constituía su actitud hacia la comida. Worsley decía:

> Es una vergüenza; ahora solo vivimos para comer y solo pensamos en ello. En toda mi vida jamás he sentido un interés tan vivo por la comida como ahora y lo mismo les sucede a todos los demás [...]. Estamos dispuestos a comerlo todo, especialmente esa grasa guisada que ninguno de nosotros habría tragado antes. Es probable que la vida al aire libre, y el tener que depender del alimento en lugar del fuego para calentar el cuerpo, nos haga pensar tanto en la comida...

El 5 de noviembre se levantaron a las seis de la mañana y casi todos volvieron al barco. Algunos hombres intentaron llevar a cabo algunas operaciones de rescate. Macklin fue a buscar una biblia que le había regalado su madre. Se arrastró por un agujero que había en el castillo de proa inclinado hasta alcanzar el corredor que llevaba a su antiguo camarote. En el corredor, tuvo que arrastrarse sobre una barandilla por encima del hielo y el agua y seguir su trayecto hacia abajo, agachándose. Pero tuvo que detenerse a unos tres metros y medio del camarote. Consiguió ver la puerta, hundida en el agua oscura y helada, pero le resultó imposible alcanzarla.

Greenstreet tuvo más suerte y consiguió adentrarse lo suficiente en su camarote como para rescatar algunos libros. How y Bakewell, cuyos cuartos en el castillo de proa estaban completamente sumergidos, fueron a la caza del tesoro a otra parte. Con sumo cuidado avanzaron por el corredor inferior y pasaron ante la puerta del compartimento que Hurley había utilizado como cámara oscura; en el interior vieron las cajas que contenían los negativos de las fotografías. Dudaron un instante; luego los dos marineros cruzaron la puerta medio atascada y, caminando con el agua hasta los tobillos, cogieron las cajas de las estanterías. Ciertamente era un tesoro; aquella noche le dieron los negativos a Hurley.

El grupo de salvamento trabajó sin descanso, apenas tomando en consideración la utilidad de los objetos que sacaban. Había muy pocas cosas en el barco que no sirvieran para una u otra cosa. La madera siempre podía servir como combustible; las velas eran útiles para cubrir el suelo y para poner parches en las tiendas y los cabos podían servir para fabricar los arneses de los trineos. Los hombres sacaron la timonera entera y la llevaron al campamento para que hiciera las veces de una especie de almacén portátil. Siguieron los maderos, las vergas, las velas y las jarcias.

Trabajaron hasta las cinco y luego volvieron al campamento, llevando con ellos la última carga. Mientras marchaban penosamente junto a los trineos, Hurley descubrió una gran foca de Weddell a unos mil metros de donde se encontraban. No tenía ninguna arma con que matarla, así que cogió un trozo de madera y se aproximó cautelosamente a la foca. Cuando estuvo bastante cerca, aturdió al animal con el garrote. Luego le rompió la cabeza con un pico de montañero. Mataron otras dos focas de la misma manera mientras se dirigían al campamento.

Sin embargo, la cantidad de productos que recuperaron del barco de este modo resultó muy pequeña. La mayor parte de las provisiones se encontraban en los camarotes inferiores, en lo que había sido el Ritz. Para llegar hasta ellas habrían tenido que romper las cubiertas, de más de 30 centímetros de grosor y que, además, se encontraban a un metro bajo el agua. Sin embargo, era perentorio obtener los productos almacenados, por lo que al día siguiente McNeish fue el encargado de hacerlo. Después de varias horas de trabajo con cortadores para hielo y varios aparejos de poleas, el grupo consiguió practicar un agujero en la cubierta.

Inmediatamente, los productos almacenados comenzaron a flotar, empezando por un barril de nueces. Otras provisiones fueron sacadas a la superficie, como una caja de azúcar y otra de bicarbonato de sosa. Al final del día habían rescatado y llevado hasta el campamento en los trineos cerca de tres toneladas y media de harina, arroz, azúcar, cebada, lentejas, hortalizas y mermelada. Un botín tan abundante los llenó de júbilo. Para celebrarlo, Green los agasajó con foca al curry para cenar. Tras el primer bocado, sin embargo, apenas pudieron engullir el siguiente porque a Green se le había ido la mano. «He tenido que comer porque tenía hambre —escribió Macklin en su diario—, pero ahora tengo la boca como un horno de cal y reseca por la sed.»

Las labores de salvamento tuvieron que suspenderse la tarde del 6 de noviembre porque se levantó una ventisca austral que obligó a los hombres a refugiarse en las tiendas. Fue la primera tempestad que pasaron en el hielo. La fuerza del viento sacudía las tiendas mientras los hombres se apiñaban en su interior, helados y apretados. Pero la tempestad los conducía hacia el norte, hacia la lejanísima civilización.

Shackleton aprovechó para reunirse con Wild, Worsley y Hurley a fin de evaluar la situación en cuanto a las provisiones. Tenían unas cuatro toneladas y media de alimentos almacenados, sin contar con las raciones concentradas que transportaban en los trineos, aquellas que tenía que haber utilizado el grupo transcontinental de seis hombres y que Shackleton quería guardar para emergencias. Calcularon que tenían alimentos para tres meses, contando raciones enteras. Y como estaban seguros de que la cantidad de focas y pájaros bobos iba en aumento, decidieron que podían alimentarse con raciones enteras durante otros dos meses.

Eso cubría sus necesidades hasta enero, el ecuador del verano antártico. Shackleton estaba seguro de que para entonces sabrían lo que les deparaba el destino. La última decisión debería tomarla cuando todavía estuvieran a tiempo de actuar, antes de que sufrieran el asalto del invierno.

Todo dependía de la deriva de la banquisa. El hielo podía seguir moviéndose hacia el noroeste, llevándolos hacia la península Antártica, posiblemente hasta las islas Orcadas del Sur, a más de 500 millas al norte. O bien la deriva podía detenerse por cualquier razón y entonces se quedarían más o menos en el mismo sitio. Asimismo, la banquisa podría virar hacia el noreste o hacia el este, alejándolos de tierra.

Sucediera lo que sucediese, enero marcaría el punto de inflexión. Si la deriva se dirigía a tierra, encontrarían agua suficiente para lanzar los botes y dirigirse a un lugar más prometedor. Al menos en teoría, parecía razonable. Si la banquisa dejaba de moverse, ello sería evidente en enero. Entonces, en lugar de pasar el invierno acampados en el hielo, el grupo abandonaría los botes —excepto una pequeña chalana que el carpintero había construido— y alcanzaría rápidamente la tierra más próxima, utilizando la chalana para atravesar el agua que encontraran. Sería una acción un tanto arriesgada, pero mejor eso que pasar el invierno en el hielo.

La tercera perspectiva también era poco agradable. Si la banquisa se dirigía hacia el noreste o al este, y si no podían echar al agua los botes, tendrían que pasar el invierno en los témpanos a la deriva, sobreviviendo de una u otra manera a la noche polar, con su frío gélido y sus violentas tempestades. Si iba a ser así, lo sabrían en enero. Y todavía tendrían tiempo de aprovisionarse de carne. Pero nadie se preocupaba demasiado en pensar en tal posibilidad.

# 11

La presencia de Frank Hurley en aquella reunión de alto nivel sobre la situación alimentaria tuvo un significado especial. Fue invitado no por su experiencia en el Antártico —la tenían muchos otros, como Alf Cheetham o Tom Crean, cuyos conocimientos eran mayores—, sino porque Shackleton no quería enemistarse con él. El incidente reveló uno de los rasgos característicos del jefe de la expedición.

Aunque era un hombre que carecía de miedo en el sentido físico, padecía un temor casi patológico a perder el control de la situación. Esta actitud se debía, en parte, a un exagerado sentido de la responsabilidad. Shackleton consideraba que los había metido en aquella situación y su obligación era sacarlos de allí. Como consecuencia de ello, estaba siempre atento a los posibles alborotadores que pudieran minar la unidad del grupo. Shackleton creía que, si surgían desacuerdos, el grupo como un todo podría no ser capaz de producir esa pizca de energía adicional que, en un momento de crisis, fuera la diferencia entre la supervivencia y el desastre. Así, estaba dispuesto a cualquier cosa para mantener al grupo unido y bajo su control.

Hurley era un hábil fotógrafo y un trabajador excelente, pero también era de la clase de hombres que respondían mejor a la adulación, y necesitaba con frecuencia que lo animaran y que le hicieran sentirse importante. Shackleton se dio cuenta de esa necesidad —quizá hasta la exageró— y temía que, a menos que la alimentara, Hurley podría sentirse desairado y extender su descontento a los demás.

Por esa razón, Shackleton consultaba con frecuencia la opinión de Hurley y se cuidaba de alabar su trabajo. Además, le asignó a su propia tienda, lo que satisfizo el esnobismo del hombre y redujo las oportunidades de que se reuniera con otros descontentos.

El reparto de otras tiendas se llevó a cabo con la intención de evitar problemas. Shackleton compartía la número 1 con Hudson, el oficial de derrota, y con James, el físico, así como con Hurley. Aunque ninguno de esos hombres era problemático en ningún sentido, a Shackleton parecía preocuparle que pudieran provocar fricciones si estaban en contacto con los demás demasiado tiempo.

Hudson era el de siempre, simple y un poco irritante. Sus accesos de humor solían ser más imprudentes que divertidos, porque carecía de sensibilidad. Era un joven dandi, un poco pagado de su buen aspecto, aunque en realidad no demasiado seguro de sí mismo. Como resultado de esta inseguridad fundamental, era muy egoísta y escuchaba poco. No le importaba interrumpir una conversación para intercalar algo acerca de sí mismo, aunque no tuviera ninguna relación con el tema del que se estaba hablando. Este egocentrismo le impedía darse cuenta de cuándo le estaban tomando el pelo, como cuando le hicieron la broma de la que procedía su apodo, *Buda*. Por extraño que pudiera parecer, se divertía cuando los otros le hacían bromas, porque entonces era el centro de atención. Shackleton no sentía mucha simpatía hacia Hudson, pero prefería tenerlo cerca de él que ponerlo con los demás.

En cuanto a James, probablemente nunca debió haberse incorporado a la expedición. Tenía formación académica y había sido educado en un ambiente más bien protegido. Era un científico muy capaz y dedicado, pero en asuntos prácticos era torpe y poco dispuesto. El lado aventurero de la expedición, que era el que más atraía a sus compañeros, a James le interesaba muy poco. En cuanto a su personalidad, era la antítesis de Shackleton. Más que por cualquier otra razón, el jefe de la expedición compartió la tienda con James por su propio bien.

La asignación de McNeish a la tienda número 2, bajo la responsabilidad de Wild, fue otro movimiento calculado. Como carpintero del barco, McNeish era un experto artesano. Nadie le vio jamás utilizar una regla. Simplemente estudiaba el trabajo un poco y luego se ponía a hacerlo serrando las piezas adecuadas, que siempre encajaban exactamente.

Pero McNeish, aunque tenía el físico de un gigante y era fuerte, tenía cincuenta y seis años —más del doble del promedio de edad de los otros miembros de la expedición— y padecía de hemorroides. También sentía nostalgia de su casa, casi desde el día en el que zarpó la expedición. El hecho es que nadie entendía por qué se había embarcado. Fuera cual fuese la razón, McNeish era un hombre irritable. Debido a su larga experiencia como marinero, se consideraba algo así como un «abogado del mar» muy versado en los derechos de los marineros. Shackleton consideró todo esto y creyó que McNeish debía estar controlado y así se lo comunicó a Wild.

El 6 de noviembre hasta el viejo y malhumorado McNeish estaba contento mientras soplaba la ventisca del sureste. Aunque la tempestad obligó a los hombres a mantenerse dentro de las tiendas y a vivir en condiciones verdaderamente difíciles, estaban seguros de que el viento los empujaba hacia el norte. «Todos esperamos que dure un mes», escribió McNeish.

La ventisca duró cuarenta y ocho horas y, cuando el tiempo aclaró, Worsley comprobó que habían sido arrastrados 16 millas al noroeste, un desplazamiento muy satisfactorio.

Aquella tarde Shackleton volvió al barco con un pequeño grupo y tres equipos de perros para seguir con las operaciones de salvamento. Pero el Endurance se había hundido medio metro más y estaba casi al mismo nivel que la superficie de hielo. Un rescate más tarde sería imposible. Antes de marcharse, dispararon una bengala como despedida al navío.

Al día siguiente empezaron la construcción de una torre de observación con diversos obenques y tablas que habían sacado del barco. McNeish se puso a trabajar en un trineo mejor para el ballenero, utilizando parte del fortísimo recubrimiento de madera de bebeerú que antes protegía del hielo los costados del Endurance.

Los días ahora eran bastante más largos que las noches: el sol se ponía a las nueve de la noche y salía hacia las tres de la madrugada. Durante la noche había luz suficiente para leer o jugar a las cartas. Hussey solía tocar el banjo cerca de la tienda de la cocina, donde el flamear de la llama en el hornillo de grasa le calentaba los dedos para poder tocar, y siempre había allí una buena concurrencia de cantantes. Los siete hombres a cargo de Worsley en la tienda número 5 establecieron la costumbre de leer en voz alta cada noche. Clark fue el primero y eligió un libro con el poco apropiado título de *Science from an Easy Chair* [Ciencia desde un sillón]. Clark y los siete oyentes se echaban juntos y bien arrimados para entrar en calor, dispuestos en círculo alrededor de la tienda con los pies bajo una pila de sacos de dormir para generar un poco de calor colectivo. Cuando le llegó el turno a Greenstreet, eligió *Marmion* de Walter Scott. Macklin reconoció: «Debo confesar que considero esta lectura un excelente somnífero».

Bajo el optimismo y el buen humor del grupo subyacía la profunda confianza de que su situación solo era temporal. Las cosas iban a mejorar en poco tiempo. El verano estaba llegando y la deriva de la banquisa, que ya había iniciado su andadura, aumentaría de velocidad. Y aunque no fuera así, con el verano se fundiría el hielo y podrían utilizar los botes.

El 12 de noviembre, cuatro días después de haber finalizado la ventisca, el viento giró hacia el norte y pareció que el verano había llegado. El termómetro alcanzó la temperatura récord de 2 °C y la mayoría se desnudó hasta la cintura para gozar del placer de lavarse en la nieve.

Sin embargo, por otro lado, la ola de calor empeoró las condiciones de vida. Durante el día en las tiendas hacía un calor sofocante: Shackleton anotó 28 °C en el interior de la suya. Worsley insistía en que ya podía ver cómo la nieve se transformaba en agua. La superficie del témpano se convirtió en un lodazal de nieve fundida y hielo quebradizo. Caminar era peligroso porque el hielo poroso podía abrirse inesperadamente y hacer que un hombre cayera en unas aguas llenas de hielo y encajonarlo hasta las rodillas o hasta la cintura. Lo peor de todo era llevar en los trineos las focas muertas, que pesaban mucho, hasta el campamento. Después del viaje, los conductores volvían completamente mojados.

Pero la vida tenía sus compensaciones. Orde-Lees, el fuerte pañolero de la expedición, mejor conocido por los hombres como el Coronel, la Vieja dama, el Ladrón de vientres, el Hombre de acción, y un montón de otros apodos despectivos, decidió el 12 de noviembre mudarse de la tienda número 5 por un tiempo.

Worsley, con un tono sarcástico, describió el acontecimiento de este modo:

> Esta noche se han escuchado amargos sollozos y lamentaciones procedentes de la tienda número 5 ante la pérdida de su querido Coronel, que se ha trasladado por una temporada a dormir a su almacén en la vieja timonera. Ha cedido con indulgencia a nuestros intensos ruegos para que siga comiendo con nosotros y nos consuele con la seguridad de su pronto retorno a nuestro modesto pero feliz hogar en cuanto nos preparemos para la marcha.

De todos los miembros de la expedición, Orde-Lees era indudablemente el más extraño. Y con toda probabilidad también el más fuerte. Antes de incorporarse a la expedición, fue director de educación física de los Marines de Su Real Majestad, y hubiera podido fácilmente con cualquiera de los otros veintisiete hombres de la expedición. Sin embargo, a pesar de los denuestos de sus compañeros de tripulación, Orde-Lees nunca fue provocado hasta el punto de iniciar una pelea. Normalmente replicaba con un tono de voz hiriente: «Bueno, no deberías decir esas cosas».

Orde-Lees era todo menos un cobarde; de hecho, era casi temerario ante los riesgos. Además de salir a cazar focas, se lanzaba por los pasos de agua abierta, saltando de un trozo de hielo a otro mientras las orcas nadaban a su alrededor. En cierta ocasión, durante la temporada más oscura del invierno, cuando el Endurance permanecía bloqueado, encontró una bicicleta en la bodega del barco y salió a montarla sobre los témpanos helados. Permaneció dos horas en el peligroso frío y tuvo que salir una partida a buscarlo. Cuando volvió al barco, Shackleton le ordenó que no volviera a salir nunca a menos que fuera acompañado por otro hombre, e instruyó a Worsley para que comprobara que obedecía.

Orde-Lees tenía una personalidad enigmática e infantil. Era muy perezoso para todo, a excepción de ciertas actividades que le producían placer, como esquiar. No era consciente de su pereza y no hacía ningún esfuerzo por disimularla. Hasta en las circunstancias más desesperadas, cuando otros estaban a punto del colapso debido al cansancio, él eludía abiertamente su obligación. Quizá esa falta de sentimiento de culpa hacía que los demás lo toleraran.

En cambio, era un excelente pañolero, al menos en tiempos de escasez. Padecía un temor morboso a morir de hambre, lo que le hacía ser muy mezquino con los productos almacenados. Shackleton lo reprendió en muchas ocasiones por suministrar insuficiente alimento.

Discutía continuamente con sus compañeros de tienda y, con frecuencia, cuando le tocaba el turno de llevar el puchero con la comida de la cocina a la tienda, se distraía durante el camino y el alimento llegaba frío. No le impresionaban las súplicas, los juramentos o las amenazas. Lo guardaba todo, y su colección de cachivaches ocupaba en la tienda más espacio del que le correspondía.

Con Shackleton, sin embargo, se mostraba obsequioso, actitud que el primero detestaba. Como a casi todos los demás, a Shackleton le disgustaba Orde-Lees, e incluso se lo dijo en cierta ocasión. Orde-Lees anotó el incidente en su diario, pero, como era característico en él, lo escribió en tercera persona, como si hubiera sido un espectador durante la conversación.

A pesar de todos estos rasgos indeseables, Orde-Lees era un hombre incapaz de un acto malicioso. La mayor parte de sus compañeros lo consideraba un loco que cuanto más se enfurecía, más ridículo parecía.

Shackleton, que había estado ocupado estudiando posibles rutas de escape, anunció el 13 de noviembre que tenía un plan.

Al parecer, la deriva del hielo los dirigía hacia la isla de Snow Hill, a unas 275 millas al noroeste. Estaba cerca de la costa de la península Antártica, y probablemente estaba conectada a ella por el hielo. Si la banquisa se abría lo suficiente para permitirles echar los botes al agua a tiempo, podrían desembarcar allí. Entonces viajarían por tierra unos 240 kilómetros hacia la costa occidental de la península Antártica y llegarían a la bahía Wilhelmina, donde los balleneros se detenían en verano. En cuanto establecieran contacto con ellos, tendrían asegurado el rescate.

Shackleton tenía planeado enviar una pequeña partida de cuatro hombres que cruzaran los glaciares de 1.500 metros de altitud de la península de Palmer, mientras el resto esperaba ser rescatado en Snow Hill.

No era seguro que el plan pudiera llevarse a cabo, aunque debían considerar y explotar al máximo cualquier posibilidad. Hurley se dedicó a limar tornillos y luego los fijó para que hicieran las veces de clavos en cuatro pares de botas a fin de que los hombres pudieran ascender por los glaciares. Shackleton estudió con atención todos los mapas de la región que tenían y estableció la mejor ruta.

Aquella noche, como para recalcar la precariedad de su situación, a través de la banquisa se escuchó un ruido lejano, como una tronada apagada. Había empezado una nueva oleada de presión y a una distancia de algo más de tres kilómetros observaron cómo el hielo volvía a acometer al barco. Hacia las nueve de la noche, escucharon el crujido de algo haciéndose astillas y vieron que el palo de trinquete se rompía y caía, llevándose con él la insignia azul.

# 12

Aunque el témpano en el que se encontraban seguía indemne a pesar de la presión, a Shackleton no le interesaba que entre los hombres se instaurase una falsa sensación de seguridad y el 15 de noviembre estableció un plan de emergencia. A todos los hombres se les asignó una función específica por si se daba el caso de que repentinamente tuvieran que levantar el campamento. Si tenían que hacer el camino por los hielos, los conductores de los trineos tendrían que poner los arneses lo más rápidamente posible, mientras que los demás tendrían que reunir los alimentos y los equipos, desmontar las tiendas y luego cargar los trineos. O si, como esperaban, podían avanzar por el agua, tendrían que preparar los botes.

Sin embargo, a medida que los hombres fueron adquiriendo la rutina diaria en la vida del campamento, fue imposible evitar cierta complacencia. La línea de las tiendas de color verde claro les era ahora tan familiar como lo había sido antes el barco. Dos de las tiendas eran del tipo convencional, con un poste de bambú en el centro. Las otras —las tiendas «de arco» diseñadas por Marston para la expedición— funcionaban con el mismo principio del toldo de los cochecitos de los bebés y podían plantarse o levantarse en cuestión de segundos. Sin embargo, su capacidad para proteger de las tormentas no era la misma que la que tenían las tiendas con poste central.

La actividad diaria comenzaba en el campamento a las seis y media de la mañana, cuando el vigía de noche cogía una cucharada de gasolina de un recipiente cilíndrico en la cocina y la vertía en un pequeño platillo de acero al fondo del hornillo. Luego prendía la gasolina y, una vez hecho esto, se encendían las tiras de grasa que envolvían las rejillas que había encima del platillo. Hurley había fabricado el hornillo con una vieja lata de aceite y con un cubo de basura de hierro fundido que recuperaron del barco.

El hornillo estaba en el centro de la cocina, que era poco más que un abrigo provisional contra el viento, construida con unos palos clavados en el hielo, cubiertos con trozos de velas. La cocina también servía de biblioteca y los libros que habían salvado del Endurance se guardaban allí, en unas cajas de madera. De uno de los palos colgaba un cronómetro y de otro un espejo.

En cuanto el hornillo prendía, el vigía de noche despertaba a Green, que empezaba a preparar el desayuno. A las siete, los hombres ya habían empezado a salir de las tiendas para orinar y evacuar en los montículos de hielo de los alrededores. Muchos de ellos llevaban consigo cepillos de dientes desgastados y en el camino de vuelta se detenían a lavarse los dientes con la nieve. Aquellos que se quedaban dormidos y aún no se habían levantado eran despertados a las 7:45 por el vigía de noche, que pasaba entre las tiendas gritando: «A moverse». Los hombres enrollaban los sacos de dormir y se sentaban a esperar el desayuno, que consistía en carne de foca, a veces pescado enlatado, gachas o carne en conserva y té.

Después del desayuno, se dedicaban a sus tareas acostumbradas. Green pasaba la mañana haciendo tortas de pan que consistían en harina frita mezclada con carne seca, lentejas o cualquier otra cosa que les proporcionara algún sabor. Siempre había hielo que podía fundir para obtener agua.

El viejo *Chippy M*cNeish, ayudado casi siempre por McLeod, How y Bakewell, se dedicaba a elevar los costados del bote ballenero y de una de las balandras para hacerlos más navegables. Sin embargo, estaban condicionados por los pocos materiales y herramientas disponibles. Solamente habían recuperado una sierra, un martillo, un escoplo y una azuela. McNeish había conseguido algunos clavos arrancándolos uno a uno de la superestructura del Endurance.

Hurley también se ocupaba de preparar el viaje en bote. No solo era un excelente fotógrafo sino también un hábil hojalatero, y ahora se dedicaba a fabricar una primitiva bomba para el bote a partir de un trozo de la aguja de bitácora en forma de tubo.

El resto de la tripulación se pasaba el tiempo cazando. Iban en pareja a buscar focas mientras los conductores de perros hacían ejercicio con sus equipos en los témpanos. Cuando los conductores veían a alguno de los grupos de cazadores a lo lejos, ondeando una bandera, recibían la señal de que se había avistado una foca. Entonces uno de los equipos salía a buscar el cuerpo del animal.

Matar una foca resultaba una labor muy sangrienta. Wild se había llevado del barco un revólver, un fusil de caza del calibre 12 y un rifle del 33, pero no había mucha munición; por esa razón tenían que matar las focas a mano siempre que fuera posible. Se acercaban al animal cautelosamente, luego le daban un golpe en el hocico con un esquí o con un remo roto y le cortaban la yugular para que se desangrara hasta morir. A veces recogían la sangre en un cubo para alimentar a los perros, pero la mayoría de las veces se dejaba que cayera en la nieve. Otra de las técnicas de caza consistía en golpear a la foca en la cabeza con un pico de escalador, aunque los dos médicos desaconsejaron esta práctica porque después no se podía comer el cerebro, que consideraban un preciado alimento porque creían que poseía un alto contenido en vitaminas.

Al principio, algunos de los hombres, sobre todo el pequeño Lewis Rickinson, el jefe de máquinas, sentían náuseas ante este método de caza tan frío y sangriento. Sin embargo, la reticencia no duró mucho. La voluntad de supervivencia pronto disipó cualquier duda a la hora de obtener alimento fuera cual fuera el método.

Después de la comida, que consistía generalmente en una o dos tortas de trigo por hombre, con un poco de mermelada y té, iban a trabajar unos en los arneses de los trineos, otros empaquetando de nuevo pertrechos y otros ayudando en los botes. Daban de comer a los perros a las cinco de la tarde, entre terribles ladridos, y la cena se servía a las cinco y media: tortas de trigo y carne de foca y un tazón de chocolate caliente aguado.

A última hora de la tarde, las actividades variaban. En la tienda de Worsley se leía en voz alta. En la número 1, la tienda de cuatro hombres de Shackleton, se celebraba invariablemente un solitario de póquer o *bridge*. Los marineros y fogoneros de la tienda número 4 también jugaban a las cartas o se sentaban a contar historias. El tema del sexo raramente se abordaba, no por algún tipo de mojigatería posvictoriana, sino simplemente porque el tema era casi ajeno a aquellas condiciones de frío, humedad y hambre que ocupaban el pensamiento casi a todas horas. Cuando se hablaba de mujeres era de una manera nostálgica y sentimental: se anhelaba volver a casa y ver a la esposa, a la madre o a la novia.

A las ocho y media de la noche se apagaban oficialmente las luces, por decirlo de alguna manera, porque había luz casi dieciséis horas al día. Algunos se retiraban antes, tras quitarse los pantalones y los jerséis y ponerse, si podían, un par de calcetines secos. Nadie se quitaba la ropa interior. Otros permanecían levantados después del toque de queda, aunque tenían que hablar en voz baja. En medio de aquel aire frío, se oían los sonidos a mucha distancia.

Hacia las diez de la noche, el campamento dormía, a excepción del vigía que patrullaba entre las tiendas y de vez en cuando echaba una ojeada al cronómetro de la cocina, que le decía cuándo había acabado la hora de su ronda.

Durante las tres semanas transcurridas desde que el Endurance había sido abandonado, quizá lo que cambió más visiblemente en aquel grupo de hombres fue su apariencia. Algunos siempre habían llevado barba y ahora eran un poco más peludos que antes. Pero los que antes se afeitaban ahora llevaban el rostro cubierto por grandes barbas.

También les cubría la cara el humo de la grasa que se infiltraba en todas partes y no se quitaba con la nieve ni con el poco jabón del que disponían para lavarse.

Había dos escuelas de pensamiento en asuntos de limpieza. Aunque era totalmente imposible darse un baño, algunos se frotaban la cara con nieve siempre que el tiempo lo permitía. Otros dejaban que la suciedad se acumulara con la teoría de que les protegería la piel contra la congelación.

De igual manera, en asuntos de comida el campamento se dividía entre los ahorradores y los despilfarradores. Worsley encabezaba a estos últimos, que engullían todo lo que podían coger siempre que pudieran hacerlo. Orde-Lees, con su temor a morir de hambre, era el abogado defensor de la escuela de pensamiento de los ahorradores. Raramente se comía la ración entera. Se guardaba un pedacito de queso o un trocito de torta entre la ropa para comérselo más tarde o para los días de escasez; estaba convencido de que estos iban a llegar. A menudo exhibía, sacándolo del bolsillo, algún alimento que había guardado una, dos o tres semanas antes.

Sin embargo, en aquellos días no había escasez de alimentos. Había animales muy complacientes que hasta se acercaban al campamento. El 18 de noviembre, una desconsolada foquita de apenas un mes de vida apareció entre las tiendas. Al parecer, una orca se había comido a su madre y, aunque era tan pequeña que apenas iba a servir como alimento, la mataron a regañadientes porque era obvio que no sobreviviría sola. El día 19, la agitación que se produjo entre los perros anunció la presencia de una foca en el campamento, esta vez una adulta. Tras producirse varias apariciones como esta, Worsley avanzó la teoría de que cuando las focas avistaban el campamento lo confundían con tierra o con una pingüinera y se dirigían directamente hacia él.

A primera hora de la mañana del 21 de noviembre, un grupo de rescate volvió al barco. Observaron que los témpanos incrustados en los costados se movían un poco. Volvieron al campamento y ya estaban sacando los arneses y dando de comer a los perros cuando salió Shackleton. Se acercó al trineo de Hurley. Eran las cuatro cincuenta de la tarde. Con el rabillo del ojo observó el movimiento del barco. Se volvió rápidamente y vio cómo la chimenea desaparecía detrás de un montículo de hielo.

—¡Se ha ido a pique, muchachos! —gritó, y subió a la torre de vigía.

Momentos después todos salieron de las tiendas y treparon para poder verlo mejor. Lo contemplaron en silencio. Más allá de la banquisa, la popa del Endurance se elevó seis metros en el aire; permaneció así un instante, con la hélice inmóvil y el timón destrozado en alto. Luego, lentamente y en silencio, desapareció bajo el hielo, dejando tan solo un pequeño vacío negro y abierto en el agua para señalar dónde había estado. En el espacio de seis segundos también eso desapareció mientras el hielo se cerraba encima. Todo sucedió en diez minutos.

Aquella noche, Shackleton anotó en su diario que el Endurance se había hundido y añadió: «No puedo escribir sobre ello».

Se habían quedado solos. Ahora, al mirar en cualquier dirección, solo había hielo. Se encontraban a 68º 38" sur, 52º 28' oeste, un lugar en el que ningún hombre había estado antes ni al que podían concebir que algún hombre deseara volver.

# 13

La pérdida absoluta del Endurance cortó de golpe lo que parecía ser su último vínculo con la civilización. El barco había sido un símbolo, un símbolo físico y tangible que los unía al mundo exterior. Los había llevado por medio mundo y, tal como escribió Worsley, «nos llevó muy lejos y demostró una fuerza que ningún otro barco ha demostrado, hasta entregarse a la despiadada banquisa». Y ahora se había hundido.

La reacción fue algo más que una pérdida sentimental: fue la desaparición de un viejo amigo que ha estado al borde de la muerte durante mucho tiempo. Habían estado esperando que se hundiera durante semanas. Cuando abandonaron el barco, hacía veinticinco días, parecía que se iba a hundir en cualquier momento y era sorprendente que se hubiera mantenido en la superficie durante tanto tiempo.

A la mañana siguiente, Worsley observó que, a pesar de los cuatro días en los que habían soplado vientos del norte, no habían sido arrastrados hacia atrás. La banquisa, al parecer, estaba bajo la influencia de una corriente favorable del sur. Hussey, sin embargo, detectó un cambio preocupante en el comportamiento del hielo. Ya no demostraba una acusada tendencia a abrirse bajo la influencia de los vientos procedentes del norte. Esos vientos —que antes habían sido cálidos tras soplar en mar abierto— ahora eran casi tan fríos como los procedentes del polo. Aquello solo podía significar una cosa: que enormes cantidades de hielo —no de agua— se extendían a lo largo de grandes distancias, hacia el norte.

Los hombres, sin embargo, mostraban un sorprendente optimismo. La tarea de levantar los costados del bote ballenero estaba casi acabada y todos estaban muy impresionados con el trabajo que había hecho McNeish. La falta de herramientas y de materiales parecía no haberle supuesto ningún impedimento. Para calafatear las planchas que había añadido, se vio obligado a recurrir a la mecha de algodón de una lámpara y a los óleos de la caja de pinturas de Marston.

Aquella noche, la primera tras el hundimiento del Endurance, Shackleton dispuso que se sirviera para la cena pasta de pescado y galletas, que todos recibieron con deleite.

Macklin escribió:

> Lo cierto es que este tipo de vida tiene su atractivo. He leído que todo lo que un hombre necesita para ser feliz es el estómago lleno y estar caliente, y empiezo a pensar que es verdad. Sin preocupaciones, sin trenes, sin cartas que contestar, sin cuellos que ponerse, ¡aunque me pregunto quién de nosotros no cogería al vuelo la oportunidad de cambiarlo todo mañana!

Macklin seguía de buen humor al día siguiente, cuando salió con Greenstreet a cazar focas. Se les ocurrió la idea de ir por la orilla de un pequeño paso de agua. Sabían que Shackleton, que no quería que corrieran riesgos innecesarios, se enfurecería si se enteraba, así que tomaron la precaución de hacerlo a cierta distancia, detrás de unas cuantas crestas de presión. Encontraron un pequeño témpano estable y treparon a bordo del mismo, utilizando los palos de los esquíes para impulsarse.

Allí estaban —tan satisfechos— cuando descubrieron a Shackleton a poca distancia, en el trineo de Wild. Shackleton también los vio.

Greenstreet dijo:

> Nos sentimos como escolares sorprendidos robando en un huerto; inmediatamente nos acercamos con las pértigas a la orilla, subimos al hielo y seguimos con la caza de focas, y finalmente nos reunimos con él cuando volvió al campamento. En lugar de la perorata que esperábamos, solo nos dirigió una mirada horrible y desapareció.

Todos conocían la aversión de Shackleton a tentar al destino. Esta actitud le había valido el sobrenombre de Viejo cauteloso o Jack, el Cauteloso, aunque nadie se lo decía a la cara. Se dirigían a él llamándolo simplemente «jefe», tanto los oficiales y los científicos como los marineros. Era un título, más que un sobrenombre. Proporcionaba una agradable sensación familiar, pero al mismo tiempo tenía unas connotaciones de autoridad absoluta. Era muy adecuado y describía exactamente el comportamiento y el punto de vista de Shackleton. Deseaba tener una actitud familiar con los hombres, hasta se esforzaba por conseguirla, e insistía en tener exactamente el mismo trato, alimentación y vestido que ellos. Quería demostrar su voluntad de hacer los trabajos más humildes, tales como el de pinche, llevando el puchero con la comida desde la cocina hasta la tienda. Y a veces hasta se enfurecía si descubría que el cocinero le había dado un trato de preferencia porque él fuera el «jefe».

Sin embargo, él era el jefe, y ese era un papel ineludible. Siempre existía una barrera, una frialdad, que lo mantenía apartado. No era algo calculado; simplemente era incapaz de olvidar —siquiera por un instante— su posición y la responsabilidad que dicha posición implicaba. Los demás podían descansar o encontrar cierta evasión con la estrategia de vivir el momento. Pero para Shackleton no existía el descanso ni una vía de escape. La responsabilidad era enteramente suya, y ningún hombre podía estar en su presencia sin darse cuenta de ello.

Su retraimiento, no obstante, era mental, raramente físico. Siempre tomaba parte en todas las actividades de los hombres. De hecho, Shackleton fue uno de los primeros en llegar cuando el 26 de noviembre se corrió la voz de que en la tienda número 5 alguien había descubierto una baraja de cartas nueva. Junto con McIlroy, durante horas, les estuvo enseñando a jugar al *bridge*.

Los dos instructores no habrían podido encontrar unos alumnos más entusiastas. En cuarenta y ocho horas la popularidad del juego alcanzó unas proporciones epidémicas. El día 28, Greenstreet observó que «en todas las tiendas se oye: 1 trébol, 2 corazones, 2 de sin triunfo, doble 2 de sin triunfo, etcétera». Los que no se unían al juego se sentían casi desterrados. En cierta ocasión, Rickinson y Macklin fueron expulsados de su tienda por la muchedumbre que se había reunido allí a jugar y a mirar.

Al mismo tiempo, iban finalizando los preparativos para el «viaje hacia el oeste». McNeish ya había arreglado los botes como mejor había podido. Solo quedaba darles un nombre y Shackleton lo hizo. Decidió reservar el honor a los principales patrocinadores de la expedición. Así, el ballenero fue bautizado con el nombre de James Caird, la balandra número 1 con el de Dudley Docker y la 2 con el de Stancomb Wills. George Marston, el artista, escribió con las pinturas que le quedaban el nombre en cada uno de los botes.

Shackleton aceptó además la sugerencia de Worsley de llamar al témpano en el que se habían establecido «Campamento Océano». Luego fue asignando los botes a la tripulación. Él estaría a cargo del James Caird, con Frank Wild como ayudante. Worsley sería el capitán del Dudley Docker, con Greenstreet como segundo en el mando; y *Buda* Hudson mandaría en el Stancomb Wills, con Tom Crean como ayudante.

Noviembre llegaba a su fin. Habían estado en el hielo justo un mes. A pesar de las incomodidades y los sufrimientos, aquellas semanas de vida primitiva habían sido particularmente enriquecedoras. Los hombres desarrollaron un grado de autoconfianza mayor de lo que nunca habían imaginado. Un día, tras pasarse cuatro horas cosiendo un elaborado parche en el trasero de su único par de pantalones, Macklin escribió: «¡Qué poco agradecido he sido siempre con estos trabajos cuando me los hacían en casa!». Greenstreet también tuvo el mismo sentimiento tras haberse pasado varios días raspando y curando un trozo de piel de foca para sobresolar las botas. Hizo una pausa en medio de su labor para escribir en el diario: «Uno de los días mejores que hemos tenido nunca [...]. Es agradable estar vivo».

De algún modo aprendieron a conocerse mejor. En ese mundo de hielo, de soledad y vacío, adquirieron al fin una especie de satisfacción limitada. Se les puso a prueba y respondieron satisfactoriamente.

Pensaban en sus hogares, claro está, pero no deseaban desesperadamente estar en la civilización por ella misma. Worsley anotó:

Cuando me despierto al alba siento grandes deseos de oler la hierba húmeda y las flores de una mañana de primavera en Nueva Zelanda o en Inglaterra. Solo deseas encontrarte en la civilización para disfrutar de un buen pan con mantequilla, de una cerveza de Múnich, de ostras de roca de Coromandel, pastel de manzana y crema de Devonshire; son agradables reminiscencias más que deseos.

El hecho de que todo el grupo se mantuviera ocupado contribuyó en gran medida a la sensación de bienestar. Pero cuando se aproximaba el final del mes de noviembre, las ocupaciones ya no eran tantas. La prueba de botar las embarcaciones fue satisfactoria; las provisiones ya habían sido empaquetadas de nuevo y aseguradas, habían estudiado los mapas de la zona y trazado los vientos y las corrientes probables. Hurley acabó la bomba para el bote y empezó a fabricar un pequeño hornillo portátil para el viaje.

Ya habían completado su parte del trato; ahora solo quedaba esperar a que el hielo se abriera.

Pero el hielo no se abría. Transcurrían los días y la banquisa seguía igual. La dirección de su movimiento tampoco era completamente satisfactoria.

Durante ese periodo, los vientos habían sido del sur, pero nunca demasiado fuertes, así que la banquisa había seguido moviéndose hacia el norte, a la misma velocidad de unas dos millas diarias.

Tampoco podían distraerse haciendo ejercicio con los equipos de perros porque el hielo se aflojaba a menudo y estaban en un témpano con unos seis metros de agua abierta a su alrededor. Solo podían hacer ejercicio con los perros bordeando el perímetro del témpano. Worsley escribió: «Los hombres y los perros hacen ejercicio alrededor del témpano. La distancia completa es de unos 2.400 metros, pero el recorrido resulta tan monótono para los perros como para nosotros».

El tiempo, efectivamente, empezaba a pesar cada vez más. Cada día era igual al anterior y, aunque invariablemente intentaban ver el lado bueno de las cosas, eran incapaces de luchar contra la creciente sensación de decepción. El 1 de diciembre, Macklin escribió: «Hemos recorrido un grado [de latitud: 60 millas] en menos de un mes. No es lo que esperábamos, pero nos dirigimos poco a poco hacia el norte, y eso, por encima de todo, es esperanzador».

El 7 de diciembre, McNeish razonaba lo siguiente: «Nos hemos retrasado un poco, pero creo que será para bien, pues dará al hielo que está entre la tierra y nosotros la oportunidad de desaparecer y a nosotros la de llegar a ella».

Desde que abandonaron el Endurance, habían recorrido 80 millas en línea casi recta hacia el norte. Pero habían descrito un ligero arco, que se curvaba ahora hacia el este, lo que los alejaba de tierra. No era suficiente para provocar una inquietud extrema, aunque sí estaban algo preocupados.

Shackleton sufrió un ataque de ciática que le mantuvo confinado en su tienda y más o menos apartado de los acontecimientos. Hacia mediados de mes, cuando su estado mejoró, se dio cuenta de la creciente intranquilidad de los hombres. La situación no mejoró el 17 de diciembre. Justo después de haber cruzado el paralelo de latitud 67, el viento giró hacia el noreste. Las observaciones que hicieron al día siguiente demostraron que habían sido arrastrados de nuevo hacia una latitud superior.

Aquella noche reinaba en el campamento un ambiente de tensión que acalló las conversaciones. Muchos hombres se fueron a dormir después de cenar. McNeish reflejó su reprimida frustración en su diario, escudándose en la irreverencia de sus compañeros de tienda:

Uno se imagina que está en Ratcliff Highway [un barrio peligroso de la zona de los muelles del Londres del siglo XIX], o en alguna otra pocilga, por el lenguaje que están utilizando. He sido compañero de todo tipo de hombres tanto en buques de vela como de vapor, pero nunca he visto nada parecido a este grupo: se utiliza con fruición el lenguaje más sucio y, lo que es peor, se tolera.

Shackleton estaba preocupado. Temía a la desmoralización más que a cualquiera de sus peores enemigos: el frío, el hielo y el mar. El 19 de diciembre, escribió en su diario: «Estoy pensando en salir hacia el oeste».

La necesidad de moverse hizo que expusiera su plan al día siguiente. Dijo que a la mañana siguiente iría con los equipos de Wild, Hurley y Crean a supervisar el territorio hacia el oeste.

La reacción fue inmediata. Greenstreet escribió:

El jefe, al parecer, quiere intentar atacar por el oeste, porque no avanzamos como deberíamos. Eso significará viajar ligeros y llevar tan solo dos botes como máximo y dejar atrás un montón de provisiones. Por lo que he visto, el viaje será tremendo, todo está mucho más blando que cuando abandonamos el barco y, en mi opinión, esa medida debería tomarse únicamente como último recurso; espero sinceramente que se convenza de ello. En nuestra tienda se ha discutido mucho sobre el tema...

Worsley también opinaba lo mismo:

Creo que deberíamos quedarnos aquí, a menos que derivemos más hacia el este [...]. Las ventajas de esperar un poco más son que el movimiento de la banquisa nos ahorrará parte del viaje sin demasiados esfuerzos por nuestra parte, que probablemente deberíamos reservar para llevar los tres botes; y que, mientras tanto, se pueden abrir pasos en la banquisa.

Sin embargo, la mayoría apoyó la decisión de Shackleton, como Macklin, que escribió:

> Personalmente, creo que deberíamos dirigirnos hacia el oeste tanto como podamos. Sabemos que hay tierra a 200 millas al oeste, por lo que el borde de la banquisa debería de estar en algún lugar a 150-180 millas en esa dirección [...]. Según el ritmo de deriva actual, solo a finales de marzo nos encontraríamos en la latitud de la isla de Paulet, e incluso entonces no podemos estar seguros de poder salir de aquí. En consecuencia, creo que debemos dirigirnos hacia el oeste tanto como podamos. El movimiento de la banquisa nos llevará hacia el norte y la dirección resultante será NO, la dirección hacia la que deseamos dirigirnos [...]. De todas formas, ya veremos lo que piensan de todo esto mañana.

# 14

El grupo de inspección salió a las nueve de la mañana y los cuatro hombres volvieron a las tres de la tarde tras haber recorrido una distancia de unas seis millas. Shackleton reunió a todo el mundo a las cinco e informó de que podían «avanzar hacia el oeste». Les dijo que saldrían al cabo de treinta y seis horas, a primera hora de la mañana del 23 de diciembre, y que viajarían de noche porque las temperaturas eran más bajas y la superficie del hielo estaba más dura.

Añadió que, como estarían viajando en Navidad, celebrarían la fiesta antes de salir y podrían comer lo que quisieran en la cena y al día siguiente. Iban a tener que dejar atrás una buena cantidad de alimentos.

Este último anuncio fue suficiente para vencer toda resistencia contra el plan. La fiesta de Navidad empezó inmediatamente y se dilató hasta el día siguiente. Todo el mundo comió lo que pudo. «Y nos pusimos como unos cerdos», señaló Greenstreet.

Se levantaron a las tres y media del día siguiente, y ya estaban listos una hora más tarde. Todo el mundo se puso a empujar el trineo que llevaba el James Caird y consiguieron con éxito que cruzara el agua que rodeaba el témpano, hasta alcanzar una loma; luego la mitad del grupo se dedicó a abrir un paso a través de ella, mientras los demás volvían a buscar el Dudley Docker. Al Stancomb Wills lo iban a dejar atrás.

Hacia las siete de la mañana, habían arrastrado los botes más de kilómetro y medio hacia el oeste y volvieron a desayunar al campamento. A las nueve ya les habían puesto los arneses a los perros y los engastaron a los trineos de los botes, mientras que cargaban los otros con todo lo que pudieran llevar. A la una de la tarde montaron las tiendas en el nuevo campamento y todos volvieron.

La humedad era terrible. Habían abandonado el suelo de las tiendas que tenían en el Campamento Océano y ahora solo contaban con lonas o trozos de vela del Endurance que casi no ofrecían resistencia alguna al agua que cubría el suelo. Macklin y Worsley, después de estar un rato intentando conciliar el sueño en la tienda, extendieron los mojados sacos de dormir en el fondo del Dudley Docker. Era una superficie muy incómoda para dormir, pero al menos estaba relativamente seca.

Shackleton se acercó a Worsley a las siete de la tarde y le entregó una botella con tapón de corcho que contenía una nota; le ordenó que volviera al Campamento Océano con el equipo de Greenstreet y la dejara allí.

En esencia, la nota decía que el Endurance había sido abandonado y se había hundido a 69° 5' sur, 51° 35' oeste, y que los miembros de la Expedición Transantártica Imperial se encontraban entonces a 67° 9' sur, 52° 25' oeste, y avanzaban hacia el oeste a través del hielo con la esperanza de encontrar tierra. El mensaje acababa: «Todos bien». Estaba fechado el 23 de diciembre de 1915 y firmado: «Ernest Shackleton». Worsley dejó la botella en la popa del Stancomb Wills, que dejaron en el Campamento Océano.

La nota era solo un mensaje a la posteridad en el que se explicaba a aquellos que pudieran llegar después lo que les había sucedido a Shackleton y a sus hombres en 1915. Shackleton no la había dejado hasta que el grupo abandonó el Campamento Océano por temor a que los hombres pudieran encontrarla e interpretarla como señal de que su jefe no estaba seguro de que fueran a sobrevivir.

Worsley volvió al campamento a tiempo para desayunar y reanudaron el viaje hacia las ocho de la tarde. Pero hacia las once de la noche, tras haber recorrido aproximadamente dos kilómetros y medio, se encontraron con el camino bloqueado por grandes grietas y fragmentos de hielo roto. El grupo plantó las tiendas a medianoche y los hombres entraron en ellas. Estaban mojados por culpa del agua y del sudor. No tenían otra muda para cambiarse, excepto calcetines y mitones, así que no tuvieron más remedio que meterse en los sacos de dormir con las ropas empapadas.

A la mañana siguiente, a primera hora, Shackleton salió con tres hombres, pero no pudo encontrar una ruta por la que pasar con los botes. Transcurrió un día largo y terrible, a la espera del comportamiento del hielo. Justo después de cenar observaron que este empezaba a cerrarse, pero tuvieron que esperar a las tres de la madrugada del día siguiente para proseguir el camino.

La penosa línea de marcha caminaba a través de los témpanos en pálida penumbra, con Shackleton a la cabeza buscando el camino más adecuado. Detrás iban los siete trineos arrastrados por los perros, que se mantenían a considerable distancia unos de otros para evitar peleas entre los equipos. Seguía un pequeño trineo cargado con el hornillo y los utensilios de cocina. Lo arrastraban Green y Orde-Lees con la cara negra del hollín de la grasa debido a que permanecían todos los días muy cerca de la lumbre. Cerraban la columna los diecisiete hombres que arrastraban los botes, bajo el mando de Worsley.

Incluso a las tres de la madrugada, el momento más frío del día, la superficie del hielo era peligrosa. Sobre los témpanos saturados y quebradizos se extendía una costra helada, y encima de ella había una capa de nieve. La superficie tenía una apariencia engañosa de solidez: parecía capaz de soportar el peso de un hombre. Pero justo cuando este dejaba caer todo su peso en el paso, la costra se rompía con un ruido desagradable y el hombre se hundía en el agua que había debajo y que normalmente le llegaba hasta la rodilla y a veces más arriba.

La mayoría calzaba botas Burberry-Durox —unas botas de cuero altas, con polainas de gabardina hasta la rodilla— diseñadas para caminar sobre hielo duro. Sin embargo, al avanzar sobre los témpanos fangosos, las botas se llenaban de agua. Cuando estaban húmedas, cada una pesaba más de tres kilos, por lo que era un ejercicio agotador levantar un pie y sacar el otro de un agujero de medio metro lleno de nieve enfangada.

Los que peor lo pasaban eran los que empujaban los botes. Las sacudidas que sufrían cuando daban un paso se veían incrementadas por la carga que arrastraban. Solo podían hacer un recorrido de 180 a 270 metros de una tirada, porque tenían que dejar el bote y volver atrás lentamente a buscar el segundo, procurando recuperar el aliento en el camino. Con frecuencia, los patines del trineo del segundo bote se habían congelado y entonces no tenían más remedio que ponerse los arneses mientras Worsley gritaba: «¡Uno, dos, tres... vamos!», y ellos tiraban tres o cuatro veces hasta que liberaban los patines.

A las ocho en punto, tras cinco horas de camino, Shackleton dio el alto. Habían cubierto unos ridículos 800 metros. Tras descansar una hora, volvieron a avanzar hasta mediodía. Plantaron las tiendas y prepararon la cena, consistente en bistec frío de foca y té: nada más.

Aquella misma noche, hacía exactamente un año, después de una alegre cena a bordo del Endurance, Greenstreet había escrito en su diario: «Se acaba otra Navidad. Me pregunto cómo y bajo qué circunstancias celebraremos la próxima». Esa noche se olvidó de mencionar el día que era. Y Shackleton anotó brevemente: «Curiosa Navidad. Me acuerdo de casa».

Se levantaron a medianoche y reanudaron la marcha a la una de la madrugada. A las cinco, tras cuatro horas de esfuerzos, la columna se detuvo ante una hilera de altas crestas de presión y amplios pasos de agua. Shackleton, mientras los demás esperaban, se adelantó con Wild a inspeccionar una ruta por la que pudieran pasar. Volvieron a las ocho y media con la noticia de que a medio kilómetro más allá de la zona de las crestas había un témpano de cuatro kilómetros de diámetro, desde el que habían visto más témpanos bien nivelados hacia el norte-noroeste. Sin embargo, decidieron esperar hasta la noche antes de avanzar.

Casi todos se fueron a dormir en medio de toda aquella humedad hasta que los despertaron a las ocho de la tarde. Después del desayuno, se pusieron en marcha por el camino que Shackleton y Wild habían descubierto. Abrieron un paso a través de las crestas de presión, una especie de calzada elevada de unos dos a dos metros y medio de ancho, para que los botes pudieran pasar.

Cuando estuvo abierta, los conductores de los perros les pusieron los arneses a sus respectivos equipos, mientras los diecisiete hombres de Worsley se deslizaban tras los trineos y seguían a Shackleton. A la una y media alcanzaron el borde del gran témpano que habían descubierto el día anterior. Acamparon allí el tiempo suficiente para tomar un poco de té y un poco de torta de trigo y hacia las dos reemprendieron el camino.

Al cabo de una hora alcanzaron el lado opuesto del témpano, donde encontraron otra zona con altas crestas de presión. No hubiera podido ser peor, sobre todo para los hombres que empujaban los botes. Después de dos horas de esfuerzos, habían cubierto menos de mil metros.

De repente, McNeish le dijo a Worsley que se negaba a seguir. Worsley le ordenó que volviera a su posición en la parte de atrás del trineo, pero McNeish se negó a obedecer.

Arguyó que, desde que el barco se había hundido, no estaba obligado legalmente a obedecer las órdenes, porque el contrato que había firmado para servir a bordo del navío había terminado y era libre de obedecer o no. Aparecía así en él el «abogado del mar».

Casi desde el principio del viaje, el viejo carpintero se había sentido cada vez más irritado. Y, con el paso de los días, los intensos esfuerzos del trabajo junto con su inconformismo hicieron desaparecer lo que nunca había sido un punto de vista optimista. Los últimos dos días se había quejado abiertamente y ahora, simplemente, se negaba a seguir.

La situación iba más allá de la limitada capacidad de liderazgo de Worsley. Si hubiera sido un hombre menos excitable, habría sido capaz de manejar a McNeish. Pero Worsley estaba, asimismo, al borde del quebrantamiento. Estaba agotado hasta la médula y también estaba descontento. Cada día de marcha aumentaba su sensación de que el viaje era inútil.

Así que, en lugar de reaccionar con decisión y dar la cara, Worsley, en un impulso, acudió a comunicárselo a Shackleton, aunque con ello solo sirvió para agravar el resentimiento de McNeish.

Shackleton llegó a toda prisa desde la cabeza de la columna, se llevó a un lado a McNeish y le dijo con «palabras muy fuertes» cuál era su obligación. El argumento de

McNeish de que la pérdida del Endurance le absolvía de toda obligación de obedecer órdenes habría sido cierto en circunstancias normales. Los contratos que firmaba la tripulación terminaban automáticamente si el barco se hundía: la paga también. Sin embargo, aquellos que se embarcaron en el Endurance tuvieron que firmar una cláusula especial que se había introducido en el contrato «para realizar cualquier actividad a bordo, en los botes o en la costa cuando lo ordenen el patrón y el propietario»: es decir, Shackleton. Y ahora, según la definición de Shackleton, estaban «en la costa».

Dejando a un lado la legalidad de esta cláusula, la postura de McNeish era absurda. No podía continuar como miembro del grupo sin realizar su parte del trabajo. Y si quería seguir solo —suponiendo que Shackleton se lo hubiera permitido— habría muerto en una semana. El motín de McNeish era simplemente una protesta irrazonable y exhausta, un grito aislado pidiendo descanso de un cuerpo dolorido y añoso. Después de hablar con Shackleton, siguió obstinado con su idea y el jefe de la expedición volvió a su posición dejando que el carpintero recuperara el buen juicio por sus propios medios.

A las seis de la mañana, cuando se pusieron de nuevo en marcha para encontrar un buen lugar donde acampar, McNeish se encontraba en su puesto, en la popa del trineo del bote. Pero el incidente había preocupado a Shackleton. Por si otros sentían lo mismo, Shackleton reunió a todos los hombres antes de que se retiraran y les leyó en voz alta las cláusulas que habían firmado.

Aquella noche los hombres durmieron hasta las ocho, y una hora más tarde se pusieron en camino. Aunque las condiciones del hielo parecían empeorar progresivamente, a las cinco y veinte de la mañana siguiente, tras detenerse una hora para comer a la una del mediodía, habían cubierto unos gratificantes cuatro kilómetros. Shackleton, sin embargo, no estaba tranquilo con las condiciones del hielo y, una vez se plantó el campamento, se fue con el equipo de Hurley a inspeccionar lo que les esperaba más adelante. Los dos hombres llegaron hasta el fragmento de un iceberg y se encaramaron por él. El panorama que observaron desde arriba justificaba los temores de Shackleton. En tres kilómetros a la redonda, que era lo que alcanzaba su visión, el hielo estaba impracticable, cruzado por pasos de agua y por los restos desordenados de crestas de presión rotas. Además, era peligrosamente delgado. Volvieron al campamento a eso de las siete y Shackleton anunció a regañadientes que no podían avanzar. Casi todos recibieron la noticia con desaliento. No es que no lo esperaran, pero oír a Shackleton decir lo que ellos habían estado intuyendo sonaba casi sobrenatural y un poco aterrador.

Sin embargo, ninguno debió de sentirse tan decepcionado como Shackleton, a quien solo el pensamiento de abandonar le resultaba aborrecible. Aquella noche escribió en su diario, con su puntuación característica:

> No he podido dormir. Estuve meditando y decidí la retirada a un hielo más seguro: es lo único que se puede hacer [...]. Estoy nervioso: con un grupo tan grande y dos botes en malas condiciones no podíamos hacer nada; todo el mundo ha trabajado bien excepto el carpintero: nunca lo olvidaré, en estos momentos de tensión y de agotamiento.

La retirada comenzó a las siete de la tarde. Hicieron el camino de vuelta hasta un témpano bastante sólido y plantaron las tiendas. A la mañana siguiente se despertó a todo el mundo a primera hora y la mayoría salió a cazar focas mientras Shackleton y Hurley iban en busca de una ruta hacia el noreste y Worsley, con el equipo de McIlroy, salía en busca de otra hacia el sur. No encontraron ningún rumbo seguro.

Shackleton había observado que a su alrededor empezaba a romperse el hielo. En cuanto volvieron al campamento, ordenó que arriaran la bandera enarbolada para que se reunieran las partidas de caza de focas. Luego el grupo se retiró de nuevo, esta vez a un kilómetro de distancia, hasta un témpano plano y fuerte. Ni siquiera allí estaban a salvo. A la mañana siguiente descubrieron en el hielo una grieta llena de nieve y trasladaron el campamento unos 140 metros, hacia el centro del témpano, buscando una zona de hielo más estable. Pero no la encontraron.

Worsley describió la situación con estas palabras:

> Todos los témpanos de los alrededores aparecían saturados por el mar hasta la superficie, de tal manera que, si se cortaba la superficie del hielo tan solo unos centímetros, el agua rellenaba el agujero casi inmediatamente.

Lo que más les molestaba era permanecer atrapados. Greenstreet explicó:

> Es como si no pudiéramos seguir adelante ni volver al Campamento Océano porque los témpanos se han desintegrado considerablemente desde que pasamos por ellos.

El día siguiente era 31 de diciembre. McNeish escribió:

> Fiesta de Hogmanay [la fiesta escocesa de Año Nuevo]; es muy desagradable estar en el hielo, en lugar de disfrutar de los placeres de la vida como la mayoría de la gente. Pero

como bien dicen: en este mundo siempre tiene que haber algunos locos.

James anotó:

Víspera de Año Nuevo, el segundo en la banquisa y en la misma latitud. Pocas personas han celebrado una fiesta más extraña...

Y Macklin comentaba:

El último día de 1915 [...]. Mañana empieza 1916: me pregunto qué nos traerá. El año pasado auguramos que ahora ya habríamos cruzado el continente.

Shackleton, finalmente, escribió:

El último día del año viejo: puede que el nuevo nos traiga buena suerte, la liberación de este periodo de ansiedad y todo lo bueno para los seres queridos que están tan lejos.

# TERCERA PARTE

# 15

Worsley bautizó aquel lugar «Campamento de marcar el paso», pero no parecía un nombre muy apropiado; significaba que solo se habían detenido allí temporalmente y que pronto volverían a ponerse en marcha. Aunque nadie se lo terminaba de creer.

Tras cinco días de esfuerzos agotadores, ya no tenían nada que hacer, excepto pensar. Y había demasiado tiempo para hacerlo.

Muchos se dieron cuenta, al fin, de lo desesperada que era la situación. Es decir, comenzaron a tomar conciencia de su propia incapacidad, de lo impotentes que eran. Hasta que abandonaron el Campamento Océano habían mantenido la actitud que Shackleton se esforzaba incesantemente en inculcarles: una fe absoluta en sí mismos. Es decir, que podían, si era necesario, sacar fuerzas y determinación frente a cualquier obstáculo, y vencerlo.

Pero luego tuvieron que ponerse en marcha y hacer un viaje que iba a desplazarlos más de 300 kilómetros. En cinco días solo recorrieron catorce en línea recta hacia el noroeste, tuvieron que detenerse y hasta retroceder. Un temporal los habría llevado más lejos en veinticuatro horas. Y ahora se encontraban en el Campamento de marcar el paso, desilusionados y conscientes de lo pequeños que eran para superar el poder al que se enfrentaban, a pesar de toda la fuerza y la determinación que pudieran reunir. Comprender todo aquello provocaba menos humillación que terror.

El objetivo principal seguía siendo salir de allí, aunque ahora se tratara de una frase vacía. No iban a salir de allí. Únicamente si la banquisa lo quería, podrían permitirse escapar. Se sentían impotentes; no tenían una meta, ni siquiera un objetivo mínimo hacia el que dirigirse. Se enfrentaban a una incertidumbre absoluta. Su situación había empeorado aún más si cabe.

Habían abandonado una cantidad considerable de provisiones y uno de los botes. Y aunque el témpano en el que se encontraban acampados era sólido, no podía compararse con el del Campamento Océano.

El día de Año Nuevo, Macklin escribió:

> Empezamos a ponernos nerviosos porque no se ve a lo lejos señal alguna de aberturas en el témpano, y las partes blandas abiertas no son navegables con los botes. Si no podemos salir pronto de aquí, nuestra situación será muy grave, ya que, si hay que viajar hasta Paulet en trineo en otoño, ¿dónde encontraremos alimento para los perros y para nosotros, suponiendo que el depósito de Paulet falle? Las focas habrán desaparecido cuando llegue el invierno y puede que tengamos que soportar algunas de las tribulaciones de Greely.[1]

Hubo muchos que se esforzaron por aparentar estar alegres, pero sin demasiado éxito. Había pocos motivos para ello. La temperatura seguía justo en el punto de con-

1. El explorador americano Adolphus Greely pasó los años 1881-1884 en el Ártico. Diecinueve de sus veinticinco hombres murieron de hambre cuando el barco de socorro no consiguió llegar hasta ellos.

gelación, y durante el día la superficie de los témpanos se convertía en una ciénaga. Tenían que caminar con esfuerzo a través de la aguanieve, que llegaba hasta la altura de las rodillas, y uno de los hombres se metió hasta la cintura en un agujero que no había visto. Con una ropa siempre mojada, el único alivio consistía en introducirse cada noche en los sacos de dormir, cuya humedad, en comparación, les resultaba soportable.

En cuestión de alimentos, la situación tampoco era tranquilizadora. Quedaban solo cincuenta días de provisiones a novecientos gramos por hombre, y ya había pasado el tiempo en el que seguían considerando que esa ración sería suficiente para permitirles salir de la banquisa. Podían cazar focas y pájaros bobos, aunque poco podían hacer realmente, ya que habían avanzado mucho menos de lo que esperaban para la época del año en la que se encontraban. Sin embargo, el día de Año Nuevo pareció traerles suerte. Mataron cinco focas cangrejeras y un pingüino emperador y los llevaron al campamento.

Orde-Lees, cuando volvía de cazar, desplazándose con los esquís por la superficie quebradiza del hielo y ya próximo al campamento, se encontró frente a una terrible cabeza protuberante que de pronto emergió del agua. Se volvió y escapó apresuradamente, impulsándose con los palos de los esquís, gritando a Wild que le llevara el rifle.

El animal, una foca leopardo, salió del agua y se acercó a él con ese movimiento peculiar de caballito mecedor que tienen estos animales cuando se desplazan por tierra. Parecía un pequeño dinosaurio con un cuello largo y serpentino.

Tras media docena de brincos, la foca leopardo estaba a punto de capturar a Orde-Lees cuando inesperadamente se giró y se lanzó al agua. Orde-Lees se encontraba en el extremo opuesto del témpano y casi a salvo, pero de pronto el animal volvió a emerger del mar justo delante de él. La foca leopardo había seguido su sombra a través del hielo y arremetió salvajemente contra Orde-Lees con la boca abierta, exhibiendo una hilera de enormes dientes como sierras. Los gritos de ayuda del hombre se transformaron en chillidos mientras se volvía y se alejaba a toda prisa de su atacante.

El animal volvió a salir del agua para perseguirlo justo cuando llegó Wild con el rifle. La foca leopardo descubrió a Wild y se volvió para atacarlo. Este apoyó una rodilla en el suelo y disparó una y otra vez contra el animal. Estaba a menos de nueve metros cuando, finalmente, cayó.

Necesitaron dos equipos de perros para llevar al animal muerto hasta el campamento. Medía tres metros y medio de largo y estimaron que su peso rondaría la media tonelada. Pertenecía a una especie de foca depredadora y parecía un leopardo, por las manchas de la piel y el carácter agresivo. Cuando la descuartizaron, encontraron en el estómago unas bolas de pelo de entre cinco y ocho centímetros de diámetro: los restos de las focas que había ingerido. El maxilar inferior, de unos 24 centímetros de ancho, se lo regalaron a Orde-Lees como recuerdo de su encuentro.

Aquella noche, Worsley escribió en su diario:

> Un hombre, a pie en la nieve blanda y desarmado, no hubiera tenido ninguna oportunidad contra un animal de esta clase porque avanza a casi ocho kilómetros por hora con ese movimiento encabritado y ondulado de las nalgas. Atacan sin provocación y consideran al hombre un pájaro bobo o una foca.

Al día siguiente volvieron a salir de caza, aunque el calor y la humedad convertían la superficie del hielo en una masa pastosa. Cazaron cuatro focas y las llevaron al campamento. Mientras las descuartizaban, Orde-Lees volvió de dar una vuelta con los esquís y anunció que había encontrado y matado a tres más. Shackleton, sin embargo, arguyó que ya tenían provisiones para casi un mes y ordenó que dejaran a las focas donde estaban.

Algunos calificaron la actitud de Shackleton difícil de entender. Greenstreet escribió que la consideraba «una locura [...] porque como las cosas no han ido en absoluto tal y como él esperaba, es mejor estar preparados para la posibilidad de tener que pasar el invierno aquí».

Greenstreet tenía razón. Al igual que la mayoría, opinaba que sería prudente almacenar comida, tanta como pudieran. Pero Shackleton no era un hombre corriente. Era un hombre convencido de ser absolutamente invencible, para el que la derrota era el reflejo de una insuficiencia de carácter del individuo. Lo que para cualquier otro habría sido una precaución razonable, para Shackleton suponía admitir la posibilidad del fracaso.

La indomable confianza en sí mismo del jefe de la expedición daba como resultado un optimismo que actuaba de dos maneras: en primer lugar, encendía el espíritu de los hombres. Como muy bien dijo Macklin, solo estar ante él ya era una experiencia. Y eso era lo que hacía de Shackleton un gran líder.

Pero, al mismo tiempo, esa misma autosuficiencia le cegaba a veces ante la realidad. Esperaba que todos los que le rodeaban reflejaran también su optimismo y se mostraba casi petulante cuando no lo hacían. Según él, tal actitud se debía a que dudaban de él y de su capacidad de llevar la expedición a buen término.

Así, la simple sugerencia de llevar al campamento las tres focas era para Shackleton un acto de deslealtad. En otro momento habría podido pasar por alto el incidente, pero ahora estaba extremadamente sensible. Casi todo lo que había emprendido —la expedición, el salvamento del Endurance, los dos intentos de salir de allí— había fracasado miserablemente. Además, tenía en sus manos la vida de veintisiete hombres. «Estoy más que cansado —escribió un día—. Supongo que es el agotamiento.» Y más tarde: «Echo de menos un descanso, no tener que pensar».

Durante los días siguientes, todo continuó igual. El clima siguió empeorando, lo cual parecía imposible. Durante el día, la temperatura subía hasta los 3 °C y caía aguanieve, que Worsley llamaba «llovizna escocesa». No tenían otra cosa que hacer que meterse en las tiendas, intentar dormir, jugar a las cartas... o simplemente pensar en lo hambrientos que estaban.

«Apareció un págalo —escribió Macklin—. Se instaló en el hoyo de los desperdicios (vísceras de foca, etcétera) y se hartó hasta quedar satisfecho; feliz págalo.»

James, en la tienda de Shackleton, practicó «algo de física, procurando recordar algún trabajo teórico mío», pero pronto se cansó. Los ocupantes de la tienda de Wild trasladaron sus sacos de dormir porque el calor de sus cuerpos derretía la nieve y les dejaba sin la última pequeña comodidad que ofrecía un lugar seco. Hasta el banjo de Hussey había perdido su atractivo para algunos. McNeish se quejaba: «Hussey nos está atormentando con las seis consabidas tonadas que toca con su banjo».

El 9 de enero, Shackleton anotó: «Cada vez estoy más nervioso por la expedición». Y ya podía estarlo. Durante casi un mes, el viento no había sido más que una brisa, y casi siempre del norte. La semana anterior solo habían matado dos focas. Seguían casi sin moverse, mientras que las provisiones de carne descendían de forma alarmante. El argumento de Shackleton de que la situación solo se iba a alargar un mes resultaba exagerado. Después de diez días en el Campamento de marcar el paso, el cansancio era evidente.

Greenstreet escribió: «La monotonía de la vida aquí nos está alterando los nervios. No hay nada que hacer, nada de qué hablar, a nuestro alrededor no se produce ningún cambio, ni en cuestión de alimentos ni en nada. Dios, envíanos pronto el agua abierta o enloqueceremos».

El 13 de enero se extendió el rumor de que Shackleton estaba considerando seriamente matar a los perros para ahorrar provisiones, y la reacción que la noticia provocó entre los hombres fue desde la simple resignación hasta una indignada sorpresa. Aquella noche, en todas las tiendas se debatió el valor de los perros y el alimento que consumían. Sin embargo, el factor fundamental que subyacía en aquellas discusiones era que, para muchos hombres, los perros eran algo más que unos cuantos kilos de fuerza de arrastre, puesto que estaban muy apegados a aquellos animales. Se trataba de una necesidad humana básica de afecto, del deseo de exteriorizar un sentimiento de ternura en aquellos yermos parajes. Aunque los perros se mostraban agresivos entre ellos, su devoción y lealtad hacia los hombres era incuestionable. Y los hombres respondían con un afecto muy superior al que habrían sentido si las circunstancias hubieran sido normales.

Macklin, ante la idea de perder a Grus, un cachorro que había nacido el año anterior en el Endurance, escribió:

> Es un perrillo estupendo, muy buen trabajador y con buena disposición. Además, lo he tenido conmigo, lo he alimentado y lo he adiestrado desde que nació. Recuerdo que lo llevaba en el bolsillo cuando era cachorro y solo sacaba el hociquillo cubierto de hielo. Me lo llevaba en el trineo cuan-

do yo lo conducía y mostraba mucho interés por lo que hacían los otros perros.

Aun en circunstancias mejores, la noticia habría sido preocupante. Pero en las presentes se agrandó en la mente de algunos hasta adquirir proporciones catastróficas. Algunos, como Greenstreet, culparon a Shackleton, con cierta razón:

> La mengua en las provisiones de alimento se debe solo y simplemente a que el jefe se negó a permitir que Orde-Lees saliera a buscarlo... Durante todo el camino he pensado que su sublime optimismo no era más que una locura. Se comportaba como si todo fuera a salir bien sin pensar que las cosas podían torcerse y conducirnos a esta situación.

Shackleton no mencionó que fueran a matar a los perros a la mañana siguiente. Ordenó a los hombres que trasladaran el campamento porque el témpano se estaba derritiendo y podía resultar peligroso. El hollín de la cocina de grasa había dejado huellas por toda la superficie del hielo y retenía el calor del sol. Al mediodía empezaron a construir una calzada con bloques de hielo y nieve para llenar un vacío hasta un témpano que se encontraba a unos 140 metros hacia el sureste. Acabaron el trabajo a primeras horas de la tarde y bautizaron el nuevo emplazamiento con el nombre de «Campamento Paciencia».

Entonces, Shackleton, con voz sosegada, ordenó a Wild que sacrificara a sus perros, así como a los de McIlroy, Marston y Crean.

Nadie protestó ni discutió la orden. Los cuatro conductores les pusieron los arneses a los perros y se los llevaron a varios metros del campamento. Volvieron solos, excepto McIlroy, que se quedó con Macklin para ayudar a Wild.

Fueron llevando a los perros de uno en uno hasta una hilera de grandes montículos de hielo. Allí Wild hacía sentar al animal en la nieve, cogía el hocico con la mano izquierda y le acercaba el revólver a la cabeza. La muerte era instantánea.

Después, Macklin y McIlroy se llevaban el cuerpo del perro a cierta distancia; luego volvían y esperaban al siguiente. Ninguno de los perros parecía presentir lo que estaba ocurriendo y se dirigían moviendo el rabo sin ninguna sospecha hasta el montículo de hielo donde los esperaba la muerte. Cuando el trabajo hubo finalizado, los tres hombres apilaron nieve encima de los cuerpos amontonados y se dirigieron lentamente hacia el campamento.

Shackleton decidió, «por el momento», no sacrificar a los cachorros de un año del equipo de Greenstreet y concedió, además, un día de plazo a los equipos de Hurley y de Macklin para que los pudieran utilizar en un viaje de vuelta al Campamento Océano a recoger algunas provisiones que habían dejado allí.

Los dos trineos estaban preparados y Hurley y Macklin salieron aquella tarde a las seis y media. Fue un viaje agotador: tardaron aproximadamente diez horas porque tuvieron que avanzar casi siempre sobre nieve blanda y hielo quebradizo y los perros se hundían hasta el vientre.

Como Macklin escribió más tarde:

> El camino era tan malo que no podían arrastrar mi peso y tuve que bajar y caminar al lado del trineo. Los perros se caían y en cuanto uno de ellos se paraba o se hundía nos deteníamos. En esas ocasiones, solo la violencia conseguía hacerlos levantar. Tuvimos que romper varias aristas de presión con los picos y las palas. Finalmente, conseguimos llegar

al Campamento Océano a las cuatro de la madrugada, con todos los perros absolutamente agotados.

Encontraron el lugar casi bajo el agua. Para entrar en la cocina donde estaban las provisiones tuvieron que poner un puente de tablones. Sin embargo, consiguieron recuperar dos cargamentos de doscientos treinta kilogramos cada uno de verduras enlatadas, tapioca, carne seca para los perros y mermelada. Se prepararon una buena comida de estofado en lata, dieron de comer a los perros e iniciaron el camino de vuelta a las seis y media de la mañana.

En comparación, el viaje de vuelta fue relativamente fácil porque fueron siguiendo las huellas del camino de ida. Los perros se comportaron magníficamente, aunque el viejo Bos'n, el líder de Macklin, estaba tan agotado que vomitó varias veces y avanzaba tambaleándose. Los dos trineos llegaron al Campamento Paciencia por la tarde y los perros «se dejaron caer en la nieve —escribió Macklin—, y algunos ni siquiera pudieron levantarse para comer».

Macklin, echado en su saco de dormir, anotó aquella noche los acontecimientos de la jornada en su diario. Con mano cansada acabó la entrada: «Mañana sacrificarán a mis perros».

## 16

Dos tiendas más allá, el viejo *Chippy* McNeish también estaba escribiendo su diario. Había sido un día desalentador de humedad bochornosa, un tiempo de calma chicha, y el carpintero estaba cansado. Desde primeras horas de la mañana había estado ocupado cubriendo las grietas de los botes con sangre de foca para mantener el calafateado cuando estuvieran en el agua. «No ha soplado ningún tipo de viento —escribió—. Seguimos esperando que sople una brisa del SO que nos alivie antes de que empiece el invierno.»

A la mañana siguiente, fueron avistadas tres focas y Macklin salió a cazarlas con Tom Crean. Cuando volvieron, Shackleton le dijo a Macklin que, como ahora tenían bastantes provisiones de carne, no sacrificarían a sus perros todavía, pero fue sacrificado el equipo de Hurley, incluido Shakespeare, el líder y el mejor de todos los perros. Como era habitual, del trabajo se ocupó Wild, que se llevó a los canes a un témpano más alejado para sacrificarlos. Luego Macklin encontró todavía vivo a uno de los animales e inmediatamente lo mató con su cuchillo.

Hacia las tres de la tarde, se levantó un viento suave del suroeste que enfrió el aire. La temperatura bajó bastante durante la noche y al día siguiente no dejó de soplar la misma brisa. Aquella noche, Shackleton escribió, casi con temor: «Puede que vuelva la buena suerte». Porque la dirección del viento no se tomaba a la ligera. «Se habla de él con reverencia —observó Hurley—; debemos tocar madera cuando hablamos de él.»

Al parecer, alguien tocó la pieza de madera adecuada. El viento siguió soplando al día siguiente, una verdadera tempestad del suroeste, mientras azotaba el aire una tormenta de nieve y las tiendas se estremecían con su violencia. Se metieron en los sacos de dormir, incómodos, aunque radiantes de felicidad. «Ochenta kilómetros por hora —anotó McNeish lleno de dicha—, pero bienvenido sea, y más veloz todavía mientras las tiendas se mantengan en pie.» Los aullidos del viento continuaron el 19 de enero y Shackleton, el hombre del optimismo desmedido, se contuvo por miedo a echar algún tipo de maleficio a aquel viento glorioso. «Debemos de estar dirigiéndonos un poco hacia el norte», dijo con suma contención.

El día 20 seguía la tempestad y empezaron a cansarse de la humedad que el viento filtraba en las tiendas. «Nunca estamos satisfechos —escribió Hurley—, porque ahora queremos que haga un día espléndido. Los equipos están húmedos en el interior de las tiendas y la posibilidad de secarlos es nula.» Sin embargo, casi todos soportaron de buena gana aquellas terribles condiciones por la satisfacción que les producía saber que iban avanzando hacia el norte.

Shackleton escribió:

> Es difícil suponer cuál será la distancia, pero es la cuarta noche que sopla viento y no hay signo alguno de que se detenga, por lo que debemos de haber recorrido un buen trecho hacia el norte. Lees y Worsley son los únicos pesimistas en el campamento, aunque el fuerte viento hace que Lees

sugiera que se sirvan bistecs más grandes según la distancia que recorremos.

Al día siguiente, la tempestad continuó con algunas rachas de unos 110 km/h. Pero, durante la mañana, el sol se abrió paso a través de las nubes en dos ocasiones. Worsley cogió el sextante y James salió con el teodolito para calcular el ángulo del sol. Contuvieron la respiración, hicieron los cálculos y anunciaron el resultado.

> Magnífico, espléndido —escribió Shackleton—. Latitud 65° 43’ sur, 73 millas de deriva hacia el norte. La mejor oportunidad que hemos tenido durante el año: no podemos estar a mucho más de 170 millas de distancia de Paulet. Todos han acogido la noticia con aplausos. El viento continúa. Todavía podremos recorrer diez millas más. Gracias a Dios. Sigue la humedad en el interior de las tiendas, pero no importa. Hemos comido tortas de trigo para celebrar el norte del círculo.

El círculo polar antártico se encontraba aproximadamente a un grado de latitud detrás de ellos.

La tempestad amainó al día siguiente y brilló el sol. Los expedicionarios salieron de las tiendas, satisfechos de seguir vivos. Sacaron los remos de los botes, los clavaron en el hielo, sujetaron cordeles entre ellos y colgaron los sacos de dormir, las mantas, las botas y la ropa con la que cubrían el suelo. «Se diría que es el día de colada», escribió McNeish alegremente.

A última hora del día, Worsley observó la posición: 65° 32” sur, 52° 4’ oeste, 11 millas hacia el norte en veinticuatro horas. Eso hacía que hubieran recorrido 84 millas en seis días, desde el inicio de la tempestad. Además, la deriva hacia el este, lejos de tierra, había sido mínima: tan solo de 15 millas.

Por la noche la tempestad volvió a arreciar y el viento cambió hacia el norte. A nadie le importó. Un viento del norte era justo lo que necesitaban para que se abriera la banquisa y pudieran utilizar los botes. El viento continuó al día siguiente sin que el hielo se abriera de forma perceptible. Esperaron.

Al día siguiente, Worsley trepó a la cima de un iceberg de 18 metros que se encontraba a poca distancia, hacia el sureste. Volvió con la noticia de que, al parecer, el témpano en el que había estado el Campamento Océano había sido arrastrado hacia ellos durante la tempestad y ahora solo se encontraba a cinco millas. Con los prismáticos había visto la vieja timonera y el tercer bote, el Stancomb Wills. ¿Es que había agua abierta? Worsley sacudió la cabeza. Dijo que no, exceptuando una pequeña mancha más hacia el sur.

Todavía podía abrirse; tenía que abrirse. El 25 de enero los rodeaba la bruma; según McNeish era «la niebla propia del mar», que indicaba la presencia de hielo desprendido en el cercano océano. Shackleton también pensaba que podía ser niebla de mar. Pero la banquisa seguía sin abrirse y el jefe sintió que su paciencia se debilitaba. El 26, después de un día de sosegada monotonía, cogió su diario y escribió en el espacio reservado a ese día:

Esperando.
Esperando.
Esperando.

Pero cuando hubo pasado una semana, la mayor parte había perdido la esperanza. En la banquisa casi no se observaba ningún cambio. Si acaso, estaba más apretada que antes, una masa compacta por la fuerza del viento, quizá empujada hacia una tierra desconocida, hacia el norte o el noroeste. La sensación de inmediatez fue disminuyendo gradualmente y, en el campamento, la atmósfera se transformó una vez más en renuente resignación.

Por fortuna, los hombres se mantenían ocupados. En el nuevo asentamiento, la caza era abundante y todos estaban atareados en ir a por focas y en trasladarlas luego al campamento. El 30 de enero, ocho días después de que la tempestad remitiera, habían almacenado once focas. Shackleton decidió enviar a los equipos de Macklin y Greenstreet al Campamento Océano. Como Greenstreet, que sufría un ataque de reumatismo desde hacía dos semanas, no pudo hacer el viaje, de su equipo se encargó Crean. A los dos hombres se les dijo que regresaran con todo lo que pudieran encontrar de valor.

En esta ocasión, las condiciones para los trineos fueron mucho mejores y el viaje les llevó menos de diez horas. Volvieron con diversas provisiones, entre ellas arenque en lata, veintisiete kilogramos de cubitos de caldo y grandes cantidades de tabaco, Además, recuperaron un buen número de libros, entre ellos varios volúmenes de la *Encyclopaedia Britannica*, que fueron muy bien recibidos. Hasta McNeish, devoto presbiteriano, reconoció que disfrutaría con el cambio, puesto que ya había leído su biblia de cabo a rabo varias veces.

Durante los dos días siguientes, Shackleton observó minuciosamente el movimiento de la banquisa y luego decidió que un grupo de dieciocho hombres, bajo la dirección de Wild, partiera a primera hora de la mañana siguiente a recuperar el Stancomb Wills. La noticia fue recibida con gran alivio. Muchos hombres, sobre todo los marineros, dudaban de que toda la expedición pudiera caber solo en los dos botes.

Worsley escribió:

> Estoy muy satisfecho. Con los tres botes estaremos más seguros; con solo dos habría sido prácticamente imposible realizar con veintiocho hombres un viaje de cierta duración.

El grupo de los trineos se despertó a la una de la madrugada siguiente y, tras tomar un desayuno abundante, se puso en marcha llevando consigo un trineo vacío para el bote. El itinerario fue fácil y, con tantos hombres, llegaron dos horas y diez minutos después. Wild nombró cocinero a Hurley y a James su «ayudante y preparador general de la pitanza». Prepararon la comida con todo lo que pudieron encontrar, que acabó siendo una mezcla de carne, alubias, coliflor y remolacha —todo en conserva— cocinada en una lata de gasolina vacía. Macklin dio el «visto bueno» y James señaló con satisfacción que era un «gran éxito».

El grupo inició el camino de vuelta al Campamento Paciencia a las seis y media de la mañana y, aunque llevaban mucho más peso, avanzaron a buen ritmo. Al mediodía se encontraban ya a un kilómetro y medio del asentamiento. Shackleton y Hussey salieron a recibirlos con una marmita de té caliente —«el mejor recibimiento con té que he tenido nunca», escribió James—. A la una en punto, el Stancomb Wills estaba a salvo en el campamento.

Shackleton le preguntó a Macklin si se encontraba demasiado cansado para volver al Campamento Océano, esta vez con su equipo, a recoger más provisiones. Macklin accedió y se puso en marcha a las tres de la tarde, con Worsley y Crean, que asumió la dirección del equipo de cachorros. A menos de tres kilómetros del Campamento Océano tuvieron que detenerse porque encontraron grandes pasos de agua abierta. Worsley intentó desesperadamente convencer a los hombres del trineo de que se dieran prisa. Corrió de un lado a otro por los bordes de los témpanos, señalando los puntos más factibles para atravesarlos, pero era «prácticamente imposible», dijo Macklin. «Me dio lástima, pero hubiera sido una locura continuar en aquellas circunstancias.»

Worsley escribió aquella noche en su diario lo decepcionado que estaba por haberse visto obligado a volver, pero añadió: «Ya fue bastante que la banquisa estuviera lo suficientemente sólida para que pudiéramos traer el tercer bote».

Y siguió escribiendo:

> Nuestros estómagos se están rebelando contra la dieta excesiva de carne. Creo que pronto nos acostumbraremos, aunque sería mejor que la cocináramos con un poco de grasa. Muchos de nosotros sufrimos, por decirlo suavemente, de unas flatulencias que casi podrían llamarse tripas chirriantes.

Pero no era una broma. Como resultado de las frugales raciones, casi todos sufrían de estreñimiento, lo que complicaba aún más lo que ya era una tarea desagradable. Cuando un hombre sentía necesidad de evacuar, el procedimiento habitual era salir y dirigirse a la parte trasera de alguna cresta de presión —más como protección contra el clima que por pudor— y hacer el trabajo lo más rápidamente posible. Desde que abandonaron el Endurance, tuvieron que acostumbrarse a prescindir del papel higiénico, que sustituían por el único material que tenían a mano: el hielo. Por esta razón, casi todos padecían de irritaciones, cuyo tratamiento desgraciadamente era imposible porque las pomadas y casi todas las medicinas se encontraban en el fondo del mar de Weddell.

El clima frío también les creaba problemas con el lagrimeo de los ojos. Las lágrimas se deslizaban hasta la nariz y formaban un carámbano en la punta, que más pronto o más tarde tenían que romper. No importaba el cuidado con que lo hicieran, invariablemente se llevaban también un trozo de piel que dejaba una úlcera crónica en la punta de la nariz.

El viaje al Campamento Océano en busca del Stancomb Wills cambió la actitud de muchos hombres. Hasta entonces, quedaba algún resquicio de esperanza de que la banquisa se abriera. Pero, durante los 20 kilómetros que recorrieron hasta el Campamento Océano, habían observado que el hielo nunca había estado más compacto. Los días de esperanza se esfumaron; no podían hacer otra cosa que sentarse y esperar.

Un día tras otro se arrastraban en una bruma gris y monótona. La temperatura era alta y el viento suave. A muchos les habría gustado pasar la mayor parte del tiempo durmiendo, pero había un límite en las horas que un hombre podía pasar dentro del saco de dormir. Aprovechaban cualquier cosa para matar el tiempo, a veces más de lo razonable. El 6 de febrero, James escribió:

Hurley y el jefe juegan cada tarde religiosamente seis partidas de póquer solitario. Creo que lo consideran más que un deber, y lo cierto es que así matan una hora. Lo peor de todo es tener que matar el tiempo. Puede parecer un desperdicio, pero es que no hay otra cosa que hacer.

Cada día se parecía mucho al anterior y cualquier detalle, por mínimo que fuera, despertaba un enorme interés.

> Esta noche hemos añorado el hogar —escribió James el día 8—, debido al olor que desprendía una ramita quemada que encontramos [entre unas algas marinas]. Cada nuevo olor o un olor que nos traiga viejas asociaciones nos atrae

prodigiosamente. Es probable que olamos a nosotros mismos, cosa que les resultaría muy curiosa a los extraños, puesto que hace casi cuatro meses de nuestro último baño...

Ahora —seguía—, observamos los entrepaños de las tiendas con mayor interés para ver por dónde se hinchan bajo la influencia del viento... Añoro un lugar donde la dirección del viento importe un bledo.

También sufrimos de *anemonía* [literalmente, «locura del viento»]. Esta enfermedad puede manifestarse de dos maneras: o a uno le obsesiona de forma enfermiza la dirección del viento y disparata continuamente sobre el mismo tema; o bien padece una especie de estado lunático cuando escucha a otro *anemomaníaco*. El segundo tipo es el más irritante. Yo padezco ambas enfermedades.

Solo existía otro tema, además del viento, que podía desatar una discusión: la comida. A principios de febrero estuvieron casi dos semanas sin cazar una foca y, aunque la reserva de carne no era poca, la provisión de grasa para cocinar había bajado de manera alarmante: solo quedaba para unos diez días. El 9 de febrero, Shackleton escribió: «No hay focas. Debemos reducir el consumo de grasa [...]. Qué daría por tener tierra seca bajo los pies».

Al día siguiente, se envió a un grupo de hombres a cavar en el montón de los desperdicios, que estaba cubierto de nieve, para recuperar toda la grasa posible de los huesos que allí había. Cortaron las aletas de las focas; las cabezas decapitadas de estos animales fueron despellejadas y les rascaron los restos de grasa. Pero la cantidad obtenida fue insignificante, así que Shackleton redujo las raciones a un brebaje caliente al día: una porción de leche en polvo caliente en el desayuno. La última ración de queso se sirvió al día siguiente y todos los hombres recibieron un dado.

McNeish comentó: «Esta tarde he fumado hasta ponerme enfermo mientras intentaba reprimir el hambre».

Esperaban que llegara el 15 de febrero, el cumpleaños de Shackleton, porque se les había prometido que iban a comer bien. «Pero a causa de la escasez —escribió Macklin—, no pudimos hacerlo. Íbamos a tener torta de trigo y carne seca en conserva para perros, y lo estábamos esperando.»

La mañana del 17 de febrero, cuando la carencia de grasa era ya desesperante, alguien avistó un grupo de pequeños pájaros bobos de Adelia —alrededor de unos veinte— tomando el sol a corta distancia del campamento. Fueron a buscar las armas que tenían a mano —hachas, picos, trozos de remos rotos— y se aproximaron cautelosamente, casi arrastrándose. Los rodearon furtivamente y les cortaron el camino de huida hacia el agua.

Cuando todos hubieron ocupado su posición, se lanzaron hacia ellos y los aporrearon con furia. Los pingüinos graznaban e intentaban escabullirse dando saltitos. En total cazaron diecisiete. Durante la mañana descubrieron pequeñas bandadas y hacia allí se dirigieron otros hombres a cazar. Antes de que una niebla densa los rodeara a primera hora de la tarde tenían sesenta y nueve pájaros bobos. A última hora del día, cuando se sentaron en las tiendas rodeadas de niebla, oyeron graznidos de pingüinos de Adelia procedentes de todas direcciones, llamando y peleando con sus voces estridentes. «Si el tiempo se hubiera mantenido despejado —escribió Worsley—, probablemente habríamos visto cientos de ellos.»

A pesar del aumento de la despensa, aquella noche la cena fue frugal, ya que consistió, según anotó McNeish, en «estofado de corazón, hígado, ojos, lenguas, patas, y Dios sabe qué más, de pájaros bobos con un tazón de agua» para acompañar. «Creo que ninguno de nosotros tendrá pesadillas por haber comido demasiado.»

Después de cenar, se desató una ventisca del noreste, acompañada de una gran nevada que continuó al día siguiente, lo que obligó a los hombres a permanecer en el interior de las tiendas. A pesar de todo, el graznido de los pingüinos de Adelia seguía. Finalmente, el 20 de febrero, el mal tiempo amainó y, en cuanto hubo luz, todos salieron de sus tiendas: creyeron encontrarse en medio de una pingüinera de pájaros bobos de Adelia. Miles de ellos salpicaban la banquisa en todas direcciones, pavoneándose por los témpanos, retozando en el agua y armando una barahúnda espantosa. Las aves debían de estar migrando hacia el norte y, afortunadamente, el Campamento Paciencia se encontraba en la senda de su recorrido.

Todos participaron en la matanza y se llevaron cuantos pingüinos pudieron cargar. Cuando cayó la noche, habían matado, despellejado y descuartizado a trescientos. A la mañana siguiente, descubrieron que la migración había desaparecido tal como había llegado. Pero, aunque solo vieron doscientos pájaros bobos de Adelia a lo largo del día, consiguieron matar a cincuenta de ellos. Durante varias jornadas, siguieron apareciendo pequeñas bandadas de rezagados. El 24 de febrero habían conseguido cazar cerca de seiscientos. El pájaro bobo de Adelia, sin embargo, es un ave pequeña y no demasiado carnosa, por lo que la cantidad de alimento obtenido no era tan impresionante como podría suponerse. Además, tienen poca grasa.

De todas formas, la repentina aparición de estos animales postergó, por el momento, la amenaza más seria a la que se enfrentaban: la inanición. Alejado el peligro inmediato del hambre, era inevitable que sus pensamientos se centraran de nuevo en cómo escapar de allí.

Greenstreet observó:

> La comida consiste toda en carne: bistecs de foca, estofado de foca, bistecs de pingüino, estofado de pájaro bobo, hígado de pájaro bobo, este último muy bueno. Hace algún tiempo que se ha acabado el chocolate y el té está a punto de hacerlo; pronto solo beberemos leche [en polvo]. La harina también está a punto de acabarse y ahora solo se utiliza con la carne seca para perros para hacer las tortas de trigo, que son extremadamente finas. La distancia hasta la isla de Paulet es de 94 millas, lo que significa que hemos recorrido las tres cuartas partes de la distancia que teníamos que recorrer cuando llegamos al témpano. Me pregunto si llegaremos alguna vez allí.

Macklin escribió: «Hemos pasado la tercera parte del año en el témpano, moviéndonos a merced de la naturaleza. Me pregunto cuándo veremos de nuevo nuestro hogar».

Y James, siempre tan científico, escribía como si lo hiciera en el laboratorio:

> Proponemos toda clase de teorías basadas a veces en lo que comprobamos sobre nosotros mismos en estas condiciones, en el hielo, aunque muchas de ellas se basan en nada. Esto me hace pensar en la teoría de la relatividad. En cualquier caso, solo tenemos un horizonte de unas cuantas millas y el mar de Weddell tiene unas 200.000 millas cuadradas [en realidad, tiene unos 2.300.000 kilómetros cuadrados]. Un bicho en una única molécula de oxígeno en una ventisca tiene casi la misma posibilidad que nosotros de predecir dónde se encuentra y dónde es probable que acabe.

# 17

Había pasado algo más de un mes desde que acabó la ventisca del sur. Habían recorrido 68 millas, con un promedio diario de algo más de dos millas. La dirección general era hacia el noroeste, pero la del día a día consistía en un movimiento errático, sin pauta alguna, a veces hacia el noroeste, a veces hacia el este o hacia el sur o directa hacia el norte. Sin embargo, se estaban aproximando por fin a un extremo de la península Antártica.

Worsley se pasaba largas horas, todos los días, encaramado a un pequeño fragmento de iceberg, vigilando ansioso en dirección oeste, con la esperanza de avistar tierra. El 26 de febrero avistó «lo que podría ser el monte Haddington, alzado por la refracción, 20 millas más allá de sus límites normales».

Deseaban creerlo, y algunos lo hicieron, aunque no McNeish. «El patrón dice que lo ha visto —escribió—, pero sabemos que puede equivocarse.» Worsley pecó de exageración. El monte Haddington, en la isla de James Ross, se encontraba a más de 110 millas al oeste de su posición. 1916 fue año bisiesto y el 29 de febrero Shackleton, con esa débil excusa, decidió levantar la moral de los hombres. Celebraron una «fiesta de solteros» con una frugal «comilona». «Por primera vez en muchos días —dijo

Greenstreet—, me he acabado la comida sin desear empezar de nuevo.»

Y entraron en marzo. El día 5, Greenstreet escribió:

> Los días se suceden sin que nada alivie esta monotonía. Paseamos una y otra vez alrededor del témpano, pero nadie puede ir más allá porque en realidad estamos en una isla. No hay nada nuevo que leer y nada de qué hablar, todos los temas se han agotado... Ignoro el día de la semana en el que me encuentro excepto cuando es domingo, porque tenemos hígado de pájaro bobo de Adelia y beicon para comer; es la gran comida de la semana y pronto seré incapaz de reconocer el domingo porque el beicon se acabará enseguida. La banquisa que tenemos a nuestro alrededor se parece mucho a la de hace cuatro o cinco meses y, con las bajas temperaturas que estamos teniendo por la noche, por debajo de – 18 °C, las zonas abiertas de agua se cubren con hielo reciente, que ni es lo suficientemente grueso para caminar por encima de él ni permite el paso de los botes. Opino que la probabilidad de alcanzar la isla de Paulet es ahora de una entre diez...

Era cierto, las probabilidades de llegar a la isla de Paulet parecían más lejanas cada día. Se encontraba exactamente a 91 millas de distancia, hacia el oeste-noroeste, pero su deriva se había estabilizado en un curso casi directo hacia el norte. A menos que hubiera un cambio radical en el movimiento de la banquisa, iban a pasar de largo la isla de Paulet. Y no podían hacer nada para impedirlo, excepto esperar, impotentes.

Shackleton se dedicaba a buscar vías de paso con el mismo afán que los demás. James, su compañero de tienda, observó el 6 de marzo que «el jefe acaba de descubrir un nuevo uso para la grasa y limpia con ella el revés de los naipes. Las barajas están tan sucias que algunas son casi irreconocibles. La grasa las deja muy limpias. A decir verdad, la foca es un animal muy útil».

Lo peor eran los días de mal tiempo. Como no tenían ningún trabajo, se quedaban en las tiendas. Para evitar que entrara la nieve en el interior, restringían la entrada y la salida «solo a aquellos que sientan la llamada de la naturaleza». El 7 de marzo hizo mal día: soplaba una fuerte brisa del suroeste y nevaba. Macklin describía así las condiciones en la tienda número 5:

> Aquí vivimos ocho, embutidos como sardinas [...]. Clark despide un olor casi intolerable; despide ese olor durante todo el día y casi hace que uno se vuelva loco cuando tiene que quedarse dentro con él. Lees y Worsley no hacen más que discutir y charlar de trivialidades y el resto no podemos hacer nada para evadirnos. Lees por la noche ronca de manera abominable; también Clark y Blackborow, aunque no tanto... A veces, con el ronquido de Clark en la oreja, mi único alivio consiste en coger el diario y ponerme a escribir...

El 9 de marzo, al fin, sintieron el mar: la innegable, inequívoca pleamar y bajamar del océano. Esta vez no se trataba de una ilusión. Estaba allí para todos los que quisieran verlo, sentirlo y oírlo.

A primera hora de la mañana observaron un extraño y rítmico crujido en la banquisa. Todos los hombres salieron de las tiendas a ver qué pasaba, y lo vieron. Vieron cómo los fragmentos de hielo suelto alrededor del témpano se acercaban y se alejaban de 10 a 15 centímetros. Los témpanos más grandes se elevaban casi imperceptiblemente, no más de dos centímetros, y luego volvían a descender poco a poco.

Los expedicionarios se reunieron en pequeños grupos, llenos de excitación, y señalaban los unos a los otros lo que era perfectamente obvio para todos: un movimiento suave y lento en toda la superficie de la banquisa. Algún pesimista sugirió que podía deberse a algún movimiento provocado por algún fenómeno atmosférico local. Worsley llevó el cronómetro al borde del témpano y midió el intervalo entre las oleadas: dieciocho segundos, demasiado poco para un movimiento debido a un fenómeno atmosférico. No había duda: se trataba de la marejada del mar abierto.

Pero ¿a qué distancia se encontraba? Esa era la cuestión. «¿A qué distancia —reflexionó James más tarde— puede hacerse sentir la marejada a través de la densa banquisa? Nuestra experiencia nos dice que no muy lejos, pero, claro, nunca examinamos el hielo con la meticulosidad de ahora...»

Durante todo el día estuvieron especulando mientras Worsley se acercaba al borde del témpano y seguía cronometrando el lentísimo movimiento del hielo. Por la noche, todos mostraron su satisfacción porque el océano abierto estuviera, a lo más, a unas 30 millas de distancia. Solo Shackleton parecía ver en aquel movimiento una amenaza nueva y más grave que todas aquellas a las que se habían enfrentado. Aquella noche escribió: «No aumentará mi confianza hasta que se formen pasos libres».

Sabía que no podrían escapar de allí si los movimientos se incrementaban mientras la banquisa seguía cerrada. Entonces, la acción del mar rajaría y rompería los témpanos; luego desmenuzaría el hielo de manera que no podrían acampar y tampoco navegar.

Antes de volver, Shackleton echó un vistazo final al campamento y comprobó con satisfacción que las tiendas y los botes no estaban agrupados, porque todo el peso reunido podría romper el témpano. Otra ventaja de esta precaución era que, mientras su equipo estuviera esparcido por una amplia zona, no perderían una cantidad considerable de sus pertrechos si el hielo se abría.

A la mañana siguiente salieron de las tiendas con la esperanza de que el movimiento hubiera aumentado. No era así: en la banquisa no existía nada que sugiriera el más mínimo movimiento y el hielo estaba tan cerrado como siempre. Se produjo una decepción general. El primer signo real del mar abierto, la tentadora promesa de escapar de allí que esperaban desde hacía tanto tiempo, había pendido ante ellos un instante y luego había desaparecido.

Aquella tarde, Shackleton ordenó que se entrenaran para ver con qué rapidez podían sacar los botes de los trineos y cargarlos con provisiones en caso de emergencia. Todo el mundo hizo lo que debía, aunque se mostraron malhumorados y hubo algún enfrentamiento furioso. Y las circunstancias no mejoraron cuando pudieron comprobar por sí mismos, al cargar los botes, hasta qué punto habían menguado las provisiones. Era evidente que no iban a tener problemas de sobrecarga. Después del entrenamiento, los hombres volvieron de mal humor a las tiendas, sin hablarse apenas entre ellos. «Nada que hacer, decir o ver —anotó James—. Cada vez estamos más taciturnos.»

Hasta la aparición de la marejada, la mayoría de los hombres se había esforzado durante meses para no dejarse arrastrar por falsas esperanzas. Se habían convencido a sí mismos de que no solo la expedición tendría que pasar el invierno en los témpanos, sino que aquello hasta sería tolerable.

Pero el movimiento había sido la prueba física de que realmente había algo más allá de esa ilimitada prisión de hielo. Y se derrumbaron todas las defensas que con tanto cuidado habían construido para evitar las falsas esperanzas. Macklin, que se había esforzado por proteger su pesimismo, manifestó la imposibilidad de seguir reprimiéndose por más tiempo. El 13 de marzo escribió:

> Estoy completamente obsesionado con la idea de escapar [...]. Hemos estado durante cuatro meses en el témpano, un tiempo inútil para todos. No hay nada que hacer, solo matar el tiempo lo mejor posible. Hasta en casa, con los teatros y toda clase de diversiones, cambios de escenario y de personas, cuatro meses de inactividad serían aburridos: nadie podría imaginar hasta qué punto eso resulta aquí mucho peor. Sales a buscar alimento, no por lo que conseguirás, sino por hallar momentos de evasión durante la jornada. Día tras día, todo lo que tenemos a nuestro alrededor es la misma blancura absolutamente inmaculada e imperturbable.

Una sensación de creciente desesperación empezaba a embargarlos. James escribió al día siguiente:

> Puede ocurrir pronto algo decisivo, y ese algo siempre será preferible a continuar con esta inactividad. Han pasado cinco meses desde que el barco se hundió. ¡Cuando lo abandonamos, íbamos a encontrar tierra en un mes! «El hombre propone...»[1] se aplica aquí con creces.

Ni siquiera la ventisca austral que se levantó aquella tarde los animó un poco. Juzgaron mucho más difícil soportar las penurias que el temporal traía consigo, aunque todos sabían, como Worsley apuntó, que «probablemente

1. Por alguna razón, James omitió la última parte de la frase: «El hombre propone y Dios dispone».

nos dirigimos hacia el norte, ¡a la increíble velocidad de una milla por hora!».

Las ráfagas de viento, continuaba Worsley, «desgarran y arrancan nuestra endeble tienda como si la fueran a convertir en harapos. Traquetea, se agita y tiembla sin cesar [...]. Es de un material tan fino que el humo de nuestras pipas y cigarrillos hace remolinos y se eleva con cada golpe del viento de fuera».

Por la noche, un hombre relevaba cada hora a otro en la vigilancia, y el que volvía, cuando entraba en su tienda, intentaba sacudirse la nieve en la oscuridad antes de meterse en el saco de dormir. Invariablemente, el recién llegado despertaba a los demás. Cómo podía uno dormir, se preguntaba Worsley, con cosas tales como «nieve en la cara, pies en la barriga, el retumbar del viento y de la tienda o el estridente ronquido del Coronel».

Aquella noche, mientras la ventisca cruzaba aullando la banquisa, James observó sombrío: «Probablemente la isla de Paulet ya se encuentra al sur de nuestra posición».

# 18

Para empeorar las cosas, el problema del alimento —sobre todo, grasa para cocinar— estaba a punto de alcanzar cotas críticas otra vez. Hacía tres semanas que habían cazado una foca y la escasa provisión de grasa de los pájaros bobos de Adelia se estaba terminando. Las provisiones que habían traído del barco también estaban a punto de acabarse. El 16 de marzo utilizaron las últimas raciones de harina en unas tortas con carne seca enlatada para perros y muchos hombres estuvieron mordisqueando sus porciones de unos treinta gramos durante más de una hora.

Era inevitable que volvieran los antiguos resentimientos contra Shackleton por haberse negado a almacenar toda la caza posible cuando fue factible hacerlo. Hasta Macklin, que había evitado criticar la política de Shackleton en el pasado, consideró la necesidad de inventar un código para poder comentar el tema en su diario sin temor a que sus pensamientos pudiera leerlos otro.

El día 17, escribió en código: «Creo que el jefe fue un poco descuidado al no permitir traer todo el alimento posible mientras se pudo hacer. Valía la pena correr el riesgo». Y el 18: «Lees abordó al jefe hace unos días y le recriminó no haber traído toda la comida [del Campamento Océano], ya que existía la posibilidad de pasar el invierno en el témpano. El jefe se lo quitó de encima diciendo: "¡Será bueno para esta gente pasar un poco de hambre, su maldito apetito es demasiado grande!"».

Con el paso de los días, las raciones iban menguando. Se habían acabado el café y el té, y, como necesitaban la poca grasa que quedaba como combustible para derretir el hielo y convertirlo en agua, solo se les permitía una ración «muy diluida» de leche en polvo al día. Se servía en el desayuno, junto con ciento cincuenta gramos de carne de foca. La comida se servía fría: un cuarto de lata de caldo helado y un bizcocho de lata. La cena consistía en una porción de carne de foca o de pájaro bobo.

Sentían la escasez de alimentos casi como un dolor físico. El ansia compulsiva del cuerpo, que debía quemar más combustible para protegerse del frío, les provocaba retortijones y un hambre incesante. Además, el clima estaba empeorando, ya que las temperaturas nocturnas con frecuencia caían hasta alcanzar los −23 °C. Así, cuando su necesidad de calorías era mayor, se veían forzados a apañárselas con menos que nunca. Algunos, después de comer, tenían que meterse en los sacos de dormir para evitar los escalofríos hasta que la comida les diera algo de calor.

Hubo quien se atrevió a bromear sobre canibalismo:

> Greenstreet y yo —escribió Worsley— nos divertimos a expensas de Marston. Marston es el hombre más rollizo del campamento. Somos muy solícitos con él: nos interesamos por su salud y su bienestar y le ofrecemos grandes muestras de generosidad, ofreciéndole huesos de pájaro bobo que hemos mordisqueado hasta no dejar nada. Le rogamos que no adelgace y hasta llegamos a seleccionar tajadas, etcétera, de su cuerpo y discutimos sobre cuál de ellas será la más tierna.

Se ha disgustado tanto con nosotros que, en cuanto nos ve, se da la vuelta y se aleja.

No era más que un parco intento de introducir un poco de buen humor entre todos. Worsley, aparte de estos esfuerzos por mantenerse alegre, estaba cada vez más callado y adusto.

El 22 de marzo la situación era tan crítica que Shackleton le dijo a Macklin que tenía que sacrificar a sus animales al día siguiente, porque ellos tendrían que comerse los alimentos reservados a los perros. Macklin reaccionó con indiferencia: «Debo confesar que no veo la necesidad de hacerlo. El Campamento Océano ha desaparecido. Solo tenemos combustible para diez días y o encontramos más focas o estaremos en una situación francamente mala».

El 23 de marzo amaneció con mucho frío y con niebla en toda la banquisa. Shackleton se levantó pronto para dar un paseo. Llegó hasta el borde del témpano y, cuando la niebla escampó un momento, avistó un objeto negro a lo lejos, hacia el suroeste. Permaneció allí diez minutos, al cabo de los cuales volvió apresuradamente a su tienda y despertó a Hurley. Regresaron los dos al borde del témpano y estuvieron observando varios minutos a través del banco de niebla intermitente.

Allí, frente a ellos, había tierra.

Shackleton corrió inmediatamente al campamento y fue de tienda en tienda gritando:

—¡Tierra a la vista! ¡Tierra a la vista!

La reacción fue extraña. Algunos salieron de las tiendas para ir a comprobarlo, pero otros —helados, desanimados y cansados de confundir icebergs distantes con tierra— se negaron a salir de los sacos, al menos hasta que el avistamiento se confirmara.

Pero no se trataba de un iceberg lejano ni de un espejismo. Se trataba de uno de los minúsculos islotes Peligro, los cuales lograron identificar —de acuerdo con el *British Antarctic Sailing Directions*— por sus riscos en forma de tabla que se elevaban abruptamente fuera del agua. Se encontraba exactamente a 42 millas de distancia; a solo 20 millas más allá se encontraba su destino: la isla de Paulet.

Se quedaron contemplando aquella tierra un rato, hasta que la espesa niebla la ocultó. A primera hora de la tarde, sin embargo, el tiempo mejoró, los islotes Peligro volvieron a aparecer en la distancia y pudieron contemplar la negra base de una cadena de montañas y sus picos ocultos por nubes bajas. Worsley identificó el pico más alto como el monte Percy de la isla Joinville.

La isla estaba a 57 millas al oeste de donde ellos se encontraban, casi exactamente en ángulo recto respecto a la dirección de su rumbo. «Si el hielo se abre, podríamos estar en tierra en un día», escribió Hurley.

Pero ninguno creía que la banquisa fuera a abrirse. Más bien lo contrario. Avistaron setenta icebergs, muchos de ellos varados, y parecía que por el momento impedían que la banquisa se abriera o tomara rumbo hacia el norte. Tampoco podían lanzar al agua los botes, porque probablemente hubieran quedado aplastados en cuestión de minutos. Además, era impensable atravesar los hielos con los trineos. Ahora la banquisa era una masa densa de témpanos fragmentados mil veces más peligrosa que hacía tres meses, cuando habían salido del Campamento Océano y recorrido 14 kilómetros en cinco días de fatigoso camino.

En consecuencia, el avistamiento de tierra no hizo más que recordarles su impotencia. La actitud de Greenstreet ante aquella situación fue bastante cínica:

Es agradable pensar que hay algo más que nieve y hielo en el mundo, aunque me resulta difícil alegrarme cuando eso no nos ayuda a salir de aquí. Me gustaría mucho más ver acercarse a un grupo de focas para que pudiéramos tener alimento y combustible.

Sin embargo, a pesar de la frustración, el avistamiento de tierra fue bien recibido, aunque, como anotó James, solo fuera porque «ya hace casi dieciséis meses que no hemos visto ninguna roca negra». Macklin se benefició particularmente de ello: Shackleton, al parecer, se olvidó de la decisión de sacrificar a sus perros.

«Dios quiera —escribió Shackleton aquella noche— que pronto podamos pisar tierra firme.» Pero había muy poca tierra en la que desembarcar. Se habían dirigido hacia la punta extrema de la península Antártica y alcanzar tierra era casi imposible.

Entre ellos y el mar abierto y las enormes olas del cabo de Hornos y el temible estrecho de Drake —el océano más turbulento del globo terráqueo— solo había dos solitarios puestos de avanzada, como centinelas del continente antártico: las islas Clarence y Elefante, a unas 120 millas más al norte. Más allá, no había nada.

El 24 de marzo amaneció despejado y soleado, y los picos de la isla Joinville eran claramente visibles. James, al mirar la densa e impracticable banquisa, señaló:

Es exasperante pensar que una pequeña grieta de unos seis metros de ancho nos sacaría de aquí en un par de días, mientras todo está más cerrado que nunca hasta el punto de hacer imposible cualquier movimiento. En las tiendas estamos muy callados y absortos, a la expectativa, lo que causa mucha preocupación.

Esta expectativa aumentó a medida que fue transcurriendo el día, cuando se abrieron dos grietas en el témpano, a unos 30 metros de los botes. Por suerte, no los alcanzaron.

Justo después del amanecer del día siguiente, estalló una violenta y repentina tempestad del suroeste. Solo duró hasta media tarde, y después el viento amainó y el tiempo mejoró. La puesta de sol fue turbulenta, con inflamados jirones de nubes atravesando el rostro del sol. La isla Joinville apareció de nuevo por detrás, aunque en la lejanía y borrosa.

El frío penetrante que había traído la tempestad austral continuó hasta la noche, y sufrieron mucho. Sus cuerpos parecían carecer incluso del calor para caldear siquiera los sacos de dormir.

Quedaba grasa para menos de una semana, así que el 26 de marzo se redujo la ración de ciento cincuenta gramos de carne de foca en el desayuno. En su lugar, recibieron un cuarto de kilo de torta de carne seca para perros fría y media ración de leche en polvo; en los días muy fríos, se añadían algunos terrones de azúcar. La comida consistía en una galleta y tres terrones de azúcar; y la cena, la única comida caliente del día, en carne de foca o de pájaro bobo «cocinada durante el mínimo tiempo posible». No se servía agua. Si alguien quería beber, llenaba una lata pequeña —de tabaco, generalmente— con nieve y la apretaba contra su cuerpo hasta que se derretía o la introducía con él en el saco de dormir. Una lata de tabaco llena de nieve producía tan solo una o dos cucharadas de agua.

El día 26 le llegaron rumores a Shackleton de que algunos hombres habían cogido pedazos de grasa y de carne de pájaro bobo del almacén general y estaban intentando comérselos, congelados y crudos; el jefe ordenó inmediatamente que las provisiones que quedaban se pusieran junto a su tienda.

Además, le dijo a Macklin que separara todo lo que pudiera servir para consumo humano de los residuos de carne reservados para los perros. Macklin lo hizo, separando todo «excepto lo que apestaba demasiado para poder comerse». Era una repulsiva colección de trozos de sobras de carne, anotó Macklin, «y, desgraciadamente, si no encontramos más focas, tendremos que comérnoslo crudo».

Pronto iban a tenerse que comer a los perros. Su sacrificio había sido aplazado porque todavía podían servir para un último viaje al Campamento Océano a fin de recoger las provisiones que aún quedaban allí. Una vez que lo hicieran, o si era evidente que no iban a poder hacerlo, los sacrificarían y se los comerían. «No dudaría en comerme a un perro cocido —escribió Macklin—, aunque no podría comérmelo crudo.»

Durante varios días, algunos urgieron a Shackleton a arriesgarse a hacer un viaje desesperado al Campamento Océano, a unos 11 kilómetros de distancia y apenas visible. Todavía quedaban allí doscientos cincuenta o trescientos kilos de carne seca y treinta kilos de harina. Pero Shackleton, aunque le preocuparan mucho las provisiones, no se atrevió a enviar a los conductores de los perros a través de una superficie tan peligrosa. Se escuchaban continuos ruidos de presión, provocados al parecer por el hielo al ser estrujado contra el brazo curvado de la península Antártica. El ruido rebotaba a través de la banquisa y se percibían movimientos en cualquier dirección. «Espero que no se rompa nuestra vieja placa —comentó Greenstreet—, porque no se ve por ninguna parte un témpano decente.»

Los numerosos icebergs de las proximidades también estaban precipitando la desintegración general del hielo.

Con su profundo calado, parecían afectados por erráticas corrientes marinas. De vez en cuando, uno de ellos dejaba de moverse lentamente junto con el resto de la banquisa, viraba sobre sí mismo, avanzaba a través del hielo y, sin esfuerzo alguno, destrozaba todo lo que encontraba a su paso, dejando una estela de témpanos rotos y verticales. No se podía predecir qué rumbo tomarían esos monstruos destructivos.

El 27 de marzo, Worsley observó que un gigantesco iceberg se alejaba inesperadamente hacia el noreste «y se dirigía por el norte hacia nuestro témpano a unos ocho kilómetros por hora, aunque por suerte pasó justo por el este».

El viaje al Campamento Océano se iba haciendo menos factible de hora en hora, y Shackleton sabía que debía tomar una determinación. A regañadientes, le dijo a Macklin aquella noche que tenían que estar preparados para una posible partida a primera hora de la mañana siguiente. Macklin ya se había acostado, pero aquella orden le puso tan nervioso que se levantó y estuvo un rato disponiendo los arneses y arreglando su trineo. Al amanecer, sin embargo, el hielo estaba otra vez en movimiento y los rodeaba una espesa niebla. Shackleton entró en la tienda número 5 cuando estaban desayunando para informar a Macklin de que había decidido no moverse. Fue una desagradable noticia, sobre todo porque habían pasado una noche infernal llena de humedad y niebla, durante la cual nadie había dormido demasiado.

Apenas acababa de marcharse Shackleton cuando Macklin se revolvió contra Clark por una nadería e inmediatamente empezaron a gritarse el uno al otro. La tensa situación se extendió a Orde-Lees y a Worsley, quienes se insultaron. A Greenstreet se le volcó la leche en polvo y se enfrentó a Clark, al que acusó de provocar el accidente porque había atraído su atención. Clark intentó protestar, pero Greenstreet lo hizo callar.

Cuando se detuvo para recuperar el aliento, en un instante, desapareció su enfado y se quedó en silencio. En el interior de la tienda, todos miraban a Greenstreet, despeinado, barbudo y sucio de grasa, con el cubilete vacío en la mano y contemplando con impotencia la nieve que había absorbido, sedienta, su preciosa leche. La pérdida era tan trágica que parecía a punto de llorar.

Clark, sin decir una palabra, vertió un poco de su leche en el cubilete de Greenstreet. Worsley, Macklin, Rickinson y Kerr, Orde-Lees y finalmente Blackborow hicieron lo mismo. Todos bebieron en silencio.

Después del desayuno, avistaron dos focas y se organizaron rápidamente dos partidas de caza. El primer grupo cazó la que estaba más cerca y los otros se encontraban a poca distancia de la presa cuando Shackleton, observando que el hielo estaba demasiado peligroso, les ordenó volver al campamento.

En el camino de vuelta, Orde-Lees se desmayó a causa del hambre. Solo había comido media ración del desayuno (cincuenta gramos de carne seca para perros fría y un terrón y medio de azúcar), guardándose el resto para más tarde. Tras varios minutos de descanso, consiguió ponerse en pie y volver al campamento.

Durante el día, la niebla se transformó en lluvia y la temperatura se elevó a −0,5 °C. Casi todos se metieron en los sacos de dormir y se quedaron allí mientras seguía lloviendo toda la noche y la jornada siguiente. Macklin lo describió así:

> Un río de agua se ha concentrado debajo de mi saco y lo ha mojado por completo; tengo los pantalones empapados y

los guantes y la ropa [...]. Cuando me he sentado a escribir esto, el agua estaba cayendo desde la parte superior de la tienda y hemos puesto receptáculos, latas vacías, etcétera, para evitar que los sacos se mojen aún más. Solo lo hemos conseguido en parte, porque el agua entra por todos lados y no tenemos recipientes suficientes. He puesto el impermeable encima del saco y cuando se llena de agua, lo levanto con cuidado y lo saco afuera y la vierto en la nieve. Es agotador tener que estar en constante vigilia [...]. Rezo a Dios para que pronto nos envíe tiempo seco, porque esto es horrible. Nunca he visto en la tienda tanto desaliento como hoy.

Por la tarde, la lluvia se transformó en nieve y a las cinco cesó de caer. A James le tocó el turno de noche, de nueve a diez; cuando estaba paseando por el témpano, creyó detectar movimiento en el hielo. Observó entonces una «clarísima ondulación» que estaba levantando el témpano. Comunicó su descubrimiento a Shackleton, quien le ordenó al vigía que estuviera alerta.

A las 5:20 horas de la mañana siguiente, el témpano se partió.

# 19

El pequeño Alf Cheetham —el vigía— echó a correr entre las tiendas.

—¡Una grieta! —gritó—. ¡Una grieta! ¡Todos en pie!

En cuestión de segundos, todos estuvieron fuera de las tiendas. Vieron dos grietas, una que discurría por toda la longitud del témpano y otra que se extendía en ángulo recto respecto a la primera. Además, toda la banquisa se estaba levantando en un claro movimiento ondulante.

Corrieron al James Caird y sacaron las cuchillas heladas del trineo del hielo; luego lo llevaron hasta el centro del témpano. Para entonces, la grieta central se había abierto hasta alcanzar unos seis metros en algunos puntos y podía verse cómo se movía bajo la influencia de la marejada. La reserva de carne estaba al otro lado. Varios hombres saltaron por donde la grieta no era tan ancha y trasladaron la carne por encima de la hendidura.

A las 6:45, todo estaba a salvo e hicieron un alto en el trabajo para tomar el desayuno. Estaban esperando a que les sirvieran la ración cuando el témpano volvió a agrietarse, esta vez directamente debajo del James Caird, a 30 metros de las tiendas. No hubo necesidad de dar ninguna orden. Se lanzaron a por el bote y rápidamente lo trasladaron al lado de las tiendas. Después pudieron desayunar la habitual carne seca para perros, seis terrones de azúcar y medio cubilete de leche.

Apenas habían acabado cuando apareció una forma extraña a través de la niebla, moviéndose por un sector próximo a su témpano. Wild corrió a coger el rifle de la tienda, luego se arrodilló y disparó. El animal dio un violento salto y cayó lentamente sobre la nieve. Varios hombres se aproximaron corriendo al lugar en el que yacía una foca leopardo de unos tres metros y medio.

De un solo disparo, Wild cambió sus vidas. A sus pies había media tonelada de carne y una provisión de grasa para dos semanas por lo menos. Shackleton anunció que comerían el hígado de la foca para almorzar.

Con el ánimo en alza, fueron a buscar a los perros para llevar el trofeo al campamento. Una vez descuartizada, encontraron en el estómago cincuenta peces sin digerir, que apartaron cuidadosamente para comérselos al día siguiente. Eran las nueve cuando acabaron la labor.

Shackleton mandó llamar a Macklin y le dijo que había llegado el momento de sacrificar a sus perros. Macklin no protestó, porque no había ninguna razón para hacerlo. La posibilidad de ir al Campamento Océano era más remota que nunca en vista de las grietas que se habían formado, tenían una foca leopardo y la necesidad de arriesgarse a hacer el viaje había desaparecido.

Acompañado por Wild, Macklin llevó a su equipo de perros por la estrecha garganta de una grieta hasta el lugar donde antes se encontraba la cocina. En el camino, pasaron por lo que había sido el vertedero de carne. Songster, un perro viejo y ladino, agarró una cabeza descarnada de pingüino y Bos'n cogió un hueso. Les dejaron hacerlo.

Macklin se puso enfermo cuando le sacó el arnés a uno de los perros y se lo llevó al otro lado del montículo de hielo. Wild, como ya había hecho antes, sentó a cada uno de los canes en la nieve, apoyó el cañón del revólver en la cabeza y apretó el gatillo. Songster murió con la cabeza del pingüino en la boca y Bos'n sujetando su hueso. Cuando hubieron sacrificado a todos los perros, Macklin los despellejó, los destripó y los dejó listos para que los pudieran comer. El equipo de cachorros de Crean también fue sacrificado y descuartizado.

A la vuelta, en el campamento reinaba casi un ambiente festivo ante la perspectiva de la primera comida caliente en más de dos semanas. Alguien sugirió probar la carne de perro, y Shackleton aceptó. Crean cortó unos bistecs de su perro Nelson y Macklin hizo lo mismo con Grus.

Cuando la carne estuvo frita, Crean se apresuró a distribuirla. Primero fue a la tienda de Shackleton y asomó su cara de irlandés borrachín por la puerta.

—Traigo un poco de Nelson para que lo probéis —dijo con expresión maliciosa.

La carne de perro fue aplaudida por todos.

—Esta carne sabe a regalo —señaló McNeish—. Es un gran deleite después de haber estado tanto tiempo a dieta de carne de foca.

James la encontró «sorprendentemente buena y sabrosa». Worsley dijo que el trozo de Grus que había comido sabía «mucho mejor que la foca leopardo». Y Hurley se apresuró a señalar que era «exquisitamente tierna y sabrosa, especialmente la de Nelson, que parece ternera».

Durante la mañana, la marejada continuó e incluso se incrementó un poco, así que Shackleton anunció a la hora de comer que establecerían un sistema de vigilancia con intervalos de cuatro horas. Shackleton se encargaría de uno y Wild del otro. Así, uno de los grupos siempre estaría preparado, completamente vestido, con los equipos atados y listos para ponerse en movimiento. Dos de los hombres del grupo de vigilancia tenían que recorrer el témpano continuamente, observando si se producían grietas o se presentaba cualquier otra amenaza. A los otros se les permitía quedarse en la tienda.

Durante el día aparecieron signos cada vez más evidentes de la inminencia de la apertura del hielo. Sobre sus cabezas pasaron dameros de El Cabo y golondrinas de mar, y Worsley avistó un magnífico petrel gigante, blanco como la nieve a excepción de dos bandas negras que le atravesaban las alas; aquello era el signo definitivo de la existencia de aguas abiertas. Clark descubrió una medusa en una grieta, entre dos témpanos, y aseguró que tales animales solo se encontraban en las proximidades de los mares sin hielo. Worsley, ante el cielo negro de lluvia que se observaba hacia el noroeste, la presencia del movimiento ondulante y la elevada temperatura de 1 °C, señaló: «Ciertamente, parece prometedor»; aunque luego añadió: «A veces las apariencias engañan».

Hacia las tres de la tarde el tiempo se puso lluvioso; y a las ocho, cuando le tocó el turno a Wild, llovía en abundancia. Wild y McIlroy se trasladaron a la tienda número 5 para su turno de vigilancia. A pesar de lo llena que estaba y de la humedad que imperaba, el ambiente era agradable. A todos les gustaba escuchar algún relato nuevo en lugar de los cuentos tantas veces repetidos de los mismos y pesados compañeros de tienda.

Poco después de la aparición de los recién llegados, se permitieron el lujo de encender una cerilla.

—¿Estáis listos? —preguntó Wild, mientras los fumadores esperaban con las pipas y los cigarrillos.

Entonces encendieron la preciada cerilla, que iluminó con su brillo el círculo de rostros barbudos. Con ella encendieron las velitas individuales de cabo alquitranado y luego todos tomaron asiento y fumaron satisfechos.

Wild contó una serie de historias de sus escapadas con damas y McIlroy reafirmó su reputación de miembro más cosmopolita de la expedición explicando a su atento auditorio la receta de varios cócteles, incluido uno con poderes afrodisíacos garantizados, llamado «Acariciador de pechos». La noche transcurrió sin percances. Al amanecer, la lluvia había cesado y un viento frío y seco soplaba en dirección sur. La marejada se fue calmando poco a poco.

A pesar de todos los signos favorables, la banquisa mostró pocos cambios durante esa jornada y durante la mañana del día siguiente. Por la tarde, un oscuro cielo de lluvia apareció por el suroeste y fue extendiéndose hacia el noreste, aunque con la presencia del viento austral parecía poco probable una repentina apertura, por lo que Shackleton juzgó oportuno anular parte de la vigilancia. Solo continuaron día y noche las patrullas formadas por un solo hombre.

Aquella tarde, justo a las ocho, cuando Macklin iba a relevar a Orde-Lees en la vigilancia exterior, el témpano se elevó inesperadamente y se quebró, apenas a medio metro de la tienda de Wild. Macklin y Orde-Lees dieron la voz de alarma.

Todos se habían acostado porque confiaban en que no se iba a romper y la voz de alarma los cogió completamente desprevenidos. Hubo un gran revuelo mientras se vestían a oscuras en las tiendas, intentando encontrar las ropas adecuadas y metiéndose en unas botas congeladas, a –29 °C. Cuando al fin salieron de las tiendas, siguió la confusión, porque no sabían cuál era el problema y dónde estaba el peligro. Caminaron en medio de la oscuridad chocando los unos con los otros y hundiéndose en los agujeros invisibles que había en el hielo. Finalmente se restableció el orden.

Acercaron los botes a las tiendas, así como las provisiones de carne, que de nuevo se habían visto menguadas porque parte de ellas habían caído en una grieta, y las apilaron en medio de la oscuridad.

Shackleton ordenó que los vigías volvieran a sus puestos y que los hombres que no estuvieran ocupados se retiraran completamente vestidos, incluidos mitones y cascos.

No fue fácil dormir. Durante la noche, el témpano se elevó considerablemente, unos cuantos centímetros, debido a la fuerte marejada; era desconcertante sentir el choque repetido del iceberg. Eran plenamente conscientes de que el témpano en el que se encontraban ahora era tan pequeño que podía volver a agrietarse y que entonces, inevitablemente, podían caer y ser aplastados.

Con la llegada de la mañana, el viento antártico dejó de soplar y hasta el mediodía desapareció la marejada. Entonces, y por primera vez en seis días, Worsley estableció su posición: se encontraban a 62° 33' sur, 53° 37' oeste. Habían recorrido 28 millas hacia el norte en seis días, y ello a pesar de haber estado durante cinco con vientos adversos del norte. La banquisa se encontraba, pues, bajo la influencia de una corriente del norte.

El 3 de abril McLeod cumplió cuarenta y nueve años. Acababan de brindar por su salud cuando la cabeza de una foca leopardo apareció en el borde del témpano. McLeod, que era un hombre pequeño aunque robusto, salió y agitó los brazos imitando a un pájaro bobo. La foca leopardo debió de tragarse el truco porque salió del agua y se dirigió hacia McLeod, quien se volvió y corrió a ponerse a salvo. El animal avanzó haciendo uno o dos movimientos; luego se detuvo, al parecer para calibrar a las otras extrañas criaturas que había en el témpano. Aquello fue fatal para él, porque Wild, mientras tanto, había ido a buscar el rifle a su tienda. Apuntó, disparó y media tonelada más de carne se añadió a la despensa.

Como las provisiones habían aumentado, también lo hicieron las raciones y la moral de los expedicionarios. Las quejas de días anteriores, cuando habían tenido que enfrentarse a la perspectiva de comer carne de foca podrida, se desvanecieron y la atención volvió a centrarse en asuntos que iban más allá de la simple supervivencia. La tarde del cumpleaños de McLeod, Worsley y Rickinson tuvieron una larga discusión sobre un tema que allí parecía muy remoto: la limpieza relativa de las granjas lecheras de Nueva Zelanda y Gran Bretaña, respectivamente.

Aunque eran plenamente conscientes de que su situación se hacía cada vez más crítica a medida que transcurrían las horas, era mucho más fácil enfrentarse al peligro con el estómago razonablemente lleno.

El témpano, que antes medía casi dos kilómetros de diámetro, ahora no tendría más de 180 metros. Casi siempre estaba rodeado de agua abierta y amenazado por la marejada y la colisión con otros témpanos. La isla Clarence se encontraba a 68 millas hacia el norte y, aunque parecía que se dirigían hacia ella, les preocupaba el desvío gradual de su rumbo hacia el oeste, que amenazaba con aumentar. Si así sucedía, serían arrastrados al mar a través del canal de Loper, de 80 millas de anchura, entre la isla Elefante y la Rey Jorge.

«Sería muy duro —escribió McNeish— que, después de derivar hacia aquellos estrechos, fuéramos empujados hacia el mar.»

«Estamos a la expectativa —anotó James—. Nos encontramos al borde de algo, de eso no hay duda. Si todo va bien, pronto podremos estar en tierra. Lo que nuestro jefe necesita es que el hielo se abra. El peligro reside en que nos veamos empujados hasta aquellas islas con la banquisa cerrada. Nuestra meta son las islas Clarence y Elefante...»

Al día siguiente fue imposible ver nada puesto que había humedad y niebla, y una marejada desagradable y fuerte. Pero el 5 de abril Worsley consiguió establecer la posición; demostraba que se dirigían en línea recta hacia mar abierto.

# 20

En dos días, su deriva había cambiado hacia el oeste y habían recorrido la increíble distancia de 21 millas en cuarenta y ocho horas, a pesar de los vientos en contra.

A todo el mundo le sorprendió la noticia. En cuestión de un minuto, tuvieron que cambiar de idea. Las islas Clarence o Elefante ya no eran su destino. Aquello era incuestionable.

—Eso demuestra la existencia de una fuerte corriente hacia el oeste —dijo Hurley—, lo que aleja cualquier posibilidad de alcanzar la isla Elefante.

Entonces volvieron a centrar su atención en la isla Rey Jorge, en dirección oeste. James escribió:

> Esperamos la aparición de vientos del E o del NE que nos empujen hacia aquella dirección antes de que esté demasiado al norte. Es curioso cómo puede cambiar el panorama de muy favorable a desfavorable tan solo en un par de días [...]. Ahora las conversaciones desfallecen o solo se centran en vientos y derivas.

Muchos dudaban que siquiera los fortísimos vientos del este condujeran la banquisa lo suficientemente hacia el oeste antes de salir al mar, donde el hielo se derretiría sin lugar a dudas, dejándolos, en el mejor de los casos, en los botes a la deriva, expuestos a la furia de las tempestades del estrecho de Drake. «No permita Dios que lleguemos allí —escribió Greenstreet—, porque dudo mucho que lográramos sobrevivir.»

Aquella noche, cuando se encontraban en los sacos de dormir, sabían que la banquisa se estaba desplazando por los ruidos de presión que se producían a su alrededor. Al día siguiente amaneció nublado y fue imposible establecer la posición. Pero durante la noche del 6 de abril el cielo se despejó y al amanecer estaba lo bastante brillante. Avistaron un iceberg enorme a lo lejos, casi directamente hacia el norte. Sin embargo, cuando el sol estuvo más alto, observaron que había nubes que ocultaban los bordes superiores del iceberg. No existía un iceberg tan alto: debía tratarse de una isla. Pero ¿qué isla?

Por la deriva estimada hacia el noroeste, algunos pensaron que era la isla Elefante; otros creyeron que tenía que ser Clarence. Lo que más les confundía era que solo podía tratarse de una de ellas y no de la otra, puesto que ambas deberían de haber estado casi equidistantes. Finalmente ganaron los partidarios de la isla Clarence, ya que sus cumbres de 1.700 metros superaban en más de seiscientos los picos más elevados de la isla Elefante y, por lo tanto, serían visibles a una distancia mucho mayor.

Durante el desayuno empezó a nublarse y la tierra desapareció de la vista. Pero, al mediodía, Worsley avistó algo a una distancia de 52 millas que disipó cualquier duda: se trataba de la isla Clarence. Y lo que era más importante: la posición mostraba que la dirección hacia el oeste de la deriva se había detenido y que habían recorrido ocho millas hacia el norte en dos días. Una oleada de alivio recorrió a toda la expedición.

> Total —escribió James—, que las islas Elefante y Clarence siguen siendo el objetivo y, como la dirección del viento

ahora es del SO, las perspectivas son algo mejores. El hielo se ha cerrado un poco más durante la noche y en la banquisa bulle la vida. Hemos oído y visto ballenas resoplando continuamente a nuestro alrededor. Una fea orca sacó la cabeza del agua y se dedicó a buscar por el témpano. Los pájaros bobos graznan [...] y de vez en cuando una multitud de ellos nadan en un charco con su peculiar movimiento saltarín, como grandes pulgas avanzando por la superficie del agua, preciosos bajo la brillante luz del sol. Esta mañana, de una sola vez [...] hemos visto unas veinte focas. Bandadas de petreles de las nieves al vuelo y, de vez en cuando, petreles gigantes y págalos.

Pero la maldita banquisa seguía sin abrirse.

Rezo a Dios para que podamos encontrar un lugar para desembarcar —escribió Macklin— y abandonar esta banquisa que deriva de manera incontrolable, que nos lleva no sabemos adónde a pesar de todos los esfuerzos que podamos hacer [...]. Estamos en manos del Sumo Hacedor y, como simples mortales, no podemos hacer nada contra estas fuerzas colosales de la naturaleza. Si no podemos alcanzar tierra, cosa bastante posible, creo que deberíamos trazar un plan para llegar a un iceberg. Entre nosotros ya hablamos de ello hace semanas, aunque existen, por supuesto, opiniones con más peso.

Las opiniones a las que se refería eran las de Ernest Shackleton. Era contrario a trasladarse a un iceberg a menos que no hubiera otra solución. Sabía que los icebergs, aunque parecían sólidos, podían desequilibrarse si uno de los lados se derretía más que otro, poniéndose en vertical en cuestión de segundos y de improviso.

Durante la noche, el graznido discordante de los pájaros bobos, salpicado por el sonido explosivo de grupos de ballenas resoplando, producía un ruido casi ensordecedor. Cuando finalmente llegó el amanecer, el día apareció despejado y brillante, con un viento moderado del oeste. La isla Clarence estaba de nuevo a la vista, y a su izquierda, muy tenuemente, la cadena de cumbres de la isla Elefante. Worsley contó diez.

Sin embargo, la situación de la isla Clarence se había alterado considerablemente desde la tarde anterior. Ahora se encontraba directamente hacia el norte, lo que indicaba que ellos se habían desplazado hacia el este. Al mediodía, Worsley confirmó este hecho. Durante las pasadas veinticuatro horas apenas se habían desplazado hacia el norte: dos millas como mucho. En su lugar, habían recorrido 16 millas en dirección este.

Era increíble. La banquisa había dado media vuelta completa. Dos días antes les sorprendió observar que se dirigían hacia el oeste; ahora se enfrentaban al hecho de que viajaban rápidamente hacia el este, alejándose de tierra. «Si el viento no cambia y rola al este —escribió Greenstreet—, perderemos de vista las islas.»

Además, se estaba produciendo una fuerte y peligrosa marejada que venía del noroeste, recorriendo la banquisa como lentas y móviles colinas de agua que, en ocasiones, levantaban el témpano hasta un metro. Orde-Lees se mareó.

El movimiento de la banquisa hacia el este era evidente cuando lo comparaban con el movimiento, más lento, de los icebergs. El hielo se había reducido a fragmentos tan pequeños que circulaban alrededor de los obstáculos en su curso como si fuera sirope.

Aquella tarde, hacia las 18:45, McNeish estaba escribiendo en su diario: «Desde ayer el movimiento se ha incrementado bastante. Pero eso no nos perjudica [puesto] que el témpano, al romperse, se ha reducido mucho. Se eleva y desciende con...». Nunca acabó la frase.

Se produjo un ruido muy fuerte y el témpano se rajó bajo el James Caird. Worsley estaba de turno y gritó pidiendo ayuda. Todos los hombres salieron de las tiendas y agarraron el bote justo cuando la grieta empezaba a ensancharse. Los otros dos botes, que se encontraban en la porción separada del témpano, fueron empujados apresuradamente al otro lado. Cuando acabaron, el témpano era un triángulo cuyos bordes medían aproximadamente 90, 110 y 80 metros, respectivamente.

Poco después de medianoche, el viento cambió del oeste al sureste y se redujo considerablemente. De repente, aparecieron grandes tramos de agua abierta mientras los témpanos se iban apartando. Pero esa situación no duró mucho. Al amanecer el hielo se había vuelto a cerrar mientras el cielo, al norte, se ennegrecía como la tinta. La marejada se incrementó y los hombres tuvieron que sujetarse un poco mientras iban de un lugar a otro.

A la hora del desayuno, de nuevo el hielo se abrió misteriosamente. Los témpanos pequeños se convirtieron en manchas blancas aisladas que flotaban sobre la oscura y fría superficie del agua. Mientras todos contemplaban el espectáculo, llenos de ansiedad, la banquisa volvió a cerrarse una vez más. La marejada aumentaba mucho por todas partes, y el témpano empezó a zarandearse peligrosamente. A media mañana, y por tercera vez, innumerables pasos de agua abierta se extendieron por toda la banquisa y se ampliaron.

A las diez y media oyeron el resonante vozarrón de Shackleton:

—¡Desmontad las tiendas y preparad los botes!

Todos se pusieron a la labor, y en cuestión de minutos las tiendas estuvieron desmontadas y los sacos de dormir reunidos y amontonados en la proa de los botes. Luego deslizaron estos por los trineos hasta el borde del témpano.

¡Crac!

El témpano se partió en dos de nuevo, esta vez exactamente por el lugar en el que la tienda de Shackleton se encontraba minutos antes. Las dos mitades se separaron rápidamente, apartando el Stancomb Wills y una gran cantidad de provisiones del resto del grupo. Casi todos saltaron sobre la brecha que se ensanchaba y empujaron al otro lado la balandra y las provisiones.

Esperaron... atormentados entre el abrumador deseo de lanzar los botes, a pesar del riesgo, y la plena conciencia de que una vez que lo hicieran no habría vuelta atrás. Aunque fuera pequeño, su témpano era el mejor de los que se encontraban a la vista. Si lo abandonaban y la banquisa se cerraba antes de que encontraran otro lugar en el que acampar, no habría escapatoria.

Mientras los demás trabajaban, Green había atendido metódicamente sus obligaciones: había preparado una sopa de aceite de foca y una ración de leche caliente en polvo. Los hombres fueron a recoger sus raciones y las comieron de pie, mientras continuaban vigilando la banquisa. Eran las doce y media y las zonas de agua abierta eran un poco más grandes. Todos miraron a Shackleton.

Por el momento, la banquisa estaba abierta, pero ¿cuánto tiempo permanecería así? Y ¿cuánto tiempo podían permanecer allí? El inmenso témpano que antes había sido el Campamento Paciencia era ahora un rectángulo irregular de hielo de apenas 50 metros. ¿Cuánto tiempo pasaría antes de que se rompiera y se quedaran sin suelo bajo los pies?

A las doce y cuarenta, Shackleton dio la orden con voz tranquila.

—Lanzad los botes.

El témpano se llenó de actividad. Green corrió a la cocina y apagó el fuego. Otros cogieron unos trozos de lona y envolvieron con ellas trozos de carne y de grasa. Los demás corrieron hacia los botes.

Sacaron el Dudley Docker del trineo y lo empujaron hacia el agua. Luego formaron una cadena y lo llenaron con las cajas de las raciones, una bolsa de carne, el hornillo y la vieja tienda número 5. Bajaron un trineo vacío hasta el agua y lo ataron a la popa. Luego llenaron rápidamente el Stancomb Wills, y, finalmente, el James Caird.

Había transcurrido un tercio de la tarde cuando la expedición se repartió entre los tres botes; sacaron los remos disponibles y empujaron con toda su fuerza hacia el agua abierta.

Mientras se alejaban del Campamento Paciencia, el hielo empezó a cerrarse.

# CUARTA PARTE

## 21

Los primeros minutos fueron cruciales, de locura. Los hombres se esforzaron por remar al unísono, pero estaban torpes, les faltaba práctica y la ansiedad obstaculizaba sus movimientos. El hielo que les rodeaba atascaba los remos y las colisiones eran inevitables. Los hombres, de cuclillas, intentaban apartar los fragmentos más grandes de hielo, pero la mayoría de ellos pesaban más que los botes.

Los lados más elevados del James Caird y del Dudley Docker eran un estorbo añadido. Los asientos estaban demasiado bajos para remar adecuadamente y aunque colocaron las cajas con las provisiones bajo los cuatro remeros, la operación seguía siendo difícil.

El trineo atado a popa del Dudley Docker chocaba continuamente con los fragmentos de hielo y, pasados unos minutos, Worsley cortó la amarra que lo sujetaba.

Sin embargo, para su sorpresa y casi a pesar de ellos mismos, consiguieron abrirse paso. A cada avance de los botes, el hielo parecía más disgregado. Era difícil decir si la banquisa se estaba abriendo o si estaban escapando del hielo que rodeaba el Campamento Paciencia. En cualquier caso, y por el momento, la suerte estaba de su lado.

El cielo encapotado estaba lleno de vida: dameros de El Cabo, golondrinas de mar, fulmares, fulmares argénteos y petreles de las nieves a millares. Las aves eran tan abundantes que sus deyecciones caían encima de los botes y obligaban a los remeros a mantener la cabeza agachada. También se veían ballenas por todas partes. Salían a la superficie a ambos lados de los botes, a veces peligrosamente cerca, sobre todo las orcas.

El James Caird iba a la cabeza con Shackleton en la caña del timón, quien puso rumbo al noroeste. Luego iba Worsley dirigiendo el Dudley Docker y Hudson en el Stancomb Wills. El sonido de sus voces cantando «¡remad...!, ¡remad...!, ¡remad...!» se mezclaba con los chillidos de las aves sobre sus cabezas y la marejada a través de la banquisa. Con cada golpe de remo, los hombres iban adquiriendo el ritmo de su tarea.

En quince minutos, el Campamento Paciencia se perdió por la proa en toda aquella confusión de hielo. Pero aquel lugar ya no importaba. Ese témpano ennegrecido por el hollín que había sido su prisión durante casi cuatro meses —cuyos rasgos conocían tan bien como los convictos conocen cada rincón de sus celdas; que habían llegado a odiar, pero que tantas veces habían rezado para que se mantuviera intacto— pertenecía ahora al pasado. Estaban en los botes... Ya estaban en los botes y eso era lo que importaba. Al cabo de una hora no pensaban ya en el Campamento Paciencia. Solo importaba el presente, y eso significaba remar..., salir de allí..., escapar.

Al cabo de treinta minutos entraron en una zona en la que la banquisa estaba abierta y hacia las dos y media se encontraban a una milla de distancia del Campamento Paciencia. No lo hubieran podido encontrar si hubieran querido hacerlo. El rumbo los llevaba hacia un iceberg próximo, alto y con la parte superior plana, que se agitaba de manera terrible debido a la marejada del noroeste. Las olas rompían contra sus lados de hielo azul, arrojando al aire rociones de 18 metros.

Justo cuando pasaron junto a él, escucharon un ruido profundo y bronco cuya intensidad creció rápidamente. Se asomaron por estribor y vieron un chorro de hielo que se agitaba y se desplomaba como si fuera lava, de al menos 60 centímetros de altura y tan ancho como un pequeño río que se abalanzaba sobre ellos por el este-sureste. Se trataba de un retroceso de marea, un fenómeno de corrientes procedentes del fondo oceánico que habían capturado una masa de hielo y la impelían hacia delante a la velocidad de unos nudos.

Durante un instante se quedaron paralizados. Luego Shackleton hizo girar la proa del James Caird a babor y les gritó a los otros dos botes que hicieran lo mismo. Los hombres se incorporaron y remaron con todas sus fuerzas para alejarse del hielo que se les venía encima. Aun así, cayó sobre ellos. Los remeros estaban sentados de cara a popa, directamente hacia el hielo, que se les vino encima casi al nivel de los ojos. Los que no estaban en los remos urgieron a los remeros a acelerar la velocidad y les marcaron el ritmo con la voz y con los pies al mismo tiempo. El Dudley Docker era el bote más pesado y en dos ocasiones estuvo a punto de ser alcanzado, pero consiguió finalmente mantenerse a salvo.

Después de quince minutos, cuando la fuerza de los remeros empezaba a decaer, el retroceso de marea dio señales de perder fuerza. Cinco minutos después empezó a disminuir y al poco había desaparecido tan misteriosamente como había aparecido. Los agotados remeros fueron reemplazados y Shackleton volvió a poner el James Caird rumbo al noroeste. Se levantó un viento del sureste que soplaba de popa y que les ayudó mucho en su avance.

Cuando los botes fueron lanzados al agua, la posición era de 61° 56' sur y 53° 56' oeste, cerca del tramo oriental de lo que se denomina estrecho de Bransfield. El estrecho de Bransfield tiene unas 200 millas de longitud y 60 de ancho y se encuentra entre la península Antártica y las islas Shetland del Sur. Este estrecho conecta el peligroso paso de Drake con las aguas del mar de Weddell, y es un lugar peligroso. Le pusieron ese nombre en honor a Edward Bransfield, quien, en 1820, con un pequeño bergantín llamado Williams viajó por las aguas que ahora llevan su nombre. Según los británicos, Bransfield fue el primer hombre que vio el continente antártico.

En los noventa y seis años transcurridos entre el descubrimiento de Bransfield y aquella tarde del 9 de abril de 1916, cuando los hombres de Shackleton pasaban con sus botes a través del hielo, muy poco se había conocido acerca de las condiciones de aquellas aguas tan poco frecuentadas. Incluso hoy en día, las *Sailing Directions for Antarctica*, del Departamento de Marina de Estados Unidos, cuando describen las condiciones del estrecho de Bransfield, comienzan con una explicación en la que se excusan por la «escasez» de información acerca de la zona.

> Se cree —continúan las *Sailing Directions*— que existen fuertes corrientes erráticas, que en ocasiones alcanzan velocidades de seis nudos. A estas corrientes solo las afectan ligeramente los vientos y con frecuencia se producen unas condiciones que los marineros llaman de "mar cruzado", cuando el viento sopla en una dirección y la corriente se mueve en la contraria. En tales ocasiones, se levantan unas olas amenazadoras de uno a tres metros de altura, como ocurre cuando los rompientes se retiran de una línea costera y colisionan con

las olas que llegan. Un mar cruzado es un lugar peligroso para un pequeño bote.

Además, en el estrecho de Bransfield el clima es realmente inhóspito. Ciertos informes aseguran que el cielo solo está despejado el diez por ciento del tiempo. Nieva mucho y los temporales son muy frecuentes: empiezan a mediados de febrero y se van haciendo cada vez más habituales y violentos a medida que se aproxima el invierno antártico.

Los botes en los que navegaba la expedición en este mar prohibido eran bastante fuertes, pero ningún bote abierto era adecuado para el viaje al que se enfrentaban. El Dudley Docker y el Stancomb Wills eran balandras: unos botes pesados de madera de roble, de popa cuadrada. Los constructores noruegos los llamaban «botes matacalderones», o *dreperbåts*, porque originariamente se construían para la caza de calderones zifios. En la proa de cada uno de ellos había un sólido poste al que se sujetaba la cuerda del arpón. Medían seis metros y medio de eslora y dos metros de manga, y tenían tres asientos, o bancos de remeros, más unas pequeñas cubiertas en proa y popa. Además, llevaban un mástil corto y grueso al que podía ponerse una vela. Pero eran sobre todo botes de remos: no estaban diseñados para navegar a vela. La única diferencia real entre los dos era que McNeish había añadido unos tablones al Dudley Docker que elevaban 20 centímetros sus amuras.

El James Caird era un bote ballenero de extremos iguales, de unos siete metros de eslora y dos metros de manga. Lo construyeron en Inglaterra según las especificaciones de Worsley, con planchas de pino báltico sobre un armazón de olmo americano y roble inglés. Aunque era algo más grande que los otros dos, era un bote más ligero y rápido debido a los materiales con los que estaba construido. McNeish había levantado las amuras unos 40 centímetros, pero, como iba muy cargado, solo emergía del agua unos 60 centímetros. El Caird era, con mucho, el más apropiado de los tres para la navegación.

En cuanto al peso, los botes no iban sobrecargados. El Wills llevaba ocho hombres, el Docker nueve y el Caird once; en aguas menos tormentosas, con unos equipos menos pesados, cada uno de ellos habría podido albergar al menos el doble de ese número. Pero los botes, además, llevaban las tiendas y los sacos de dormir enrollados, que ocupaban mucho espacio. También llevaban cajas con provisiones y una cantidad considerable de objetos personales: todo lo cual apenas dejaba espacio suficiente para los hombres.

Durante la tarde, mientras seguían rumbo al noroeste, los tres botes avanzaron bastante. Había cinturones de hielo muy gruesos, aunque ninguno tan denso como para bloquearles el camino. Poco después de las cinco, la luz empezó a declinar. Shackleton ordenó a los otros botes que permanecieran cerca hasta que encontraran un lugar para acampar. Remaron hasta las cinco y media, cuando encontraron un témpano plano y consistente, de unos 180 metros, y Shackleton decidió que era lo bastante firme para acampar en él. Tuvieron que hacer media docena de intentos de aproximación, en medio del movimiento del oleaje, antes de poner a salvo los botes en el hielo. Green montó el hornillo de grasa mientras la tripulación plantaba las tiendas, excepto la número 5, que estaba tan estropeada que Shackleton dio permiso a sus ocupantes para dormir en los botes.

La cena consistió en un cuarto de kilo de carne seca para perros y dos galletas. Acabaron a las ocho y toda la tripulación, excepto el turno de vigilancia, se fue a dormir. Había sido un día agotador, aunque muy excitante. De acuerdo con las estimaciones de Worsley, habían recorrido siete millas hacia el noroeste. Aunque la distancia no fuera extraordinaria, el hecho de que finalmente estuvieran en los botes era la culminación de un sueño. Después de cinco meses y medio sobre el hielo, al fin estaban en camino, «haciendo algo positivo», como señaló Macklin. Se durmieron enseguida.

—¡Una grieta! —gritó el vigía cuando solo hacía unos minutos que el último hombre de la tripulación se había retirado.

Salieron de las tiendas medio dormidos, algunos sin estar del todo vestidos. Pero fue una falsa alarma; no había ninguna grieta y todo el mundo volvió a meterse en los sacos de dormir.

Hacia las once, Shackleton comenzó a sentir una extraña desazón; se vistió y salió al exterior. Observó que la marejada se había incrementado y que su témpano había girado hasta tal punto que se dirigía directamente hacia el mar. Solo hacía unos instantes que lo estaba observando cuando se produjo un ruido sordo y profundo y el témpano se resquebrajó bajo sus pies, directamente debajo de la tienda número 4, en la que estaban durmiendo ocho hombres.

Casi al instante, los dos fragmentos del témpano se separaron, la lona cayó y se escuchó un chapoteo. Los demás tripulantes salieron de las tiendas.

—¡Hemos perdido a alguien! —gritó un hombre.

Shackleton se precipitó hacia allí y empezó a desgarrar la tela. Escuchó en medio de la oscuridad unos ruidos apagados y unos jadeos procedentes de abajo. Cuando finalmente se desembarazó de la tienda, vio algo informe que se movía en el agua. Shackleton se agachó, cogió el saco y, con un tremendo esfuerzo, lo sacó del agua. Un instante después, las dos mitades del témpano resquebrajado se unieron con un violento choque.

El hombre del saco de dormir resultó ser Ernie Holness, uno de los fogoneros. Estaba empapado, pero vivo, y no había tiempo de preocuparse de él porque la grieta se había vuelto a abrir, esta vez con mucha rapidez, separando del resto del grupo a los hombres de la tienda de Shackleton y a los que habían estado durmiendo en el Caird. Un cabo atravesaba el témpano y los dos pequeños grupos de hombres, tirando unos de otros, consiguieron una vez más saltar las mitades. Rápidamente pusieron a salvo el Caird y luego saltaron al témpano mayor. Shackleton esperó hasta que todos estuvieron a salvo y, cuando le llegó el turno, las mitades se habían vuelto a abrir. Agarró el cabo e intentó alcanzar el lado más cercano; pero, solo con un hombre tirando de él, fue inútil. En menos de un minuto, desapareció en la oscuridad.

Nadie dijo una palabra durante un buen rato; luego, oyeron la voz de Shackleton en medio de la oscuridad:

—¡Echad un bote al agua! —gritó.

Wild justamente acababa de dar la orden. El Wills fue deslizado al agua y media docena de voluntarios remaron hacia la voz de Shackleton. Finalmente, descubrieron su silueta en la oscuridad y se dirigieron hacia el témpano en el que se encontraba. Saltó a bordo del Wills y volvieron al campamento.

Evidentemente, no podían dormir. Shackleton ordenó que encendieran el hornillo de grasa. Luego centró su atención en Holness, quien estaba temblando dentro de sus ropas empapadas. No podían darle ropa seca porque las únicas ropas que tenían eran las que llevaban puestas. Para evitar que Holness se congelara, Shackleton ordenó que se mantuviera en movimiento hasta que se secara. Durante toda la noche se estuvieron turnando para acompañarlo en sus paseos. Sus compañeros oían el crujido de la ropa helada y el tintineo de los cristales de hielo que caían. Holness no se quejó de las prendas empapadas, pero durante horas se lamentó de haber perdido el tabaco en el agua.

## 22

A las cinco de la mañana, el primer indicio de luz en el cielo señaló el final de la noche. Era el 10 de abril. Al romper el día, el tiempo no era demasiado alentador: nublado y brumoso; ni la isla Clarence ni la Elefante eran visibles; y Worsley solo pudo estimar que se hallaban hacia el norte, a una distancia de entre 30 y 40 millas. El viento del este había arrastrado nuevas masas de hielo alrededor del témpano; así pues, otra vez parecían estar atrapados.

Sin embargo, había signos de una próxima apertura de la superficie, por lo que después del desayuno todos estaban preparados para una salida rápida. Shackleton decidió aligerar los botes abandonando algunas herramientas para el hielo y varias cajas de hortalizas secas. Poco antes de las ocho, la banquisa comenzó a dispersarse y a las ocho y diez Shackleton dio la orden de lanzar los botes.

El agua se rompió con un desagradable golpe seco, lo cual hizo que las embarcaciones se tambalearan y que remar fuera extremadamente dificultoso. Al rato, el hielo comenzó a abrirse de nuevo y, al cabo de una hora más o menos, se encontraban en una vasta extensión de agua abierta, tan amplia que apenas podían ver bien la banquisa a ambos lados. Tras haber pasado más de un año sin ver otra cosa que hielo, el nuevo panorama les produjo gran satisfacción. Shackleton ordenó que se izaran velas.

El Caird llevaba dos palos, para la vela mayor y para la de mesana, más uno pequeño en proa, para el foque. El Docker llevaba una sola vela al tercio, mientras que el Wills contaba con una pequeña vela mayor y un foque. Los botes eran a duras penas adecuados para la navegación, y este hecho fue evidente en cuanto izaron las velas. El Caird capturó el viento y se escoró hacia babor, adelantando a los otros dos botes. Aunque el Docker era algo más rápido que el Wills, la diferencia era poca, y no pudieron navegar con el viento. El Caird tuvo que rezagarse para no separarse demasiado de los otros.

Hacia media mañana, los botes llegaron al límite de una extensión de banquisa que se dilataba en una línea larga y cerrada, al parecer siguiendo la corriente. Los témpanos eran allí viejos e imponentes veteranos que habían sobrevivido durante años a las presiones y habían emergido al final del mar de Weddell para fundirse en los márgenes de la Antártida. Sus bordes, en lugar de ser frescos y afilados en donde se habían roto recientemente, estaban desgastados y erosionados por el agua. Durante más de una hora, los tres botes continuaron hacia el oeste a lo largo de la costa de aquella hilera de viejos témpanos, y luego, poco después de las once, descubrieron un paso y remaron por él.

Comprendieron de inmediato que debían de encontrarse en océano abierto. Era el momento con el que habían soñado desde los días del Campamento Océano, pero la realidad se impuso al sueño. En cuanto los botes salieron de la barrera protectora de la banquisa, fueron acometidos por la fuerza del viento y un mar alto y revuelto se abalanzó sobre ellos desde el noreste. Mientras intentaban recuperar el rumbo norte-noreste con las velas alzadas, un roción de agua helada les cayó encima. Ráfagas heladas les azotaban la cara una y otra vez, y el viento penetrante les parecía mucho más frío debido a la falta de sueño. En el Docker, Orde-Lees y Kerr se desplomaron súbitamente sobre la pila de sacos de dormir, completamente mareados.

Pero aquellos hombres se quejaban muy poco. Sabían que, en algún lugar, al otro lado de la niebla, probablemente a no más de unas 24 millas al norte, había tierra, y ellos ahora se dirigían a ella y estaban cada vez más cerca. Cuando llegó la hora de comer, Shackleton les concedió una ración abundante de galletas, una ración fría de carne seca para perros y seis terrones de azúcar.

A primera hora de la tarde, sin embargo, el viento aumentó considerablemente y los botes empezaron a llenarse de agua hasta un nivel peligroso. Durante más de una hora, Shackleton mantuvo el rumbo hacia el noreste, con la esperanza de que las embarcaciones se comportaran de la misma manera en el mar abierto. Pero hacia las dos comprendió que era muy arriesgado someterlas a ese esfuerzo, y ordenó a los hombres que volvieran tras la barrera protectora de la banquisa.

Los botes viraron y se dirigieron velozmente hacia el sur ante el viento que les empujaba. Al cabo de unos minutos alcanzaron el borde de la banquisa y siguieron hacia el oeste, buscando un témpano en el que pudieran amarrar. El mayor fragmento que pudieron encontrar fue el que Worsley describió como «témpano-iceberg», una densa masa de hielo de presión, de color azul oscuro y de unos 30 metros cuadrados, cuya altura alcanzaba, en algunos puntos, los cuatro metros y medio por encima del agua. Flotaba solitario, aislado del resto de la hilera de la banquisa, y resultaba evidente que hacía tiempo que iba a la deriva. El mar se había comido su orilla, dejando un cerco de hielo quebradizo.

Los riesgos de la noche anterior todavía seguían muy vivos en el recuerdo de Shackleton como para arriesgarse de nuevo. La tripulación tendría que pasar la noche en los botes. Se detuvieron junto al témpano-iceberg, clavaron los remos en el hielo, aseguraron los cabos de proa de los botes a los remos y esperaron a que oscureciera.

Al cabo de unos minutos, sin embargo, empezó a soplar un viento fresco del noreste y el mar comenzó a agitarse. Los botes chocaban los unos contra los otros y amenazaban con arrancar los remos que los sujetaban al témpano. Además, el viento formaba remolinos en la superficie del iceberg, arrancaba nieve de su superficie y la arrojaba directamente sobre sus caras. Tras media hora de padecimiento, Shackleton no tuvo elección. Si los hombres iban a dormir —y tenían que dormir— no existía otra opción que acampar en el hielo. Dio la orden a regañadientes.

Maniobraron a lo largo del témpano-iceberg y la mitad de la tripulación trepó por el hielo. Rápidamente subieron las provisiones y los equipos y luego llegó la penosa experiencia de ocuparse de los botes. El saliente que rodeaba el borde del témpano-iceberg era escarpado y peligroso y se alzaba casi perpendicularmente un metro y medio por encima del agua. Por lo tanto, los botes tuvieron que ser acarreados casi en vertical mientras los hombres tiraban de ellos lejos del borde, a una distancia segura.

El Wills fue el primero, y lo levantaron sin que ocurriera ningún incidente. Con el Docker no resultó tan fácil. Se encontraba a medio camino cuando el hielo cedió y Will Stephenson, uno de los fogoneros, cayó al agua. Media docena de hombres se apresuraron a ayudarlo. El Caird fue el último; de nuevo, se rompió el saliente. Shackleton, Wild y Hurley pudieron sujetar el bote justo antes de que cayera. Eran las tres y media cuando acabaron de subir las embarcaciones y todos estaban agotados. Apenas habían dormido en treinta y seis horas. Como no estaban acostumbrados a remar, tenían las manos llenas de ampollas y un poco congeladas; las ropas estaban empapadas por los rociones que habían caído en los botes y, cuando desenrollaron los sacos, vieron que también estaban húmedos.

Pero lo más importante era dormir. Después de cenar carne seca fría, leche y dos terrones de azúcar, se introdujeron completamente vestidos en los sacos. Algunos, antes de cerrar los ojos, hicieron un último esfuerzo para resumir brevemente los acontecimientos del día en sus diarios. Worsley escribió: «Según mis cálculos, hoy hemos recorrido diez millas [al noroeste], y la corriente debió de empujarnos hacia el oeste antes de que soplara la fuerte brisa del este». Hurley transcribió lo que estaba en la mente de todos: «Rezo a Dios para que [este témpano] siga entero durante toda la noche».

Por algún milagro, así ocurrió, aunque bastante antes del amanecer observaron que algo iba mal. A la salida del sol se despertaron en medio de un aterrador espectáculo de la naturaleza.

Durante la noche, el viento había alcanzado la fuerza de un temporal y, desde algún lugar hacia el noreste, una gran extensión de banquisa había derivado hasta donde ellos se encontraban; se extendía, entera, hasta el horizonte, en todas direcciones. Fragmentos de icebergs y de témpanos rotos de mil formas diferentes ocultaban la superficie del agua. Y, por el noroeste, olas de nueve metros de altura se extendían de un extremo a otro, recorriendo la banquisa, separadas por líneas implacables de medio kilómetro. En su cresta, el témpano-iceberg se elevaba hasta lo que parecían vertiginosas alturas y luego se desplomaba en valles desde los cuales el horizonte no se distinguía. Un estruendo sordo y confuso llenaba el aire: el chillido del viento y el ruido del mar, rompiendo discordante contra la banquisa, junto con el incesante y retumbante crujir del hielo.

Debido a su tamaño, el iceberg derivaba con mayor lentitud que el resto de la banquisa, que se abatía sobre él y lo golpeaba por todos lados al tiempo que la marejada lo socavaba y desgastaba su orilla. Periódicamente, se desmoronaban pedazos de todos los lados mientras otros se desprendían, arrancados por fragmentos de témpanos que eran empujados por el mar contra el iceberg. A cada impacto, este sufría un estremecimiento que ponía los pelos de punta.

Era la situación que Shackleton temía desde la primera aparición de la marejada en el Campamento Paciencia. El iceberg se estaba desmoronando bajo sus pies y en cualquier momento podía quebrarse o alzarse verticalmente. Pero echar los botes al agua habría sido una estupidez. En unos cuantos segundos habrían sido reducidos a astillas.

Toda la escena poseía una especie de horrible fascinación. Los hombres se mantenían alerta, en tensión, y al propio tiempo eran conscientes de que en cualquier momento podían ser arrojados al mar para ser aplastados o ahogados, o para permanecer en las aguas heladas hasta que el último aliento de vida se les congelara. Sin embargo, era innegable la grandeza del espectáculo que se desarrollaba ante ellos.

Muchos buscaron la manera de traducir sus sentimientos en palabras, pero no pudieron encontrar las adecuadas. En aquellos momentos, Macklin recordó unos versos de la *Morte d'Arthur*, de Tennyson: «Jamás vi, ni veré, aquí o en otro lugar, hasta que muera, ni aunque viva tres vidas de los hombres mortales, un milagro tan grande...».

Shackleton se encaramó a un promontorio de unos cuatro metros de altura en uno de los extremos del iceberg, desde el que podía ver la ilimitada extensión de hielo. Aquí y allá, a lo lejos, una línea negra o una mancha oscura y pequeña revelaban un paso o un charco de agua abierta. La única esperanza del grupo de expedicionarios era que una de aquellas aberturas llegara hasta allí, rodeara al iceberg e hiciera posible que escaparan. Sin embargo, cuando se abría un paso, se aproximaba hasta poca distancia y luego viraba hacia un lado o hacia el otro o desaparecía cuando el hielo se cerraba. Esperaron hora tras hora, hasta las ocho, las nueve, las diez. Los botes estaban preparados desde el amanecer y las provisiones y los equipos, dispuestos para ser cargados de inmediato.

Contemplaron a Shackleton sobre el pequeño promontorio. Desde abajo, se acentuaba la expresión desafiante de la línea de su barbilla, pero los círculos de cansancio que le rodeaban los ojos hablaban de la gran tensión a la que estaba sometido. De vez en cuando, les gritaba que se mantuvieran alerta. Se presentó una oportunidad. Los hombres subieron a toda prisa a los botes y esperaron, pero al cabo de un rato Shackleton miró hacia abajo y movió la cabeza. La oportunidad había desaparecido.

Mientras esperaban, el iceberg se iba desmoronando poco a poco, fragmento a fragmento. Más adelantada la mañana, una ola enorme chocó contra él, desprendiendo un trozo de seis metros que, al caer al agua, dejó detrás una plataforma de hielo medio sumergida. Aquella plataforma se quedó flotando y ayudó a que el iceberg se mantuviera derecho, evitando que se moviera con la marejada. Existía la posibilidad de que el iceberg se partiera en sentido horizontal y que la parte superior cambiara de rumbo.

Llegó el mediodía. El iceberg era más pequeño, pero el hielo seguía cerrado y la marejada se había incrementado.

Comieron algunas raciones, formando pequeños grupos y hablando tranquilamente. Hacia la una, una idea deprimente se había apoderado de todos. ¿Y si llegaba la oscuridad y el hielo seguía cerrado? Era posible que el iceberg, con las sacudidas que estaba sufriendo, no llegara a la mañana siguiente, y ellos podían caer al mar durante la noche.

Hicieron algunas bromas acerca de esta posibilidad; intentaron resignarse o, simplemente, procuraron no pensar en ello. Greenstreet sacó su diario y escribió: «Pasamos mucha ansiedad cuando el témpano oscila y se desliza...». El diario finalizaba sin acabar la frase. No podía concentrarse.

Poco antes de las dos, cuando solo quedaban tres horas de luz, llegó el momento. Se fueron abriendo un paso de agua tras otro, demasiado alejados para que les sirvieran de algo. Miraron a Shackleton, quien seguía con la vista otro paso que se iba aproximando desde el norte, aunque nadie pensó realmente que les llegaba la oportunidad esperada.

Entonces se escuchó un grito de excitación. Se había abierto un paso en la dirección opuesta: lo que vieron les resultó casi increíble. El hielo se estaba retirando de manera misteriosa, como si estuviera bajo la influencia de alguna fuerza invisible. Mientras miraban, la superficie del agua se llenó de remolinos y turbulencias. Una extraña corriente se había levantado de las profundidades del mar y se había desviado hacia la parte inferior del iceberg. Con saltos y agitando los brazos señalaron el paso de agua oscura que se iba abriendo junto a ellos.

—Echad los botes al agua —gritó Shackleton, mientras bajaba del promontorio—. Echad las cajas de cualquier manera.

La tripulación se apresuró a acercar los botes al borde del iceberg. La superficie del mar estaba a un metro y medio debajo de ellos, así que lanzaron los botes del hielo al agua. Saltaron a las embarcaciones y subieron apresuradamente las provisiones a bordo. Pasaron un momento de peligro cuando la plataforma de hielo se elevó y amenazó con hacer zozobrar al Docker, pero rápidamente lo alejaron del peligro y en cinco minutos los botes se alejaron.

Remaron hasta el centro del paso y, desde donde se encontraban, vieron que se abría un paso al otro lado de una estrecha garganta formada por restos de hielo. Avanzaron con esfuerzo y entonces la banquisa, con su inexplicable comportamiento, empezó a disgregarse, dejando un amplio margen de agua abierta a su alrededor.

Hasta entonces, su destino había sido o la isla Clarence o la isla Elefante, cualquiera de ambas. Era la elección más lógica, la tierra más cercana. Cuando salieron con los botes del Campamento Paciencia, la isla Clarence se encontraba justo a 39 millas al norte. Pero, al navegar hacia el noroeste, habían reducido la distancia a 25 millas norte-noreste, según las estimaciones de Worsley. Sin embargo, habían pasado dos días desde la última observación y durante ese tiempo los fuertes vientos que soplaron del noreste probablemente habían impulsado a la expedición hacia el oeste a considerable distancia. Además, las grandes cantidades de agua abierta se extendían ahora hacia el suroeste, hacia la isla Rey Jorge, que estaba a 80 millas. Shackleton tomó la decisión sobre la marcha: abandonarían la intención de alcanzar las islas Clarence o Elefante y aprovecharían el viento para alcanzar la isla Rey Jorge.

Era un destino mucho mejor. Las otras posibilidades se encontraban lejos y, por lo que Shackleton sabía, nadie las había visitado nunca. Pero desde la Rey Jorge, una serie de trayectos de isla en isla, el mayor de los cuales tendría un recorrido de 19 millas, los llevaría finalmente hasta la isla

Decepción, que se encontraba a un centenar de millas. En aquel lugar, los restos del cono de un volcán formaban un abrigo excelente, y era un frecuente puerto de escala de los balleneros. Además, creía recordar que en la isla había una reserva de alimentos para uso de los náufragos. Y lo más importante: había una pequeña y tosca capilla que habían construido los balleneros. Si no había barcos anclados en la isla, Shackleton estaba seguro de que podrían demoler la iglesia y utilizar la madera para construir un bote lo bastante grande para acomodarlos a todos.

Siguieron rumbo al suroeste durante la tarde. Hacia las tres y media, Shackleton ordenó por señales desde el Caird que izaran las velas y, casi inmediatamente, las desigualdades entre los tres botes se hicieron evidentes otra vez. El Caird surcaba las aguas perfectamente, seguido del Docker, pero el Wills cojeaba por popa, cosa que lo frenaba. Al cabo de un rato, Shackleton condujo al Caird hasta la protección de unos hielos y le gritó a Worsley que fuera a buscar el Wills. Le llevó casi una hora hacer que el Docker se abriera paso con el viento en contra, remolcar el Wills y volver hasta donde se encontraba el Caird.

Cuando los tres botes volvieron a agruparse, estaba a punto de caer la noche y Shackleton tuvo miedo de colisionar con los hielos. Recogieron velas y avanzaron a remo. Con la última luz del día, encontraron un témpano y se dirigieron a él. Pero no iban a acampar: no lo harían nunca más si de Shackleton dependía. Habían aprendido la lección en dos ocasiones, y ahora se habían librado de los hielos. El único hombre que desembarcó fue Green, que llevó el hornillo y las provisiones al témpano. Preparó un poco de carne de foca y leche caliente. La tripulación comió sentada en los botes.

Cuando acabaron, soltaron amarras. Los botes avanzaron rápido, uno tras otro, con el Docker a la cabeza. Luego empezaron a remar, muy despacio, hacia el suroeste. Se relevaban de dos en dos en los remos. Los demás permanecían agachados en la proa de los botes vigilando el borde de la banquisa para que las embarcaciones se mantuvieran al otro lado de su barrera protectora. Tampoco perdían de vista a los icebergs y a los grandes témpanos que podrían chocar contra los botes y aplastarlos. Había empezado a nevar: caían unos copos grandes y húmedos que se pegaban y se fundían. La nieve aumentaba la incomodidad de los vigías, que forzaban la vista en medio del viento para vigilar que no apareciera hielo a la deriva en la oscuridad.

El tiempo que los hombres estaban en los remos era breve para que todos hicieran un turno tan a menudo como fuera posible. Era la única manera de mantenerse en calor. Los que no remaban o estaban vigilando hacían lo posible por mantener la sangre en movimiento. Dormir resultaba imposible porque no había un lugar en el que echarse. El fondo de los botes lo ocupaban las provisiones y apenas había sitio para los pies. Los sacos de dormir y las tiendas invadían casi todo el espacio en la proa, y los dos bancos de los remeros tenían que mantenerse libres. Solo quedaba un reducido espacio en medio de la embarcación para los hombres que no estaban ocupados; estos se sentaban en un grupo apretado, arracimados para darse calor.

Durante la noche, la repentina erupción de agua en las proximidades y de un sonido semejante a una válvula de vapor disparándose bajo presión les avisó de que cerca había ballenas. Fue la principal preocupación durante aquella larga y negra noche. Habían avistado ballenas en cientos de ocasiones, agitándose alrededor de grandes témpanos mientras subían a la superficie para respirar. Y la capacidad de una ballena para distinguir entre la parte inferior de un témpano y la parte inferior blanca de los botes era dudosa.

Hacia las tres de la madrugada, los tripulantes de los botes sufrieron una súbita sacudida eléctrica al escuchar el grito casi histérico de Hudson:

—¡Una luz! ¡Una luz!

Señalaba hacia el noroeste. Todos se incorporaron para mirar en la dirección que Hudson señalaba. La excitación duró tan solo un momento, hasta que estuvieron lo suficientemente alerta para comprender que era absurdo. Volvieron a sentarse, maldiciendo la estupidez de Hudson y las desvanecidas esperanzas. Hudson insistió en que la había visto y durante varios minutos permaneció sentado, mascullando para sus adentros porque nadie quería creerle.

Hacia las cinco, empezó a aclararse el cielo. Al cabo de un rato, el amanecer del 12 de abril estalló en radiante esplendor a lo largo del horizonte. El sol inició su recorrido en un cielo sin nubes y su mera contemplación parecía cambiar la forma de todas las cosas. Remaron junto a un gran témpano y Green desembarcó de nuevo para preparar un poco de carne de foca y leche caliente. Después de desayunar, soltaron amarras, izaron las velas y pusieron rumbo hacia el suroeste con unas condiciones perfectas: amplios pasos de agua abierta protegidos por una franja de la banquisa en la que centenares de focas yacían durmiendo.

A las diez y media, Worsley sacó el sextante. Luego, apoyado en el palo del Docker, lo examinó por primera vez desde que habían abandonado el Campamento Paciencia. Al mediodía repitió la operación; en los botes, la tripulación esperaba los resultados. Todos los rostros estaban vueltos hacia Worsley, mientras él, sentado en el fondo del Docker, realizaba los cálculos. Estudiaron la expresión de su rostro mientras trazaba las dos líneas de posición. Aquello le ocupó mucho más de lo habitual y, poco a poco, una expresión de perplejidad apareció en su rostro. Volvió a comprobar los cálculos y la expresión de perplejidad fue sustituida por otra de preocupación. Volvió a repasar los cálculos y entonces, lentamente, levantó la cabeza. Shackleton había acercado el Caird hasta el Docker y Worsley le mostró la posición: 62° 15' sur, 53° 7' oeste.

Se encontraban aproximadamente a 124 millas al este de la isla Rey Jorge y a 61 millas al sureste de la isla Clarence: ¡la tierra se encontraba 22 millas más lejos que cuando habían salido del Campamento Paciencia hacía tres días!

# 23

Navegaban sin cesar hacia el oeste, con fuertes vientos del este empujándolos, y aun así habían avanzado en dirección opuesta. Se encontraban a 20 millas al este de donde habían iniciado el camino y a 50 millas al este de donde habían pensado que se encontraban.

La noticia fue tan abrumadora que algunos se negaron a creerla. No podía ser. Worsley se había equivocado. Pero no. Cuando volvió a establecer la posición a primeras horas de la tarde, observó que la isla Joinville, que habían avistado dos semanas antes, ahora se encontraba solo a 80 millas.

Alguna corriente del este, desconocida e imposible de detectar, los había empujado: una corriente con una fuerza tan tremenda que los había devuelto al punto de partida.

Para llegar a la isla Rey Jorge había que navegar directamente en medio de dicha corriente; así, por tercera vez, Shackleton anunció que habían cambiado de destino. Esta vez iba a ser la bahía de Hope, a 130 millas del extremo de la península Antártica, más allá de la isla Joinville. Pusieron rumbo al sur y los hombres permanecieron sentados en un silencio absoluto, agotados y desanimados, con la esperanza de un pronto desembarco completamente desvanecida.

Avanzada la tarde, el viento se incrementó por el nortenoroeste y los botes avanzaron sobre fragmentos de hielo desparramados, lo cual, según Shackleton, podía causar problemas cuando llegara la oscuridad. Dio la orden de quedarse al pairo. Worsley insistió en continuar con los remos, pero Shackleton se negó. Intentaron encontrar un témpano en el que pasar la noche. Pero no había ninguno, ni siquiera un fragmento lo bastante grande para acomodar a Green y su hornillo. Lo mejor que pudieron encontrar fue un témpano pequeño al que amarraron el Docker, seguido del Wills y, por último, del Caird. Hacerlo fue difícil, debido al movimiento de las aguas que hacía que los botes y el témpano se agitaran violentamente. Pasó casi una hora antes de que lo consiguieran.

Extendieron las lonas de las tiendas sobre los botes y con gran dificultad encendieron unos pequeños hornillos para poder calentar un poco de leche. La bebieron bien caliente, apretados bajo la agitada lona de las tiendas. Disfrutaban del placer de un momento de calor cuando una nueva amenaza se cernió sobre ellos. Alrededor de los bordes del témpano aparecieron grandes bloques de hielo, hacia sotavento, donde estaban amarrados los botes.

Los miembros de la tripulación apartaron la lona y, con todos los remos y bicheros disponibles, se dedicaron a apartar los fragmentos de hielo que se aproximaban o bien a mantenerlos a raya para que los botes no chocaran con ellos en medio del movimiento del agua. El esforzado trabajo podría haber durado toda la noche, pero hacia las nueve, en el breve espacio de unos cuantos minutos, el viento viró repentinamente hacia el suroeste. Inmediatamente el témpano dejó de ser un refugio, se transformó en una orilla a barlovento y los botes fueron empujados hacia su borde accidentado. Shackleton gritó que se apartaran y los remeros se apresuraron a ocupar sus posiciones. Todo sucedió tan rápido, y el viento era tan fuerte, que ni siquiera tuvieron tiempo de alcanzar el cabo de proa del Docker, que los mantenía sujetos al témpano, y lo tuvieron que cortar. Remaron frenéticamente hasta que al fin consiguieron alejarse.

Empezó a caer de nuevo una nieve húmeda y densa. La temperatura también descendió debido al viento procedente del polo. Al poco tiempo, la superficie del mar estaba congelada y formaba unas manchas aceitosas que más tarde se transformarían en hielo panqueque.

Shackleton ordenó que el Docker fuera a la cabeza. Se ató el Caird a su popa y el Wills se situó a la zaga. En el Docker retiraron dos remeros para mantener la línea de los botes en la dirección del viento y para evitar que chocaran unos con otros. Hacia las diez estaban en posición.

En esta segunda noche tampoco durmieron, aunque los hombres se arrimaron los unos a los otros con la esperanza de generar el suficiente calor para dormitar un rato. Pero hacía un frío tremendo. Habían dejado en el campamento los termómetros de Hussey, así que no podían leer la temperatura, pero Shackleton estimó que debía de rondar los −20 °C. Oían cómo se congelaba el agua. La nieve caía sobre el hielo recién formado con un fino sonido crujiente y el hielo emitía también un crujido, como un siseo, cuando se alzaba con la marejada.

Se les congelaron las ropas que llevaban debido a que estaban sentados sin moverse. Sus prendas no solo estaban húmedas por las salpicaduras de agua y nieve, sino que también estaban gastadas y saturadas por la grasa que el cuerpo había secretado durante seis meses de trabajo constante. Al cambiar de postura, aunque solo fuera levemente, la piel entraba en contacto con la fría superficie de la ropa. Procuraban mantenerse inmóviles, pero era imposible. La falta de alimento y las preocupaciones los habían debilitado hasta tal punto que era difícil no moverse: tiritaban, y el temblor les impedía dormir. Era mejor remar. Shackleton, en el Caird, tenía serias dudas de que algunos hombres sobrevivieran a la noche.

A Worsley le preguntaron la hora cien veces. Y, cada vez que lo hacían, él rebuscaba debajo de la camisa y sacaba el cronómetro que llevaba colgado del cuello para que no se helara. Lo sostenía cerca de la cara y leía las manecillas a la débil luz de la luna que brillaba a través de las finas nubes de nieve. Tantas veces lo hizo que se convirtió en una especie de juego horrible: ver quién podía resistir más tiempo antes de volver a preguntar la hora. Cuando al final alguno sucumbía a la tentación, todas las cabezas se levantaban esperando la respuesta de Worsley.

Al fin llegó el amanecer. Y, con su luz, el agotamiento tras pasar la noche en vela era evidente en todos los rostros. Las mejillas blancas y secas; los ojos inflamados por los rociones salados y porque aquellos hombres solo habían dormido un poco en los últimos cuatro días. Las barbas cristalizadas, llenas de nieve y congeladas, se habían transformado en una masa blanca. Shackleton buscó en el rostro de sus hombres la respuesta a la pregunta que más le preocupaba: ¿cuánto más podían aguantar? No existía un único veredicto. Algunos parecían a punto de derrumbarse, mientras que otros mostraban la inequívoca determinación de seguir adelante. Pero al menos todos habían sobrevivido a la noche.

Poco después de la salida del sol, el viento empezó a soplar del sureste y refrescó el ambiente de manera considerable. Shackleton le ordenó a Worsley que llevara el Docker junto al Caird. Tras una rápida conversación, anunciaron que, por cuarta vez, cambiaban de dirección. En vista del viento del sureste, pondrían otra vez rumbo hacia la isla Elefante, que ahora estaba a cien millas hacia el noroeste. Rogaron a Dios para que el viento se mantuviera hasta que llegaran.

Tras volver a distribuir las provisiones para que el Wills no fuera tan cargado, los botes izaron las velas y se pusieron en marcha con el Caird a la cabeza.

Avanzaron en medio de los témpanos mientras la tripulación hacía turnos en la proa e intentaba apartar el hielo. A pesar de todo, chocaron con algunos y el Caird se desfondó ligeramente cuando se topó con un fragmento bastante grande. Por fortuna, el agujero se produjo por encima de la línea de flotación, aunque Shackleton ordenó a los botes que redujeran la vela para evitar daños mayores.

Encendieron los hornillos y prepararon una ración de leche caliente. Shackleton dijo además que toda la tripulación podía comer lo que deseara para superar el frío y la falta de sueño. Aquello no constituyó ningún aliciente para algunos, esto es, para los que el mareo era una calamidad añadida. Orde-Lees era el que lo pasaba peor, o al menos era el que más se quejaba. Pero despertaba pocas simpatías. Había trabajado menos que los demás desde que subieron a los botes. Cuando le tocaba el turno en los remos, a menudo le pedía a Worsley que lo relevara con la excusa de que estaba enfermo o de que no sabía remar bien. Como era habitual en él, a Worsley le resultaba difícil comportarse con severidad, y como siempre había voluntarios que esperaban entrar en calor remando, a Orde-Lees se le permitía saltarse el turno. En las raras ocasiones en las que le ordenaban o le avergonzaban para que cogiera un remo, se las arreglaba de tal manera que su exhibición de ineptitud provocaba un rápido relevo. A veces, cuando remaba delante de Kerr, perdía el ritmo y, cuando se echaba hacia atrás para tomar impulso, le golpeaba violentamente los dedos. Juramentos, amenazas: nada le afectaba. Era como si no los oyera. Y, finalmente, Kerr le suplicaba a Worsley que reemplazara a Orde-Lees.

Cuando Shackleton dio la orden de que podían comer todo lo que desearan, la tripulación del Docker se burló de Orde-Lees, asegurándose de que los viera comer hasta hartarse con la esperanza de que eso le haría encontrarse peor.

Hacia las once, la banquisa dispersa empezó a perder densidad, aunque los botes todavía encontraban en su camino grandes fragmentos de aguanieve recién congelada. El hielo panqueque estaba salpicado de miles de peces muertos de unos 13 centímetros, que al parecer habían fallecido a causa de una corriente fría. Un gran número de fulmares y de petreles de las nieves se abalanzaban en picado para capturarlos con el pico.

El viento continuó arreciando. A última hora de la mañana, había alcanzado casi la fuerza de una ventisca e impulsaba los botes a una velocidad considerable.

Justo antes del mediodía, salieron a mar abierto desde la franja de la banquisa.

El cambio fue enorme. La marejada, procedente del noroeste, que hasta entonces había sido amortiguada por la banquisa, avanzaba abierta e inmensa hacia los botes. El rumbo de estos se dirigía directamente hacia ella. Al cabo de unos minutos se encontraban sobre una montaña de agua cuyo frente debía medir un cuarto de milla. Por encima aullaba un viento que transformaba los rociones en finas y ligeras líneas. Luego empezaron a descender; fue un descenso lento y empinado hasta el valle que conducía a la siguiente ola. El ciclo se repitió una y otra vez. Pronto perdieron de vista la banquisa y de vez en cuando uno u otro bote desaparecía detrás de una de esas enormes colinas de agua.

Fue como si de repente hubieran salido al infinito. Tenían un océano para ellos solos, una inmensidad desolada y hostil. Shackleton recordó los versos de Coleridge:

> Solos, solos, completamente solos,
> solos en el ancho ancho mar.

El espectáculo que estaban protagonizando era lastimoso: tres botes pequeños, cargados con los extraños restos de lo que antes fue una orgullosa expedición y llevando a veintiocho hombres exhaustos que estaban haciendo un esfuerzo final, casi absurdo, por sobrevivir. Esta vez no había vuelta atrás, y ellos lo sabían.

La tripulación se agarraba a los costados de los botes inclinados mientras se dirigían hacia delante. Aunque seguían avanzando, les costaba mucho esfuerzo. Tanto el Docker como el Wills embarcaban agua continuamente. La tripulación se sentaba de cara a popa, con el viento directamente en la cara, posición solo apenas preferible a estar de cara a proa, donde habrían sido aguijoneados por el agua que rompía contra la amura.

Hacia media tarde el viento había aumentado, así que Shackleton ordenó que tomaran otro rizo en las velas y avanzaran así hasta el crepúsculo. Al anochecer, Worsley condujo el Docker junto al Caird e insistió en proseguir, pero Shackleton se negó rotundamente. Ya era bastante difícil, dijo, mantener juntos a los botes a la luz del día; por la noche sería imposible. Incluso rechazó la sugerencia de Worsley de agrupar los botes y remar durante el crepúsculo.

Shackleton estaba convencido de que solo se salvarían si permanecían juntos. El Caird y el Wills dependían de la amplia experiencia en navegación de Worsley, y Shackleton era perfectamente consciente de que el Wills requería una constante vigilancia. No solo era el que peor navegaba de los tres botes, sino que Hudson, que lo mandaba, era uno de los más susceptibles al cansancio y, tanto física como mentalmente, se encontraba muy débil. Shackleton creía que, si el Wills se separaba de los demás, lo perderían.

Decidió entonces que los botes pasarían la noche agrupados. Ordenó que el Docker echara un ancla flotante y que el Caird se amarrara a la popa del anterior, con el Wills detrás. Trabajando con dedos ateridos, Worsley, Greenstreet y McLeod ataron tres remos juntos y echaron sobre ellos un trozo de lona. Luego aseguraron el artilugio con un gran trozo de cabo y lo fijaron a un lado. Esperaban que el ancla flotante actuara como un freno, levantando la proa de los botes con la ayuda del viento. Una vez agrupada, la tripulación se sentó a esperar la llegada de la mañana.

Jamás habían pasado una noche peor. Cuando oscureció, el viento arreció y la temperatura descendió aún más. Era imposible hacer una lectura, pero es probable que alcanzara los –22 °C. Hacía tanto frío que las olas que rompían contra los botes se helaban casi en el mismo momento en el que se levantaban. Antes de que la oscuridad fuera completa, resultó evidente que el ancla flotante no podría mantenerlos unidos frente al viento. Los botes caían en la depresión de las olas, donde el mar los barría por los costados. Las embarcaciones, los hombres: todo estaba empapado y helado. La tripulación intentaba protegerse bajo la tela de las tiendas, pero el viento la arrancaba una y otra vez.

En el Caird consiguieron el espacio suficiente para que cuatro hombres se acurrucaran juntos sobre los sacos de dormir apilados en la proa; se turnaban intentando, en vano, dormir. En el Docker, sin embargo, solo había sitio suficiente para que los hombres se sentaran, apiñados y con los pies apretados entre las cajas de las provisiones. Las olas llegaban hasta el fondo del bote y, como la mayoría llevaba botas de fieltro, toda la noche tuvieron los pies empapados en agua helada. Hicieron lo que pudieron para achicar las embarcaciones, aunque el agua a veces les llegaba hasta el tobillo. Para evitar que se les congelaran los pies, movían constantemente los dedos dentro de las botas. Hacían votos para que siguieran doliéndoles, porque lo contrario significaría que se les habían congelado. Al cabo de un tiempo, mantener los dedos de los pies en movimiento requirió una gran concentración por su parte... Habría sido muy fácil no hacerlo.

Pasaron las horas, aumentó la agonía y la tripulación del Docker se defendió con la única arma, ridícula, de la que disponía: los juramentos. Maldijeron todo lo susceptible de maldición: el mar, los botes, los rociones, el frío, el viento y, a menudo, también se maldecían los unos a los otros. En sus juramentos había una especie de tono de súplica, como si estuvieran implorando con devoción que se les liberara de todo aquel sufrimiento de humedad y frío glacial. Casi todos maldijeron a Orde-Lees, que se había apropiado del único impermeable y se negaba a compartirlo. Consiguió el lugar más cómodo del bote a costa de empujar a Marston y no se movió. Ignoraba o no era consciente de los juramentos que le dirigían. Al cabo de un rato, Marston se levantó y se dirigió a popa, donde se sentó junto a Worsley, que estaba a la caña. Durante un rato, solo se escuchó el gemido del viento a través de los aparejos. Luego, para desahogar su rabia, Marston empezó a cantar. Cantó una canción, esperó, y luego cantó otra. Finalmente repitió una y otra vez, con una voz débil y cansada, una canción con este estribillo:

Twankedillo, Twankedillo,
y un par de gaitas estridentes
hechas de sauce verde.

Durante la noche, la tripulación se vio perturbada por la frecuente necesidad de orinar. Es cierto que el frío intenso era un factor importante en dicha necesidad, y los dos médicos dijeron que se agravaba porque siempre estaban húmedos y absorbían el agua a través de la piel. Fuera cual fuera la razón, cuando un hombre sentía la necesidad de orinar, tenía que abandonar la endeble comodidad del abrigo de las lonas y dirigirse a sotavento. Casi todos padecían diarrea debido a la dieta de carne seca sin cocer, cosa que les obligaba a correr hacia sotavento y, sujetándose en cubierta, sentarse en la borda helada donde, invariablemente, los mojaba el agua del mar.

La tripulación del Wills fue la que lo pasó peor. A veces el agua que embarcaba les llegaba hasta las rodillas. El pequeño marinero Wally How tenía la fijación de que una orca podría llevárselos al agua. Stephenson, el fogonero, hundía continuamente la cara entre las manos y sollozaba. Blackborow, que había insistido en ponerse unas botas de cuero para salvar las de fieltro para el futuro, perdió la sensibilidad en los pies durante varias horas. Y Hudson, que había estado a la caña casi sesenta y dos horas seguidas, desarrolló un dolor en la nalga izquierda que fue aumentando de intensidad a medida que esa parte del cuerpo empezó a hinchársele. Al cabo de un rato tuvo que sentarse de lado y los movimientos del bote le producían grandes dolores. Sufría, además, de congelación aguda en las manos.

El cabo que unía el Wills con el Caird se tensaba y se aflojaba alternativamente, hundiéndose en el agua y elevándose en el aire helado. A medida que pasaban las horas, fue acumulando una capa de hielo cada vez más gruesa. La vida de los ocho hombres que estaban a bordo del bote dependía de aquel cabo. Si se partía, cosa que parecía muy posible, el Wills caería en el seno de las olas y se hundiría antes de que la tripulación pudiera desprender el hielo de la vela e izarla.

Los botes estaban llenos de hielo, pero el Wills pesaba como un tronco. El agua entraba a chorros, corría sobre la pila de sacos de dormir en proa y los dejaba cubiertos de hielo. Este formaba masas alrededor de la proa cuando se sumergía en las olas, lo cual cargaba hasta tal punto el bote que por lo menos cada media hora los hombres se deslizaban a la parte delantera para sacar el hielo de proa.

Finalmente, estaba la cuestión de la sed. Abandonaron la banquisa con tanta rapidez que olvidaron subir a bordo hielo que convertir en agua. No habían bebido nada desde la mañana y los hombres empezaban a implorar agua con desesperación. Tenían la boca seca y los labios medio congelados comenzaban a hincharse y a agrietarse. A algunos, cuando intentaban comer, les era imposible tragar y el hambre se transformaba en mareo.

# 24

Hacia las tres de la madrugada el viento empezó a amainar, y a las cinco se había transformado en una suave brisa. El mar, poco a poco, comenzó a calmarse.

Estaba despejado y el sol finalmente se abrió paso, con un brillo inolvidable, a través de una neblina rosada a lo largo del horizonte, que pronto se fundió en un llameante dorado.

Fue algo más que un simple amanecer. Les inundó el espíritu y los devolvió a la vida. Contemplaron cómo se calmaba el viento bajo la luz creciente y cómo desaparecían, al fin, los tenebrosos padecimientos de la noche.

Cuando el sol se elevó un poco, vieron desde el estribor de la proa los picos de la isla Clarence y, un poco más allá, la isla Elefante, justo delante de ellos: la tierra prometida, a poco más de 30 millas de distancia. En medio del júbilo del momento, Shackleton llamó a Worsley y lo felicitó por su navegación y este último, aterido de frío, miró hacia otro lado con orgullosa turbación.

Llegarían a tierra con la caída de la noche; eso si no perdían el tiempo. Shackleton, impaciente por ponerse en marcha, dio la orden de salida inmediatamente. Pero no era tan sencillo. La luz del amanecer reveló las consecuencias de aquella noche. En los rostros de los tripulantes se observaban los feos anillos blancos de la congelación y casi todos padecían ampollas de agua salada que cuando se abrían soltaban una secreción gris y espesa. McIlroy le gritó a Shackleton desde el Wills que posiblemente Blackborow había perdido los pies porque no podía devolverles la circulación sanguínea. Shackleton estaba demacrado. Su voz, normalmente fuerte y clara, era débil debido al cansancio. Tanto el Docker como el Wills estaban llenos de hielo, por fuera y por dentro. Pasaría más de una hora hasta que estuvieran listos para navegar.

Cuando llegó el momento de tirar del ancla flotante, Cheetham y Holness se inclinaron sobre la proa del Docker intentando desatar el nudo helado con unos dedos tan ateridos que apenas conseguían moverlos. Mientras estaban ocupados en ello, el Docker fue levantado por una ola y luego se desplomó con fuerza. Holness no tuvo tiempo de apartar la cabeza y el ancla flotante le golpeó en dos de sus dientes. Los ojos se le llenaron de lágrimas que se deslizaron rodando hasta la barba. Allí se quedaron, congeladas. Los dos hombres continuaron intentando desatar el ancla flotante; finalmente la desataron y la subieron a bordo, con hielo y todo.

Los remos estaban congelados a los costados de los botes y hubo que liberarlos del hielo. Luego intentaron sacudir la capa helada y dos de ellos quedaron tan resbaladizos que se deslizaron de las horquillas y cayeron al mar. Por suerte, el Caird consiguió recuperar uno, pero el otro se perdió.

Se pusieron en marcha a las siete de la mañana. Se sirvió una ración de nueces y galletas, pero la sed era tan intensa que algunos no pudieron comer. Shackleton sugirió que intentaran masticar carne cruda de foca para tragar la sangre. Se repartieron enseguida trozos de carne congelada y, tras varios minutos de masticarla y chuparla, consiguieron el jugo suficiente para ayudarlos a tragar. Lo hicieron con tanta voracidad que Shackleton pensó que las provisiones se acabarían pronto, así que ordenó que solo se repartiera carne de foca cuando la sed amenazara la razón.

Izaron las velas, pusieron los remos y avanzaron al mismo tiempo, dirigiéndose hacia el límite occidental de la isla Elefante para compensar el suave viento del suroeste que estaba soplando.

En el Docker, tanto Macklin como Greenstreet se quitaron las botas y observaron que tenían los pies congelados; los de Greenstreet estaban mucho peor que los de su compañero. Orde-Lees, sorprendentemente, se ofreció a darle un masaje de pies a Greenstreet. Lo estuvo haciendo durante mucho rato; luego se abrió la camisa y apoyó los pies medio congelados contra el calor de su pecho desnudo. Al cabo de un buen rato, Greenstreet empezó a sentir el dolor que le producía el fluir de la sangre por sus venas constreñidas.

Remaron durante horas, mientras el contorno de la isla Elefante poco a poco se iba haciendo cada vez más grande. Al mediodía, casi habían cubierto la mitad de la distancia; a la una y media estaban a menos de 15 millas de la isla. No habían descansado en casi ocho horas y estaban agotados. Sin embargo, el convencimiento de que iban a desembarcar a la caída de la noche les ayudó a sacar fuerzas de la flaqueza. Se trataba de remar o perecer, y sin hacer caso de la terrible sed aplicaron a los remos sus últimas energías.

Hacia las dos de la tarde, los picos nevados de mil metros de altura de la isla Elefante se elevaron del agua justo frente a ellos, probablemente a no más de diez millas de distancia. Pero, una hora después, la isla seguía todavía en la misma posición, ni más cerca ni más lejos que antes. Por más que remaran, no se movían, arrastrados aparentemente por la fuerte corriente de la marea, que los conducía mar adentro. El viento viró hacia el norte y tuvieron que arriar las velas porque les venía en contra.

Shackleton, que cada vez estaba más ansioso por llevar a tierra a la tripulación, reunió los botes y los hizo navegar uno detrás del otro, con el Docker a la cabeza. Pensó que eso aumentaría su velocidad. Pero no fue así. Hacia las cuatro el viento viró hacia el oeste. Rápidamente, cogieron los remos e izaron las velas con la intención de aprovecharlo. Pero como el Wills no pudo hacerlo, el Caird tuvo que remolcarlo. Apenas avanzaron contracorriente.

A las cinco de la tarde, dejó de soplar el viento. Inmediatamente cogieron otra vez los remos y avanzaron con fuerza mientras iba oscureciendo, con la esperanza de llegar a tierra antes de la noche. Pero, media hora después, se levantó un viento del oeste-suroeste y, al cabo de quince minutos, soplaba a 80 km/h. Worsley llevó el Docker a la altura del Caird. Gritando para que pudieran oírle por encima del viento, le dijo a Shackleton que pensaba que lo mejor sería que los botes intentaran por separado llegar a tierra por el borde sureste de la isla Elefante.

En esta ocasión, Shackleton accedió a la separación; por fin le dio permiso a Worsley para avanzar solo. El Wills, sin embargo, se mantuvo detrás del Caird y Shackleton le advirtió a Worsley que hiciera todo lo posible por mantenerse a la vista. Ya había oscurecido cuando el Docker soltó amarras. La isla estaba cerca, aunque su distancia ahora era imposible de calibrar: quizá diez millas, probablemente menos. Arriba, en el cielo, había una imagen blanca, pálida y fantasmal: la luz de la luna brillaba a través de las nubes y se reflejaba en los glaciares de la isla. Eso era todo lo que podía guiarlos mientras los botes avanzaban con esfuerzo por el agitado mar. A veces el viento era tan fuerte que tenían que soltar los cabos de las velas para evitar que los botes zozobraran. La tripulación del Caird se agachaba para evitar el azote de los rociones, pero en el Docker, y, sobre todo, en el Wills, no había forma de evitarlos.

Los que estaban al timón se llevaron la peor parte y hacia las ocho la fatiga empezó a hacer mella en Wild, que había estado a la caña del Caird sin descanso durante veinticuatro horas. Shackleton ordenó que lo relevara McNeish, pero el carpintero también estaba prácticamente agotado. Después de media hora en la caña, mientras el viento helado le azotaba la ropa, los rociones la cara y quedaba empapado, inclinó la cabeza y se quedó dormido. En ese mismo momento, la popa del Caird osciló a sotavento y una ola enorme se abatió sobre ellos. McNeish se despertó, pero Shackleton le ordenó a Wild que volviera a ocupar el timón.

El objetivo inmediato era el extremo sureste de la isla. En cuanto lo rodearan, tendrían la protección de la tierra y podrían buscar un refugio en el que varar los botes. Hacia las nueve y media, la reverberación en el cielo, muy próxima, les hizo saber que estaban casi rozando tierra. Pero entonces, inexplicablemente, empezaron a alejarse. Al mirar a ambos lados, observaron que avanzaban rápidamente y que la tierra se iba quedando fuera de su alcance. Llegar hasta la orilla iba a ser laborioso.

A medianoche, Shackleton echó un vistazo por estribor y vio que el Docker había desaparecido. Se puso en pie y buscó por aquellas aguas tormentosas, pero no vio ninguna señal del bote. Ordenó que encendieran la vela del compás de bitácora y que luego la colgaran del palo para que iluminara la vela del Caird. Pero ninguna luz de respuesta apareció en la distancia.

Shackleton pidió una caja de cerillas. Ordenó a Hussey que encendiera una cada varios minutos y que la mantuviera contra la vela. Hussey fue encendiéndolas de una en una mientras Shackleton buscaba en la oscuridad. El Docker siguió sin dar ninguna señal.

Sin embargo, intentó responder. Se encontraba apenas a media milla de distancia y la tripulación vio la señal del Caird a través de la oscuridad. Siguiendo las instrucciones de Worsley, cogieron la única vela que tenían bajo la lona y la encendieron. Intentaron sujetarla de manera que su luz se viera a través de la lona y respondiera así a la señal de Shackleton, pero los otros no vieron su respuesta.

Al cabo de un rato se olvidaron completamente de enviarle señales al Caird, pues el Docker, de repente, dio una violenta guiñada a causa de la fuerza de una corriente de marea. Worsley apenas fue capaz de mantener el control de la embarcación. La tripulación se apresuró a aferrar la vela y hasta desmontaron el palo porque amenazaba con partirse en dos debido a la gran inclinación del bote. Sacaron los remos e intentaron sujetarlos firmemente. Chocaron con una gran ola que no habían visto; luego el agua se abrió bajo la embarcación, que cayó en un oscuro abismo.

Worsley le ordenó a Orde-Lees que cogiera un remo, pero el hombre suplicó que lo relevara del trabajo asegurando que no era un buen remero para una ocasión tan peligrosa y que estaba demasiado mojado. Los dos hombres discutieron en la oscuridad y los demás insultaron a Orde-Lees. Pero fue inútil y, finalmente, Worsley le señaló con disgusto que se dirigiera hacia delante. Orde-Lees se acurrucó en el fondo del bote y se negó a moverse, aunque su peso estaba desequilibrándolo.

Greenstreet, Macklin, Kerr y Marston estaban en los remos y se encontraban casi al límite de sus fuerzas. Al cabo de un rato, Worsley decidió arriesgarse a izar de nuevo la vela. Situó el Docker en la dirección del viento para que más o menos pudieran cortar las olas. Aplicó todos sus conocimientos de veintiocho años en el mar en mantener aquella delicada posición, aunque la balandra era casi incontrolable. Además, el agua en el interior del bote había aumentado. Orde-Lees, que había permanecido en el fondo de la embarcación, se enderezó. De pronto, pareció comprender que el bote estaba naufragando; cogió un recipiente y empezó a achicar agua. Cheetham se unió a él y juntos trabajaron con furia, arrojando el agua por la borda. Al cabo de un rato, el bote se volvió a elevar por encima de las olas.

A las tres, Worsley empezó a fallar. Había estado de cara al viento tanto tiempo que le costaba ver y le era imposible calibrar las distancias. Había llegado al límite y no podía mantenerse despierto. Llevaban en los botes desde hacía cinco días y medio y durante ese tiempo la tripulación había descubierto un nuevo aspecto del carácter de Worsley. Lo habían tenido por un hombre rudo y excitable y, a veces, hasta irresponsable. Pero ahora era distinto. Durante los últimos días había exhibido una habilidad casi sobrehumana, tanto en la navegación como en el difícil manejo de una embarcación pequeña. En la tripulación no había un hombre que se le pudiera comparar, y por esa razón todos lo admiraban y respetaban.

Sentado a la caña, empezó a dar cabezadas. Macklin lo vio y se ofreció para relevarlo. Worsley accedió, pero cuando intentó levantarse, no consiguió enderezar el cuerpo. Había permanecido sentado durante casi seis días en la misma posición. McLeod y Marston fueron a popa, lo sacaron de allí y lo arrastraron sobre los asientos y las cajas de las provisiones. Luego lo echaron en el fondo del bote y le frotaron los muslos y el estómago hasta que los músculos perdieron rigidez. Para entonces, Worsley ya se había dormido.

Greenstreet también tuvo que descansar un rato porque estaba agotado, pero luego se despertó y relevó a Macklin en la caña. No tenían ni idea de dónde podían estar, pero compartían el mismo temor: otra vez en mar abierto. Entre las islas Elefante y Clarence había un paso de unas 14 millas de ancho, más allá del cual se encontraba el paso de Drake. La última vez que los botes habían establecido su posición fue durante el crepúsculo, cuando la isla Elefante se encontraba tan solo a diez millas de distancia. Desde entonces, el viento había cambiado: ya no soplaba del suroeste, sino que lo hacía directamente hacia aquel paso. Si los llevaba hacia allí, las oportunidades de retroceder hacia barlovento, hacia la isla, serían virtualmente nulas. Sin embargo, Greenstreet y Macklin admitieron abiertamente que era muy probable que el Docker ya hubiera salido a mar abierto.

La brújula se había roto y todo lo que quedaba para guiar la navegación era una pequeña brújula de bolsillo, de plata, propiedad de Worsley. Los dos hombres extendieron la lona de una tienda sobre sus cabezas y mientras Macklin prendía cerillas, Greenstreet intentaba leer la brújula. Pero hasta bajo la protección de la lona, el viento apagaba las cerillas en cuanto las encendía. Macklin entonces sacó el cuchillo y practicó un corte en la cabeza de las cerillas para que duraran mientras el otro leía la brújula. Al cabo de unos minutos, agazapados bajo la lona de la tienda, consiguieron hacer una lectura. Esperaban mantener el Docker rumbo al suroeste para que, al menos, no fuera arrastrado hacia mar abierto.

Cuando se encontraban al límite del agotamiento y el viento soplaba con renovadas fuerzas, apareció en el cielo, hacia el este, una luz muy pálida que, poco a poco, se fue haciendo cada vez más brillante. No se sabe cuánto tiempo tardó aquella luz en proporcionarles visibilidad, pero les pareció mucho mucho tiempo. Olvidaron las cuarenta y ocho horas sin agua y la sed terrible mientras esperaban que el sol les revelara su posición. Todos, en secreto, procuraron prepararse para la sorpresa de ver solamente el mar vacío o, en el mejor de los casos, una isla lejana e inalcanzable a barlovento.

Poco a poco empezó a distinguirse la superficie del mar. Allí delante se encontraban las enormes cumbres de tonos grises y marrones de la isla Elefante elevándose por encima de la niebla, perpendiculares al agua y a menos de una milla de distancia. Se encontraban únicamente a unos cientos de metros. Sin embargo, en ese momento no hubo ningún estallido de alegría, solo un sentimiento de sorpresa que pronto dio paso a una sensación de enorme alivio.

Justo entonces, sin previo aviso, rachas de viento terral descendieron de las cumbres y avanzaron por la superficie del mar a unos 160 km/h. Instantes después, una pared de agua tan alta como el bote se dirigió hacia el Docker.

Greenstreet gritó que arriaran la vela. Sacaron apresuradamente los remos y avanzaron con fuerza hacia las ráfagas que descendían chillando de la cima de las montañas. Lograron mantener el rumbo, pero el ejercicio requería emplear unas fuerzas que ya no tenían. Vieron que se dirigía hacia ellos otra ola, de unos dos metros de altura.

Alguien gritó que despertaran a Worsley; McLeod lo sacudió con violencia, intentando despertarlo. Pero Worsley estaba como muerto, echado sobre las cajas de las provisiones con la lona húmeda de la tienda encima de él. McLeod volvió a sacudirlo y, como Worsley siguió sin moverse, le dio una patada, y otra, y otra; finalmente, Worsley abrió los ojos. Se incorporó y, al instante, se apercibió de lo que estaba ocurriendo.

—¡Por Dios, hay que esquivarla, hay que alejarse! ¡Izad la vela! —gritó.

Greenstreet se puso al timón y los otros se apresuraron a izar la vela. Acababa de hincharse con el viento cuando la primera ola los alcanzó por la popa. Greenstreet casi fue arrancado de su asiento. Poco después, los alcanzó la segunda ola.

El Docker, lleno de agua hasta la mitad, se hundió bajo su peso y perdió el rumbo. Se olvidaron de todo y cogieron lo primero que tenían a mano para achicar el agua: potes, gorros y hasta las manos desnudas. Poco a poco consiguieron vaciar la embarcación. Worsley cogió el timón y se dirigió rumbo al norte delante del vendaval, con las olas siguiendo al bote por la popa. Navegó cerca de la orilla, justo debajo de los soberbios glaciares que bordeaban la isla. Fragmentos de hielo flotaban entre las olas y la tripulación, asomada por la borda, los cogió con las manos.

Instantes después, los chuparon y masticaron con fruición mientras un agua deliciosa fluía por sus gargantas.

# 25

Shackleton, a bordo del Caird, estuvo buscando toda la noche al Docker. Su ansiedad aumentaba a medida que pasaban las horas. Confiaba en la capacidad de Worsley, pero una noche como aquella requería algo más que habilidad para la navegación.

Dadas las circunstancias, sin embargo, su atención debía centrarse en el Caird. Wild estaba al timón y, cuando aumentó la ventisca del suroeste, mantuvo el rumbo tan cerca del viento como le fue posible para que no se alejaran de la isla. Los rociones caían sobre la proa y el movimiento del mar hacía que las oscuras formas de los hombres formaran una masa confusa en el fondo del bote. Hussey intentó tensar la cuerda al palo mayor, pero el viento se la arrancó de las manos varias veces, así que Vincent tuvo que ir a sustituirle.

A bordo del Wills, remolcado por la popa del Caird, las condiciones eran todavía peores. El dolor en el costado de Hudson era casi intolerable, más de lo que podía soportar sentado al timón. Tom Crean lo relevó y, de vez en cuando, Willy Bakewell también. Rickinson, que era un individuo delicado, estaba al borde del colapso y permanecía sentado en un extremo de la embarcación. Cuando no estaba achicando agua con Stephenson, los dos hombres se abrazaban intentando generar un poco de calor con sus cuerpos.

La proa del Wills se hundía casi con cada ola y el agua alcanzaba a la tripulación hasta las rodillas. Aquello era casi agradable, porque el agua estaba más templada que el aire. Los pies de Blackborow hacía tiempo que habían sobrepasado el umbral del dolor. No se quejaba, pero sabía que solo era cuestión de tiempo que apareciera la gangrena. Aunque saliera de ello con vida, era difícil que aquel joven que había entrado como polizón hacía ya un año y medio volviera a caminar. En una ocasión, durante la noche, Shackleton lo llamó, con la intención de levantarle el ánimo.

—Blackborow —gritó en la oscuridad.

—Aquí, señor —contestó Blackborow.

—Mañana estaremos en la isla Elefante —le dijo Shackleton—. Nadie la ha pisado antes y tú serás el primero en hacerlo.

Blackborow no replicó.

Shackleton se sentó en la popa del Caird junto a Wild, con la mano en el cabo con el que remolcaban el Wills. Antes de caer la noche, le dio instrucciones a Hudson de que, si el Wills se iba al garete, encontraría tierra a sotavento, probablemente la isla Clarence, y le ordenó que esperara allí hasta que pudieran enviar un bote de rescate a recoger a la tripulación. Pero aquello no fue más que una orden rutinaria. Shackleton sabía que si el Wills se soltaba nunca volverían a verse. Ahora, mientras estaba sentado en popa, podía sentir cómo el Wills se atoraba en el cable de remolque mientras se levantaba involuntariamente con cada ola. Volvió la cabeza y lo vio en medio de la oscuridad. En varias ocasiones el cable se aflojó y desapareció de la vista para volver a aparecer repentinamente, perfilado contra la blancura de una ola que rompía.

Cuando al fin apareció el primer tinte grisáceo del amanecer, el Wills, por algún maravilloso capricho de la fortuna, seguía sujeto a la popa del Caird. Y también estaba la tierra, asomándose encima de ellos, por la amura de babor: grandes promontorios negros a través de la bruma, apenas a un cuarto de milla de distancia. Shackleton ordenó inmediatamente que cambiaran de bordada y navegaran rumbo al oeste con el viento a través. En quince minutos, posiblemente menos, el viento se apaciguó de improviso. Habían pasado el extremo nororiental de la isla, y al fin se encontraban bajo la protección de la tierra. Mantuvieron rumbo al oeste con los enormes riscos y glaciares alzándose junto a ellos. Gaviotas de Dominica voceaban en pleno vuelo a lo largo de las caras rocosas que se elevaban perpendiculares desde el agua, grandes masas de formaciones volcánicas contra cuyos lados las olas rompían con furia. No había signo alguno de un lugar para desembarcar, ni siquiera una mínima playa o cala.

Sin embargo, había hielo. Grandes fragmentos de glaciares que habían caído al agua flotaban en la superficie. La tripulación recogía los fragmentos más pequeños y se los metía en la boca. Durante casi una hora estuvieron buscando la orilla de una playa, un apoyo para los pies, aunque fuera pequeño. Y descubrieron una playita de guijarros, medio oculta detrás de una cadena de rocas. Shackleton se levantó y observó que se trataba de un lugar peligroso. Dudó unos instantes, y luego ordenó que los botes se dirigieran hacia allí.

Cuando se encontraban a unos centenares de metros, Shackleton ordenó al Wills que se acercara y subió a bordo. De las dos embarcaciones, esta última tenía un calado más somero y Shackleton quería aproximarse a la playa en ella para comprobar si el Caird podría atravesar el estrecho canal entre las rocas.

En ese mismo momento, el Docker navegaba rumbo al oeste a lo largo de la costa, buscando un lugar para desembarcar. Desde la salida del sol, según las estimaciones de Worsley, habían recorrido 14 millas, uno tras otro, sin ver siquiera un lugar en el que desembarcar. Durante todo el recorrido, no habían avistado tampoco los otros dos botes y ya eran casi las nueve y media de la mañana. En el Docker creían que solo ellos habían sobrevivido a la noche.

—Pobres desgraciados —murmuró Greenstreet a Macklin—. Han desaparecido.

Luego rodearon una minúscula lengua de tierra. Y allí, ante ellos, estaban los palos del Caird y del Wills, meneándose en la contracorriente de los rompientes. Por alguna coincidencia increíble, la incapacidad del Docker de encontrar un lugar adecuado para desembarcar lo reunió con el resto del grupo. Si en las 14 millas que habían dejado atrás hubiera habido un fondeadero, ambos grupos se habrían encontrado entonces separados, cada uno suponiendo que el otro se había perdido.

La tripulación del Docker lanzó tres roncos «¡Hurra!» de saludo a sus compañeros, pero el ruido de los rompientes ahogó el sonido. Al cabo de unos minutos, el Caird avistó la vela, y justo entonces Shackleton levantó la vista y vio al Docker dirigiéndose hacia ellos. El Wills estaba ya cerca de la orilla. Un arrecife bajo atravesaba la abertura y las fuertes olas rompían formando espuma sobre él. Shackleton esperó su momento; luego dio la orden de avanzar y el Wills cruzó a salvo el arrecife. Con la ola siguiente, la proa varó en la orilla.

Shackleton, recordando su promesa, animó a Blackborow a que saltara a tierra, pero el muchacho no se movió. Parecía no comprender lo que Shackleton le estaba diciendo. Este, impaciente, lo sujetó y lo levantó.

Blackborow cayó de rodillas, luego rodó y se sentó en medio del oleaje.

—Levántate —le ordenó Shackleton.

Blackborow levantó la vista.

—No puedo, señor —contestó.

De pronto, Shackleton se acordó de los pies de Blackborow. Con la excitación de tomar tierra se había olvidado y se sintió avergonzado. How y Bakewell saltaron por la borda y llevaron a Blackborow a un lugar más elevado.

Descargaron rápidamente las provisiones y el Wills se dirigió a remo hasta el Docker. Los hombres y los suministros fueron trasladados al otro bote y desde allí hasta la orilla. Luego descargaron el Caird para que pudiera pasar por encima del arrecife.

Cuando los botes estuvieron a salvo, Rickinson palideció y un minuto después sufrió un ataque al corazón. Los pies congelados de Greenstreet apenas consiguieron aguantarlo y, cojeando, consiguió llegar a la orilla y echarse junto a Blackborow. Hudson avanzó a través del oleaje y luego se desplomó en la playa. A Stephenson, con una expresión vacía en la cara, lo ayudaron a desembarcar, fuera del alcance del agua.

Estaban en tierra.

Era un lugar mínimo al que asirse, de 30 metros de ancho por 15 metros de profundidad. Un pobre agarradero en una costa salvaje, expuesta a toda la furia del océano Antártico. Pero no importaba: estaban en tierra. Por primera vez en 497 días estaban en tierra. Sólida, insumergible, inamovible y bendita tierra.

# QUINTA PARTE

## 26

Muchos de los hombres vagaban confundidos, sin rumbo, arrastrando los pies sobre los guijarros o inclinándose a coger un puñado de piedras. Algunos se dejaban caer en el suelo para sentir aquella solidez sublime bajo ellos. Y otros simplemente se sentaban, temblando sin control y murmurando para sí mismos.

Entonces salió el sol. Bajo su luz, aquellos rostros mostraban la mortal palidez provocada por el agotamiento, la congelación y el haber permanecido continuamente en remojo. Los círculos alrededor de los ojos eran tan profundos que parecían hundidos en el cráneo.

Green preparó un poco de leche con toda la premura de la que fue capaz y llenó las jarras. Bebieron el líquido casi hirviendo y el calor inundó aquellos cuerpos, produciéndoles un hormigueo en los nervios como si la sangre, de pronto, se hubiera vuelto a licuar y empezara a fluir de nuevo.

Desde donde estaban, alrededor del hornillo, los acantilados de aquella parte de la isla se encontraban a menos de 15 metros de distancia. Se elevaban 240 metros en el aire, se nivelaban un poco y luego volvían a elevarse hacia el cielo hasta una altura de 760 metros. Aquel pequeño rincón de grava estaba lleno de vida: «una tierra de abundancia, antárticamente hablando», anotó James. En un extremo de la playa, diez focas yacían tomando el sol a poca distancia del agua. También había una pequeña pingüinera en un extremo, sobre una roca, y, de vez en cuando, salían del mar bandadas de pájaros bobos papúes y se acercaban, contoneándose, a observar a aquellas extrañas criaturas que habían llegado del mar. También había aves voladoras: págalos, cormoranes y dameros de El Cabo.

Shackleton estaba en el centro del grupo. Se había quitado el gorro y sus largos cabellos le cubrían la frente. Tenía los hombros inclinados y la voz tan afónica de gritar que solo podía emitir murmullos. Estaba muy satisfecho porque al fin se encontraba en tierra y rodeado por todos sus hombres.

Absortos en sus pensamientos, apenas hablaron mientras bebían la leche. Caminaban tambaleándose, tanto debido al agotamiento como al hecho de que habían soportado el movimiento de los botes durante demasiado tiempo y habían perdido parcialmente el sentido del equilibrio. Se acabaron la leche y un grupo salió en busca de algunas focas. Trajeron cuatro; inmediatamente fueron troceadas en gruesos pedazos y les quitaron la grasa. Green puso al fuego todos los bistecs que cupieron en las cacerolas mientras los demás plantaban las tiendas y apilaban las provisiones lejos del agua.

Cuando la comida estuvo lista, se dispusieron a comer. No fue un desayuno, almuerzo o cena, sino una comida larga e intermitente. En cuanto acabaron la primera ronda de bistecs, Green cocinó más y, cuando estuvieron preparados, los hombres dejaron lo que estaban haciendo y volvieron a comer. A las tres de la tarde habían comido hasta hartarse.

Entonces llegó el momento de dormir. Desenrollaron los empapados sacos y escurrieron toda el agua que pudieron, pero, aun así, quedaron bastante húmedos. James escribió: «Nos acostamos y dormimos como nunca lo habíamos hecho antes; un sueño absoluto, de muerte, sin sueños, sin tener en cuenta la humedad de los sacos, arrullados por el graznido de los pájaros bobos».

Fue igual para todos.

> Qué delicia —escribió Hurley— despertarte del sueño y escuchar el canto de los pingüinos mezclado con la música del mar. Para volver a dormir y despertarte otra vez y sentir que todo esto es real. ¡Estamos en tierra!

Casi todos se despertaron en alguna ocasión durante aquella maravillosa noche para hacer el turno de vigilancia de una hora, y hasta eso les pareció casi placentero. La noche estaba en calma y el cielo, despejado. La luna brillaba en la playita de guijarros lavados por las olas, enmarcando una escena de absoluta tranquilidad. Worsley escribió durante su turno de guardia: «Comer, mantener encendido el fuego de grasa, comer, secar las ropas, comer, y luego volver a comer antes de acostarse».

Shackleton los dejó dormir hasta las nueve y media de la mañana siguiente. Durante el desayuno, sin embargo, comenzó a circular un terrible rumor y, cuando acabaron, Shackleton lo confirmó. Tenían que trasladarse.

La perspectiva no podía ser más desmoralizadora. Apenas hacía veinticuatro horas que habían escapado del agobiante abrazo del mar y ahora tenían que volver a él... Pero la necesidad de hacerlo era incuestionable. Solo un golpe de buena suerte les había permitido desembarcar. Los acantilados del extremo de la playa exhibían las marcas de las pleamares y las cicatrices de las tormentas, lo que indicaba que toda aquella lengua de tierra era barrida con frecuencia por las olas. Obviamente, el lugar servía solamente cuando hacía buen tiempo y mientras las mareas fueran moderadas.

Shackleton ordenó a Wild que embarcara con cinco hombres en el Wills y navegara hacia el oeste bordeando la costa para buscar un lugar de acampada más adecuado. El Wills zarpó a las once. El resto de la tripulación trabajó pausadamente durante todo el día. Desmontaron las tiendas y luego las volvieron a plantar en una zona más elevada de la playa. Las provisiones también fueron trasladadas y apiladas para prevenir la posibilidad del estallido de una tormenta.

La mayor parte del día lo pasaron simplemente disfrutando de la vida. Estaban entumecidos debido a los seis días que habían pasado en posturas forzadas en los botes y ahora, por primera vez, empezaban a darse cuenta de la enorme tensión a la que habían estado sometidos durante tanto tiempo. La consciencia de una sensación largamente olvidada les hizo sentir algo que no habían experimentado desde que abandonaron el Endurance: la seguridad. Ahora sabían que, por lo menos comparativamente, no había nada que temer. Todavía estaban en peligro, claro, pero era muy diferente a la sensación de desastre inminente que les había rondado durante tanto tiempo. Ahora, parte de su mente estaba relajada, la parte que hasta entonces los había tenido obsesionados debido a la necesidad de permanecer siempre en estado de alerta.

Disfrutaban contemplando las aves, por ejemplo, simplemente porque eran aves y no porque significaran una buena o mala señal: la apertura de la banquisa o la proximidad de una tormenta. La misma isla era digna de ser observada. A lo largo de la línea de costa, los acantilados parecían una enorme pared que se alzaba sobre el mar. Los glaciares se deslizaban por sus costados hasta el agua, donde la acción de las olas desgastaba incesantemente el hielo. Una y otra vez caía al agua un pequeño fragmento o una sección casi tan grande como un iceberg.

La ferocidad de la tierra generaba un tiempo igualmente ominoso. Por alguna extraña razón meteorológica, unos vientos terribles, similares a tornados, se abatían desde las alturas y estallaban al entrar en contacto con el agua, lanzando las olas hacia la orilla en un frenesí de rociones y de espuma. Hussey pensó que se trataba de «ráfagas frías», repentinas irrupciones de viento típicas de las áreas costeras en las regiones polares. Al parecer, fue una de ellas la que estuvo a punto de hundir al Docker la mañana anterior.

Esperaron durante todo el día a Wild y a su grupo, pero llegó la oscuridad y todavía no había rastro de ellos. La tripulación cenó y se acostó, dejando encendido el hornillo con la puerta de la caja del horno abierta y de cara al mar, como si fuera un faro. Acababan de dormirse cuando el vigía oyó un grito procedente del mar. El Wills volvía. Todos los hombres se levantaron y bajaron a la orilla. Wild condujo la embarcación a través de los rompientes y pronto estuvo varada en la playa.

Wild y sus cinco hombres, exhaustos, confirmaron que aquel era un paraje verdaderamente inhóspito. En nueve horas de búsqueda, solo habían encontrado un lugar que parecía seguro para acampar: un trozo de playa bastante abrigada, de unos 140 metros de largo por 30 metros de ancho, a unas siete millas hacia el oeste. Había una pingüinera, dijo Wild, y sus hombres también habían visto focas y algunos elefantes marinos. El glaciar que había en las proximidades les suministraría el hielo que fundirían y convertirían en agua.

Shackleton se mostró satisfecho y anunció que levantarían el campamento al amanecer. Se despertaron a las cinco de la mañana y desayunaron a la luz del hornillo. Cuando llegó el amanecer, todo estaba ya dispuesto. Sacaron los botes al mar con su carga, excepto diez cajas de raciones de los trineos y un poco de parafina, que dejaron en una grieta muy profunda para aliviar el peso de las embarcaciones. Más adelante podían regresar a por los suministros si los necesitaban. La marea subía muy despacio, así que hasta las once no hubo suficiente agua sobre el arrecife para poder atravesarlo.

El Wills iba más ligero porque Blackborow había sido trasladado al Caird y Hudson al Docker, y durante las primeras dos millas los botes avanzaron rápidamente. Luego, apenas sin avisar, los elementos enloquecieron. De repente, el viento empezó a rechinar junto a sus oídos y el mar, que instantes antes había estado casi en calma, se transformó en una furia de espuma. Se vieron atrapados en una de las violentas ráfagas frías procedentes de los acantilados. La tormenta solo duró tres o cuatro minutos terribles y luego desapareció. Pero fue el aviso de un cambio de tiempo, porque en el espacio de un cuarto de hora el viento giró del sur hacia el suroeste y, rápidamente, la brisa se transformó en ventisca, en tempestad y luego en huracán. Pensaron que los acantilados de 600 metros de altura que se extendían al costado de los botes, a sotavento de tierra, los protegerían de la tempestad. Pero no fue así, porque los acantilados aspiraban el viento que soplaba por encima, de suerte que lo lanzaban aullando sobre ellos y lo precipitaban rugiendo al mar.

Los botes, gracias a que estaban muy cerca de tierra, evitaron que el viento los empujara mar adentro. Por babor, la tierra se elevaba tan perpendicularmente que parecía como si estuviera colgando encima de ellos. Grandes olas verdes se arrojaban contra los acantilados y los rociones llenaban el aire. Por estribor, el mar, fustigado por el viento, se había convertido en un gigantesco remolino. Entre los acantilados y el mar había un pequeño corredor; como los botes pasaron a través de él, lograron mantenerse a salvo. El avance fue lento y, poco después de mediodía, la marea se retiró y comenzó a fluir una corriente en contra. Podían apreciar su avance tomando la tierra firme como punto de referencia: a veces solo progresaban unos cuantos metros y otras permanecían inmóviles. Izar velas era impensable: únicamente podrían avanzar remando. El Caird seguía con los cuatro remos, pero al Docker y al Wills les quedaban tres.

La temperatura había descendido quizá diez grados desde el cambio del viento y rondaba los –15 °C. Los rociones, combinados con la nieve, formaban una capa resbaladiza en el interior de los botes y en la cabeza y los hombros de la tripulación. Cuando trasladaron las provisiones, Greenstreet le había dado sus guantes a Clark para que se los sujetara. Pero luego, con las prisas de salir mientras la marea fuera favorable, Clark subió a bordo del Caird y dejó a Greenstreet sin nada con que protegerse mientras remaba. En sus manos heladas empezaron a formarse las ampollas de la congelación, y el agua que estas contenían también comenzó a helarse. Las ampollas eran como duros guijarros clavados en la carne.

Poco después de la una, cuando habían cubierto la mitad de la distancia hacia el nuevo campamento, llegaron junto a una roca que sobresalía del agua a un cuarto de milla de la costa. El Caird, con Wild a la caña, y el Wills, bajo el mando de Crean, decidieron pasar junto a la parte interna de la roca. Worsley, sin embargo, actuando bajo uno de sus impulsos impredecibles, prefirió hacerlo por la parte externa. Los dos primeros avanzaron hacia la playa, pero perdieron de vista al Docker.

La decisión de Worsley de pasar por la parte externa de la roca provocó que su embarcación se alejara demasiado de la orilla y fuera capturada por la violenta fuerza del viento. La superficie del agua estaba llena de espuma y el viento desgarraba la parte superior de las olas. Worsley se dio cuenta enseguida de que había cometido una imprudencia y ordenó virar el bote hacia la costa.

—¡Hacia la costa! —gritó a los remeros. Aunque lo único que pudieron hacer fue mantenerse contra el viento, sin saber cuánto tiempo podrían aguantar.

Entonces, Worsley se levantó de un salto y le gritó a Greenstreet que se hiciera cargo del timón mientras él ocupaba su puesto. Worsley no estaba cansado, e imprimió un ritmo tremendo a la remadura. Macklin y Kerr lograron mantener el rumbo con los otros remos y lentamente, metro a metro, consiguieron abrirse camino hacia la roca y, finalmente, la alcanzaron. Una vez allí, fueron capturados por la marejada de olas que batían contra el peñasco.

—¡Atrás! ¡Atrás! —gritó Worsley.

Consiguieron mantenerse a distancia de la roca, aunque a duras penas. El Docker fue levantado y arrojado tres veces contra la roca, pero, cuando el viento amainó un momento, consiguieron salir de allí. Greenstreet volvió al remo y siguieron rumbo a tierra firme.

Macklin perdió el guante de la mano derecha y observó que los dedos expuestos se congelaban. Sin embargo, no se atrevió a dejar de remar ni siquiera para cubrírselos.

Eran más de las tres de la tarde, y el Caird y el Wills ya habían desembarcado y estaban a salvo. En la playa encontraron dos focas y las mataron. Con la grasa que obtuvieron encendieron fuego. Shackleton seguía el curso de la tormenta en el mar, buscando al Docker. Finalmente, desde un extremo de tierra avistaron una mancha oscura en medio de la niebla gris. Era el Docker, que avanzaba con dificultad hacia la playa. Parecía que iba a conseguirlo cuando, de pronto, otra ráfaga de viento descendió del acantilado.

Worsley volvió a ocupar el puesto de Greenstreet y esta vez el viejo McLeod sacó un trozo de remo roto y unió su débil esfuerzo al de los demás. Aunque no se notó la diferencia, sí fue suficiente para atravesar los arrecifes. Worsley sujetó rápidamente el timón y condujo la embarcación a través de las rocas.

Cuando la proa tocaba la orilla, Greenstreet saltó por la borda y, en medio del oleaje y con los pies entumecidos, alcanzó la playa. Vio entonces el vapor que se elevaba de las focas recién muertas, se dirigió dando tumbos hasta allí y hundió las manos heladas en las entrañas llenas de sangre caliente.

# 27

Otra vez estaban en tierra firme y a salvo. Sin embargo, no demostraban aquella exaltada alegría que había caracterizado el desembarco de hacía apenas treinta horas. Y es que, como manifestó uno de los tripulantes, «la isla Elefante nos ha renovado las ilusiones solo para quitárnoslas después». Cuando les mostró su verdadero rostro, la visión fue terrible.

Por otra parte, el examen del nuevo lugar de acampada despertó serias dudas sobre si había valido la pena desplazarse. Era una punta rocosa de unos 30 metros, que se extendía hacia el mar como la lengua surgida de un enorme glaciar que se encontraba a 140 metros tierra adentro. La punta de tierra se elevaba gradualmente desde el agua y el tramo superior se encontraba por encima de la marca de las mareas altas. Sin embargo, no había absolutamente nada. Excepto en la orilla de la playa, no había ninguna piedra grande, ni siquiera una roca pequeña, que pudiera proteger a un hombre del viento.

Macklin escribió:

> El lugar más inhóspito que se pueda imaginar. Aquí, la violencia de las ráfagas es tan grande que apenas podemos caminar contra el viento y no hay en ningún sitio un refugio o un mínimo abrigo.

Mientras estaban plantando la tienda número 4, el viento pasó por debajo de ella y provocó un desgarro de más de un metro en la desgastada tela. Minutos después, la número 5 fue arrastrada por una ráfaga de viento que estuvo a punto de dejarla hecha jirones. No las repararon porque no había luz suficiente y porque, además, a nadie le importó. Extendieron la lona de las tiendas lo mejor que pudieron y la sujetaron al suelo con piedras. Luego pusieron encima los sacos, que otra vez se habían mojado durante la travesía en bote, se metieron en ellos y se dispusieron a dormir.

Durante la noche, el viento procedente de las montañas continuó aullando. El Docker, que era el bote más ligero, dio la vuelta en redondo. McIlroy, mientras estaba de guardia, vio impotente cómo el viento levantaba una gran bolsa de viejas mantas rotas y se la llevaba al mar. Una capa de nieve fue cubriendo poco a poco a los hombres que dormían. Hacia las cuatro de la madrugada, todos se habían trasladado al suelo, porque el viento amenazaba con arrancar las tiendas y tuvieron que desmontarlas.

Durante todo el día persistió la ventisca, y también al día siguiente. Casi nadie se había movido de la frágil protección de los sacos de dormir cuando Shackleton, a las once de la mañana, les ordenó que salieran a cazar pájaros bobos. Orde-Lees escribió: «La ventisca era peor, si cabe. Era imposible enfrentarse al viento. La nieve te bajaba por la garganta cuando respirabas y te asfixiaba».

Había allí unos doscientos pingüinos, de los que cazaron setenta y siete.

> Despellejarlos con las manos casi congeladas era una labor muy dolorosa —continuaba Orde-Lees—, porque tener la mano desnuda tan solo unos minutos en medio de aquella

ventisca significa, casi a ciencia cierta, la congelación. Buscábamos la protección que podíamos... y el calor de los pájaros bobos muertos fue lo que nos salvó las manos.

Durante la noche, el tiempo mejoró un poco y los grandes acantilados de la isla recortaron su silueta contra el cielo cuajado de estrellas. Por la mañana empezó a soplar una ventisca fría, aunque no tan terrible como la última.

El 20 de abril fue un día importante por una razón: Shackleton, finalmente, hizo oficial lo que todos esperaban desde hacía mucho tiempo. Reuniría un grupo de cinco hombres y zarparía en el Caird rumbo a Georgia del Sur a buscar ayuda. Marcharían en cuanto el bote estuviera dispuesto y aprovisionado para el viaje.

La noticia no sorprendió a nadie. De hecho, fue innecesario el anuncio formal. El tema se había discutido abiertamente ya antes de que la expedición abandonara el Campamento Paciencia. Sabían que, aunque consiguieran desembarcar en una isla, sería necesario que algunos zarparan en busca de ayuda para el resto del grupo. También estuvieron todos de acuerdo en el destino, que en el mapa podía parecer ilógico.

Existían tres objetivos posibles. El más próximo era el cabo de Hornos, el archipiélago de Tierra del Fuego, que se encontraba a unas 500 millas al noroeste. El siguiente era el asentamiento de Port Stanley, en las islas Malvinas, a unas 550 millas hacia el norte. Y, finalmente, estaba Georgia del Sur, a algo más de 800 millas hacia el noreste. Aunque la distancia que tendrían que recorrer hasta esta última sería más del doble que si se hubieran dirigido al cabo de Hornos, las condiciones meteorológicas hacían de Georgia del Sur la elección más conveniente.

En el estrecho de Drake existe una corriente hacia el este que viaja a 60 millas diarias y en la misma dirección soplan incesantes tempestades. Llegar hasta el cabo de Hornos o las islas Malvinas significaría batirse a barlovento con fuerzas colosales; si ya era bastante enfrentarse a aquellas aguas tormentosas con un bote de seis metros y medio, más lo sería navegar contra el viento. Por otra parte, en el trayecto hasta Georgia del Sur los vientos dominantes serían de popa, al menos en teoría.

Lo discutieron una y otra vez y, aunque las posibilidades que tenía el Caird de llegar a Georgia del Sur eran remotas, la gran mayoría deseaba intentarlo y subir a bordo. La perspectiva de quedarse atrás, de esperar y no saber, de pasar el invierno en aquella terrible isla, era muy poco atractiva.

Shackleton ya había decidido, tras largas discusiones con Wild, quién iba a quedarse y quién iba a embarcar. Worsley sería indispensable. Iban a tener que recorrer quizá mil millas en el océano más tempestuoso de todo el globo. El objetivo era una isla de menos de 40 kilómetros en su punto más ancho. Navegar tal distancia en un bote abierto, en unas condiciones que provocaban temor con solo imaginarlas, y fijar con precisión la ruta en el mapa era una labor difícil hasta para un hombre tan experto en navegación como Worsley. Shackleton, después de elegirlo a él, escogió también a Crean, McNeish, Vincent y McCarthy.

Crean era un marinero duro y avezado que hacía cuanto se le ordenaba. Shackleton tenía serias dudas de que el carácter rudo y carente de tacto de ese hombre se adaptara bien a un periodo de grandes dificultades y a una larga espera. McNeish tenía cincuenta y siete años, y si bien no era muy adecuado para el viaje, tanto Shackleton como Wild consideraron que podía crear problemas si lo dejaban en la isla. Además, si el hielo dañaba el Caird —una posibilidad que debía tenerse en cuenta— McNeish sería muy valioso. John Vincent tenía el mismo estigma que McNeish: su comportamiento en determinadas circunstancias era dudoso y podía resultar problemático dejarlo con los que se quedaban. Por otro lado, se había comportado bien durante el viaje después de abandonar el Campamento Paciencia, y su fuerza era un punto a su favor. Timothy McCarthy, por el contrario, nunca había causado ningún problema y le caía bien a todo el mundo. Shackleton lo eligió porque era un marinero experimentado y tenía la constitución de un toro.

Tan pronto como Shackleton hizo oficial su decisión, McNeish y Marston sacaron las tablas que se habían añadido al Docker para fabricar una especie de plataforma en el Caird. La ventisca hizo que trabajaran en unas condiciones terribles.

El resto de los expedicionarios, mientras tanto, se dedicaron a disponerlo todo para estar más cómodos. Construyeron un nuevo abrigo para la cocina con cajas, piedras y unos trozos de lona. Dado el estado físico de Blackborow y de Rickinson, que todavía estaba débil después del ataque al corazón, Shackleton les dio permiso para que pusieran al Docker en posición vertical y lo transformaran en abrigo para los miembros de la tienda número 5. Hicieron lo que pudieron para impermeabilizar el refugio, apilando nieve y hielo a un lado y poniendo en el otro mantas, abrigos y viejos trozos de lona. Sin embargo, no pudieron hacer nada para secar el suelo bajo del bote, que era una mezcla apestosa de nieve derretida en la que se había disuelto el guano de los pájaros bobos. La incomodidad era tan grande que no se podía dormir. La ventisca duraba ya tres días y tres noches. Los vientos, que Hurley estimó que soplaban a 190 km/h, introducían por todas partes una nieve que era como polvo, incluso hasta en el fondo de los sacos de dormir, que no se habían secado desde que dejaron los botes.

A veces, la fuerza del viento hacía peligroso salir. De vez en cuando, el aire levantaba pequeños bloques de hielo. En una ocasión, una olla con cuarenta y cinco litros de caldo fue arrancada de la cocina y arrastrada hacia el mar hasta que la perdieron de vista. En otra, uno de los marineros perdió el pote con caldo cuando lo dejó un instante en una roca: simplemente desapareció. McLeod, que extendió su parka impermeable para que se secara sujeta con dos piedras —«cada una tan grande como una cabeza»—, le dio la espalda un momento y el viento se llevó las piedras y la parka. A algunos hombres, el vendaval les arrancó las manoplas. Aunque las lonas estaban sujetas por un montón de piedras y por un círculo de rocas grandes, el viento se introducía por debajo y se llevaba todos los objetos pequeños.

A pesar de las terribles condiciones, la preparación del Caird para el viaje finalizó al día siguiente. McNeish, Marston y McLeod sujetaron los patines de un trineo desmantelado a los lados superiores del bote y formaron un entramado sobre el que instalar la cubierta. Encima de dicho entramado dispusieron trozos de madera contrachapada procedente de cajas de provisiones y, encima, una lona. Sacaron el palo mayor del Docker y lo introdujeron dentro de la quilla del Caird con la esperanza de que no se partiera en dos cuando encontraran mal tiempo.

Worsley subía periódicamente al saliente de una roca de unos 45 metros de altura, próxima a la pingüinera, para observar la formación de hielo. Un estrecho cinturón de témpanos fragmentados se extendía más allá de la orilla, aunque no parecía tan denso como para no poder atravesarlo. Sin embargo, la principal preocupación de Worsley era que la niebla le impidiera una buena lectura que contrastar con el único cronómetro que le quedaba. Sin una lectura adecuada, tendrían que confiar en la precisión de su cronómetro.

Las manos heladas de Greenstreet habían mejorado algo, y con la ayuda de Bakewell se dedicó a la tarea de lastrar el Caird. Llenaron unos sacos de lona con pizarra, hasta que cada uno llegó a pesar unos cuarenta y cinco kilos. Como la lona estaba helada, tuvieron que deshelarla palmo a palmo poniéndola junto al hornillo de grasa. El calor y las piedras abrieron las ampollas congeladas de las manos de Greenstreet, que luego empezaron a sangrar.

Además de todo eso, hicieron otros preparativos para el viaje. Shackleton firmó la carta siguiente en el diario de Hurley:

*21 de abril de 1916*

A quien pueda interesar, *v. g.* designados mis albaceas, etc. Firmo más abajo las siguientes instrucciones.

En el caso de que no sobreviva al viaje en bote a Georgia del Sur, doy instrucciones a Frank Hurley para que tome el mando y la responsabilidad de la explotación de todas las películas y reproducciones fotográficas de todas las películas y negativos que se hayan tomado en esta expedición. Las antedichas películas y negativos serán propiedad de Frank Hurley después de su debida explotación y se pagarán las ganancias obtenidas a mis albaceas según el contrato firmado al comienzo de la expedición. La explotación expira transcurridos dieciocho meses después de la fecha de la primera exhibición pública.

Lego los prismáticos grandes a Frank Hurley.

E. H. Shackleton
Testigo,
John Vincent

Al día siguiente, aumentó la fuerza de la ventisca y muchos hombres sufrieron cortes en la cara por los trozos de hielo y roca que arrastraba el viento. Trabajar en aquellas condiciones, incluso cocinar, era imposible, y permanecieron durante todo el día en los sacos de dormir. Wild pronosticó que, si las condiciones no mejoraban un poco, algunos de los enfermos no sobrevivirían. Shackleton se reunió en secreto con Macklin para preguntarle cuánto creía que podrían sobrevivir en aquellas condiciones los hombres que se iban a quedar en la isla. Macklin le contestó que alrededor de un mes. Por suerte, el viento amainó considerablemente durante la noche, aunque siguió nevando. La temperatura descendió bastante y, a la mañana siguiente, McNeish se fue a trabajar en el Caird. Solo le quedaba poner la lona sobre cubierta. Alf Cheetham y Timothy McCarthy cosieron los extremos de la lona, aunque, con aquel frío, para dar las puntadas tuvieron que empujar la aguja con unos alicates.

Al mismo tiempo, estudiaron la manera de acomodar lo mejor posible a los hombres que se iban a quedar en la isla. Al principio pensaron en construir una barraca con piedras, pero las rocas disponibles estaban desgastadas por la acción del mar y eran casi redondas; como era imposible utilizar cemento, el plan tuvo que ser abandonado. En su lugar, un grupo de hombres con picos y palas empezó a cavar frente al glaciar, en la cabeza de la lengua de tierra. Como el hielo era casi tan duro como una roca, el trabajo era muy lento.

Shackleton se pasó el día supervisando las distintas actividades. Vio que el Caird estaba casi listo y anunció que zarparían en cuanto el tiempo lo permitiera. Cuando llegó la tarde, como el tiempo parecía más prometedor, Shackleton les ordenó a Orde-Lees y a Vincent que fundieran hielo, llenaran los dos barriles de agua y los cargaran en el Caird. Habían intentado encontrar hielo de agua dulce en el glaciar, pero todo estaba ligeramente contaminado por los rociones salados que se habían congelado en el frente.

Cuando hubieron acabado, Orde-Lees cogió un poco del agua derretida y se la dio a probar a Shackleton, que notó el gusto a sal, aunque dijo que estaba bien.

Shackleton se pasó toda la noche hablando con Wild sobre cien temas diferentes: desde lo que debería hacerse en el caso de que no pudiera llegar una partida de rescate dentro de un tiempo razonable hasta la distribución del tabaco. Cuando agotaron los temas, Shackleton escribió una carta en su cuaderno de bitácora, que consignó a Wild:

*23 de abril de 1916*
*Isla Elefante*

Estimado señor [Wild],

En el caso de que no sobreviva en el viaje en bote a Georgia del Sur, hará lo que crea oportuno para rescatar al grupo. Quedará al mando desde el momento en el que el bote abandone esta isla y toda la tripulación estará bajo sus órdenes. A su retorno a Inglaterra, se comunicará con el Comité. Quiero que usted, Lees y Hurley escriban el libro. Ocúpese de mis intereses. En otra carta encontrará los términos del acuerdo para dar las conferencias en Gran Bretaña y en el continente. Hurley, en EE.UU. Confío en usted, como siempre, y ruego a Dios que guarde su trabajo y su vida. Deseo que transmita mi amor a mi pueblo, así como que he procurado hacerlo todo lo mejor que he sabido.

Atentamente,

E. H. Shackleton
Frank Wild

# 28

Durante la noche, los sucesivos turnos de guardia observaron si se aproximaba un cambio de tiempo, que no llegó hasta primera hora de la mañana. El viento se moderó considerablemente. Pusieron al corriente de lo que sucedía a Shackleton, quien ordenó que todo el mundo se levantara en cuanto hubiera un poco de luz. La tripulación se despertó a las seis de la mañana.

McNeish se fue a dar los últimos retoques a la cubierta de lona del Caird, mientras Orde-Lees y Green empezaban a convertir un poco de grasa en aceite para verterlo al mar en el caso de que tuvieran que ponerse al pairo debido al mal tiempo. Los otros fueron reuniendo provisiones y equipos para trasladarlos al bote.

La tripulación del Caird iba a llevar alimentos para seis semanas, consistentes en tres cajas con raciones de campaña escrupulosamente guardadas y dos cajas con frutos secos y galletas, así como leche en polvo y cubos de caldo para que los tripulantes pudieran beber líquido caliente. Iban a cocinar en un hornillo Primus, además de otros dos de reserva. Llevaron poca ropa de recambio —tan solo calcetines y guantes— y los seis sacos de dormir de piel de reno.

En cuanto al equipo, consistía en un par de prismáticos, una brújula, un botiquín pequeño —destinado originalmente al grupo de los trineos—, cuatro remos, la bomba que había fabricado Hurley, una escopeta y algunas balas, un ancla flotante y un hilo de pescar, más algunas velas y cerillas. Worsley había reunido toda la información para la navegación que había podido encontrar. Llevaba su sextante y otro que pertenecía a Hudson, junto con todas las cartas y mapas que iba a necesitar y que guardaba dentro de una caja que se había impermeabilizado tanto como se pudo. Llevaba todavía colgado del cuello el único cronómetro que tenían. De los veinticuatro cronómetros que había a bordo del Endurance cuando zarparon de Inglaterra, aquel era el único que había sobrevivido.

Se preparó un desayuno de despedida en el que Shackleton permitió que se sirvieran dos galletas extra y cien gramos de mermelada para cada uno. Desayunaron todos juntos bromeando: a McCarthy, los otros tripulantes le exhortaron a secarse bien los pies durante el viaje. A Worsley le aconsejaron que no comiera demasiado cuando llegara a la civilización y a Crean le obligaron a prometer que dejaría algunas chicas para el resto de la tripulación después de que fueran a rescatarlos. Sin embargo, no se podía negar que en el ambiente había nerviosismo. Los dos grupos sabían que quizá no volverían a verse nunca más.

Poco después de desayunar salió el sol. Worsley cogió el sextante y rápidamente obtuvo la situación; cuando la hubo calculado, comprobó que su cronómetro era exacto. Aquello parecía un buen presagio.

Hacia las nueve, Shackleton subió con Worsley a un punto más elevado para comprobar las condiciones del hielo más allá de la orilla. Observaron una banda de témpanos paralela a la costa, a unas seis millas de distancia, aunque había una abertura a través de la cual el Caird podría pasar fácilmente. Cuando volvieron al campamento, McNeish había acabado y el bote estaba listo.

El carpintero había hecho un magnífico trabajo, dadas las circunstancias. El bote estaba completamente cubierto con las lonas, excepto una escotilla abierta en popa, de 1,20 metros de largo por 60 centímetros de ancho. Para navegar, unos cabos yugo, como unas riendas, corrían hacia atrás, hasta el timón; la apariencia, al menos, era bastante marinera.

Todo el mundo ayudó a echar el bote al agua. Estaba con la popa hacia el mar y tenía un largo cabo atado a la proa. Intentaron sacarlo de la playa, pero la arena volcánica de la orilla lo inmovilizaba. Marston, Greenstreet, Orde-Lees y Kerr avanzaron en medio del oleaje con hielo hasta las rodillas y, con el resto de los hombres empujando, intentaron moverlo. Pero el bote continuó negándose a hacerlo. Wild intentó levantar la proa para liberarla, utilizando un remo como palanca, mientras los demás empujaban. Pero el remo se rompió y el bote continuó inmóvil. La tripulación del Caird al completo, excepto Shackleton, subió a bordo con la esperanza de que avanzaría con ayuda de los remos. Una gran ola rompió en la playa su retroceso, levantó la embarcación y la llevó a aguas más profundas.

Sin embargo, el peso de cinco hombres sentados en cubierta fue demasiado y el bote se inclinó peligrosamente hacia babor. Vincent y McNeish cayeron al mar y corrieron hacia la orilla lanzando furiosos juramentos. Vincent se cambió con How un par de pantalones medio secos y la ropa interior, pero McNeish se negó a intercambiar nada con nadie y volvió a saltar a bordo del bote.

El Caird entonces fue impulsado más allá de los arrecifes y esperó en el extremo de la bolina mientras echaban al agua el Wills, cargado con media tonelada de lastre. Luego trasladaron la carga al Caird; en un segundo viaje, el Wills llevó un cuarto de tonelada de sacos de lastre y 225 kilos de piedras grandes.

En la playa, Shackleton estaba listo para partir. Habló con Wild por última vez y se estrecharon la mano. Cargaron las provisiones en el Wills, y Shackleton y Vincent saltaron a bordo y se alejaron de la playa.

—Buena suerte, jefe —gritaron los que se quedaban en la orilla.

Shackleton se dio la vuelta y les dirigió un breve saludo con la mano.

Cuando alcanzaron al Caird, Shackleton y Vincent subieron a bordo y cargaron rápidamente las provisiones.

El Wills volvió en busca del último cargamento: los dos barriles de agua y varios trozos de hielo, que pesaban en total unos cincuenta y cinco kilos y que eran un suplemento de agua. Debido al peso, los barriles habían sido amarrados en la popa del Wills y el bote los remolcaba. Pero, justo cuando estaba atravesando el arrecife, una ola enorme se levantó por debajo del bote e hizo oscilar su costado hacia el oleaje. Consiguió enderezarse, pero uno de los barriles de agua se soltó y se dirigió hacia la playa. El Wills, rápidamente, fue a rescatarlo: lo capturó casi cuando había llegado a la orilla y volvió con él al Caird.

Durante unos minutos, ambos botes permanecieron el uno junto al otro dándose fuertes encontronazos. Shackleton estaba muy nervioso por partir y dispuso apresuradamente el almacenamiento del lastre y del equipo. Finalmente, la tripulación de ambas embarcaciones se estrechó la mano inclinándose por la borda. Hubo algunas bromas nerviosas y el Wills se alejó hacia la playa.

Eran las dos y media. Izaron las tres pequeñas velas y cuando los hombres desembarcaron vieron a McCarthy en proa ordenando que soltaran amarras. Wild las soltó y McCarthy las haló a bordo. El grupo de la playa lanzó tres vítores y desde el otro lado de los rompientes oyeron tres lejanos gritos que replicaban.

El Caird, con el viento a favor y Worsley al timón, puso la proa rumbo al norte.

> Iban a sorprendente velocidad para una embarcación tan pequeña —escribió Orde-Lees—. Estuvimos contemplándolos hasta que se perdieron de vista, que fue al poco rato, porque un bote pequeño pronto desaparece en medio del gran océano. Al meterse en el seno de cada ola, desaparecía por completo, con vela y todo.

# 29

Para los veintidós hombres que se quedaron en tierra, una vez pasado el nerviosismo, empezaba la prueba de la paciencia. Su desamparo era casi absoluto, y eran plenamente conscientes de ello. El Caird había zarpado llevándose lo mejor de todo lo que poseían.

Al cabo de un rato, arrastraron al Wills playa adentro, le dieron la vuelta y se metieron en él. «Cuando nos sentamos allí, entumecidos, apiñados y húmedos —escribió Macklin—, nos preguntamos cómo íbamos a enfrentarnos al mes que teníamos delante de nosotros, que era [...] el tiempo mínimo que podíamos esperar antes de que llegaran a rescatarnos.» Y esta, admitía, era una expectativa «muy optimista», fundamentada en media docena de suposiciones, la primera de ellas que el Caird conseguiría su objetivo.

En cuanto a eso, la sensación general, al menos en apariencia, era de confianza. ¿Cómo podía ser de otro modo? Cualquier otra actitud habría sido el equivalente a admitir que estaban condenados irremisiblemente. No importa qué posibilidades tenga, un hombre no pone su última esperanza en algo y luego espera que ese algo fracase.

La cena se sirvió pronto y se acostaron enseguida. Se despertaron a la mañana siguiente, un día aborrecible, nebuloso, y estaba nevando. El mal tiempo hizo más imperioso encontrar algún tipo de abrigo, así que volvieron a dedicarse a excavar un hueco en una de las caras del glaciar. Estuvieron trabajando todo el día, y el siguiente y el otro. Pero por la mañana del día 28, cuatro días después de la marcha del Caird, comprobaron que iban a tener que abandonar la idea. En cuanto estuvieron en el interior del abrigo, que ya era lo bastante grande para que cupieran un buen número de hombres, comprobaron que el calor de sus cuerpos fundía el interior y el agua fluía en abundancia por las paredes y el suelo.

Lo único que les quedaba eran los botes. Greenstreet y Marston sugirieron que podían darles la vuelta para así formar el tejado de una cabaña y Wild estuvo de acuerdo. Empezaron a recoger piedras para construir la base. Fue un trabajo agotador. Orde-Lees escribió:

> Estábamos extremadamente débiles. Las piedras que habríamos podido levantar fácilmente en otro momento ahora estaban más allá de nuestra capacidad y necesitábamos a dos o tres de nosotros para cargar lo que antes habría podido llevar un solo hombre [...]. Aquella debilidad se podría comparar a la que uno experimenta después de haber pasado una larga enfermedad.

Desgraciadamente, la mayoría de las piedras disponibles estaban en un extremo de la orilla de la lengua de tierra, lo que significaba que tenían que cargarlas aproximadamente 140 metros hasta el lugar elegido como abrigo. Finalmente, cuando las paredes a modo de cimientos medían 1,20 metros de altura, pusieron encima los botes, a ambos lados. Tardaron más de una hora en afianzar la pared un poco por allí y en rebajarla un poco por allá. Pusieron encima de los botes invertidos los pocos trozos de madera que quedaban, de quilla a quilla; luego extendieron una tienda encima y sujetaron las cuerdas a cada lado para que sirvieran de cables de retén. El toque final consistió en unos trozos de lona atados alrededor de los cimientos para que el viento no pudiera entrar a través de las piedras. Practicaron un boquete en la base, en el lado de la orilla que servía de entrada, y colgaron dos mantas superpuestas para resguardarse del mal tiempo.

Al fin, Wild anunció que la cabaña ya estaba lista para ser ocupada; recogieron los empapados sacos de dormir y entraron en ella. Se les permitió elegir sitio y algunos se encaramaron rápidamente al piso superior, formado por los asientos de los botes invertidos. Otros ocuparon el suelo, allí donde parecía más abrigado, más seco o más caliente. Se sirvió la cena a las 16:45 horas y, en cuanto acabaron, se metieron en los sacos. Por primera vez en muchas horas, durmieron agotados, sin soñar. Poco después de la medianoche, sin embargo, empezó de nuevo la ventisca, y desde entonces hasta el amanecer el sueño fue intermitente. La tempestad descendía aullando desde las cumbres de tierra adentro, hacía temblar la cabaña y parecía como si cada nueva ráfaga sacudiera los botes desde sus fundamentos. La fuerza del viento penetraba por todas las grietas y la nieve pasaba silbando a través de mil pequeñas aberturas. Sin embargo, cuando llegó el amanecer, el refugio seguía intacto.

Macklin escribió:

> Cuando nos levantamos, fue terrible. Todo estaba lleno de nieve, el calzado congelado y tan rígido que solo podíamos ponérnoslo gradualmente y ninguno de nosotros tenía un par de guantes secos. Creo que esa mañana fue la más infeliz de mi vida: todos los intentos eran inútiles y el destino parecía determinado a ponernos las cosas muy difíciles. Los

hombres renegaban, no en voz alta sino con una intensidad que demostraba hasta qué punto odiaban la isla en la que habíamos buscado refugio.

Pero, si querían sobrevivir, iban a tener que trabajar para conseguirlo. A pesar del viento y del frío, que a veces era tan fuerte que tenían que resguardarse en el interior hasta que cesaban las ráfagas, se esforzaron para que el refugio resultase más seguro. Unos arreglaron de nuevo la tienda sobre el techo y sujetaron mejor las cuerdas. Otros encajaron trozos de mantas alrededor de la base y aplicaron arena húmeda de la playa en la construcción, para que resultara hermética.

Por la noche volvió a soplar la ventisca. La nieve consiguió otra vez abrirse camino hasta el interior, aunque no tanto como la noche anterior. La mañana del 30 de abril, James, Hudson y Hurley, que habían intentado dormir en su tienda, lo dejaron correr y se trasladaron al refugio con todos los demás. Hurley escribió: «La vida aquí sin una cabaña y sin equipo es más de lo que se puede soportar». Pero, poco a poco, cuando el viento mostraba los puntos vulnerables, ellos los cerraban y, a medida que pasaban los días, el refugio era cada vez más habitable.

Intentaron cocinar en el interior, pero al cabo de dos jornadas Green sufrió una ceguera transitoria a causa del humo y tuvo que ser sustituido por Hurley. Remediaron el problema de los humos en cierta medida, poniendo una chimenea a través del tejado, entre los dos botes. Pero entonces, por algún extraño capricho, el viento empezaba a soplar hacia la chimenea e introducía grandes y densas masas de humo en el interior del refugio. La atmósfera se hacía tan densa que obligaba a los hombres a salir al aire libre, medio asfixiados y con lágrimas deslizándose por las mejillas.

Durante el día se filtraba bastante luz a través de las mantas que cubrían el techo y podían desplazarse por el interior, pero, bastante antes del crepúsculo, en el refugio no se veía nada. Marston y Hurley hicieron varios experimentos y descubrieron que, llenando un pequeño recipiente con grasa derretida y trozos de vendas retorcidas como una mecha, podían conseguir una llamita y podían leer si se sentaban a poca distancia. Con tales métodos fueron eliminando los inconvenientes uno tras otro.

El 2 de mayo, ocho días después de que el Caird hubiera zarpado y transcurridas más de dos semanas de su llegada a la isla, al fin salió el sol. Rápidamente sacaron al exterior los sacos de dormir para extenderlos a secar. Siguió el buen tiempo el día tercero y el cuarto. Pero, aun después de tres días de sol, los sacos todavía no se habían secado del todo, aunque su mejora era notable. «Estamos mucho más secos de lo que nunca habríamos imaginado que volveríamos a estar», escribió James.

Hubo largos debates acerca de cuánto tardaría el Caird en llegar a Georgia del Sur y cuánto tiempo pasaría antes de que llegara el barco de rescate. Los más optimistas pensaban que hacia el 12 de mayo, es decir, al cabo de una semana, cabía la posibilidad de avistar el barco. Los más conservadores creían que tendrían que esperar al 1 de junio. Sin embargo, tuvieron que defenderse contra las falsas esperanzas porque el 8 de mayo, bastante antes de que existiera la posibilidad de que apareciera algún barco de rescate, empezó a preocuparles que las condiciones del hielo que rodeaba la isla impidieran su aproximación.

Esa inquietud se fundamentaba en una razón de peso. Ya había transcurrido la cuarta parte del mes de mayo, el equivalente a noviembre en el hemisferio norte. El invierno solo era cuestión de semanas o, posiblemente, de días. Cuando llegara, existía la posibilidad, muy probable, de que el hielo se cerrara completamente alrededor de la isla e imposibilitara cualquier intento de aproximación. El 12 de mayo, Macklin escribió: «Viento del E. Suponemos que la banquisa aparecerá de nuevo en la bahía; no lo deseamos, porque cada día esperamos la llegada del barco de socorro».

Se mantenían ocupados, pero trabajaban con un ojo fijo en el mar. Salían a cazar pájaros bobos, de vez en cuando una foca, y hacían acopio de hielo para el agua. Pasaban muchas horas intentando capturar con trampas palomas antárticas, unas aves carroñeras parecidas a las palomas que revoloteaban alrededor del montón de carne. Pusieron un remo en una asta de bandera y lo plantaron en el punto más alto accesible. Desde allí, la banderola del Real Club de Yates, agitada por las ventiscas de la isla Elefante, era una señal incongruente para el barco de socorro que todavía no llegaba.

Macklin y McIlroy se ocupaban de los enfermos. A Kerr le dolía una muela y Macklin tuvo que extraérsela. «Tenía el aspecto de un dentista mugriento —escribió Macklin—. Aquí no hay muchos refinamientos: "Sal y abre la boca", sin cocaína ni anestesia.»

La mano de Wordie se había infectado y a Holness le molestaba un orzuelo. Rickinson se recuperaba despacio del ataque al corazón que había sufrido cuando desembarcaron, pero las ampollas de agua salada en sus muñecas se obstinaban en no curarse. Los pies de Greenstreet, que se habían congelado en los botes, no mejoraban y estaba confinado en el saco de dormir.

Las manos de Hudson mostraban signos definitivos de curación, pero el dolor en la nalga izquierda que le empezó cuando estaba en el bote se había transformado en un gran absceso que le dolía constantemente. La mayor parte del tiempo permanecía en silencio en el saco de dormir, desinteresado y alejado de todo lo que sucedía a su alrededor.

El enfermo más grave era Blackborow. El pie derecho iba mejorando y esperaban que pudiera salvarlo. Pero los dedos del izquierdo presentaban gangrena. A McIlroy, que lo atendía, le preocupaba sobre todo evitar que las partes afectadas desarrollaran la denominada «gangrena húmeda», en la que la carne muerta permanece blanda y la infección se extiende a otras partes del cuerpo. En la gangrena seca, las partes afectadas se vuelven negras y quebradizas. Al mismo tiempo, el cuerpo construye una barrera que separa el tejido vivo del tejido muerto y el peligro de infección se reduce mucho. McIlroy procuraba que el pie de Blackborow permaneciera seco para que la separación fuera completa antes de intentar una intervención quirúrgica.

A medida que los días fueron pasando, se adaptaron a una existencia rutinaria. Cada tarde, antes de cenar, dirigían una última mirada al mar para comprobar si aparecía la oscura silueta de una embarcación o una delgada columna de humo en el horizonte. Cuando comprobaban que no había ningún barco de salvamento a la vista, entraban en el refugio para cenar.

De vez en cuando, Hussey tocaba el banjo, pero el rato hasta que las lámparas de grasa se apagaban lo dedicaban sobre todo a charlar. Cualquier tema de conversación o de debate servía, aunque el rescate era el tema preferido y la comida ocupaba el segundo lugar.

Marston guardaba el libro de cocina *Penny Cookbook* y se lo pedían constantemente. Cada noche se lo prestaba a uno u otro grupo. Lo leían con atención e ideaban banquetes imaginarios que organizarían cuando estuvieran en casa. Orde-Lees describió una de aquellas noches:

Queremos que nos den de comer con una gran cuchara de madera y, como a los niños coreanos, que nos den unos golpecitos en el estómago con el revés de la cuchara para que entre un poco más. Nos gustaría que nos sobrealimentaran, que nos sobrealimentaran mucho, sí, que nos sobrealimentaran solo con gachas y azúcar, con budín de grosella y de manzana y crema, pastel, leche, huevos, mermelada, miel y pan con mantequilla hasta reventar, y mataremos a quien quiera servirnos carne. En toda nuestra vida no queremos ver ni oír hablar de carne.

El 17 de mayo, McIlroy organizó una votación en la que preguntaba a todo el mundo qué plato elegiría si pudiera hacerlo. El resultado demostró que Orde-Lees tenía razón: el deseo de dulces fue casi unánime, y cuanto más dulce, mejor. Un ejemplo:

| | |
|---|---|
| Clark | Pastelitos de fruta de Devonshire con nata |
| James | Budín con almíbar |
| McIlroy | Budín de mermelada y nata de Devonshire |
| Rickinson | Tarta de moras y manzanas con crema |
| Wild | Budín de manzanas y nata |
| Hussey | Gachas de avena con azúcar y nata |
| Green | Pastel de manzana |
| Greenstreet | Budín de Navidad |
| Kerr | Pasta y almíbar |

Sin embargo, unos pocos no eligieron dulces:

| | |
|---|---|
| Macklin | Tostada de huevos revueltos |
| Bakewell | Cerdo asado con judías |
| Cheetham | Cerdo, salsa de manzana, patatas y nabos |
| Blackborow | Simplemente pan con mantequilla |

Green resultó ser el centro del interés de todos, porque una vez había trabajado de pastelero, y no cesaban de hacerle preguntas sobre si se le permitía comer todo lo que quería durante el trabajo.

Cierta noche, Hurley, echado en el saco de dormir, oyó que Wild y McIlroy hablaban de comida.

—¿Te gustan las rosquillas? —preguntó Wild.

—Bastante —replicó McIlroy.

—Son muy fáciles de hacer —dijo Wild—. Me gustan frías con un poco de mermelada.

—No está mal. Pero ¿qué me dices de una tortilla gigantesca? —preguntó el otro.

—Magnífico.

Más tarde, dos que estaban de guardia fueron sorprendidos por Hurley «hablando de una extraordinaria mezcla de picadillo, salsa de manzana, queso y cerveza». Y Marston, consultando su libro de cocina, se metió en un acalorado debate con Green sobre si las migas de pan debían formar la base de todos los budines.

De una manera u otra mantenían el ánimo, sobre todo soñando. El anuncio del invierno era ya patente en los días cada vez más cortos. El sol ahora se levantaba después de las nueve y se ponía a las tres de la tarde. Como estaban a más de 300 millas al norte del círculo polar antártico, no tendrían que enfrentarse a la perspectiva de la desaparición del sol, aunque el clima era cada vez más frío.

Macklin escribió en su diario el 22 de mayo:

> Todo está cambiando en el paisaje: ahora todo está cubierto de nieve y hay varios centímetros de hielo a ambos lados de la lengua de tierra. Durante los últimos días se ha incrementado el hielo y una densa banquisa se extiende en todas direcciones, hasta donde alcanza la vista, lo que hace

cada vez más remota la posibilidad del rescate. Un barco construido para abrirse paso por el hielo no podría atravesar la banquisa y un buque de vapor sería aplastado muy pronto. Además, ahora hay muy poca luz...

Poco a poco se fue extendiendo el convencimiento de que era improbable, sino imposible, que los rescataran antes del invierno. El 25 de mayo, un mes y un día después de que el Caird hubiera zarpado, Hurley escribió:

> Nieva y sopla viento del este. El entorno helado presenta el panorama más desolado e inhóspito que pueda imaginarse. Ahora todos estamos resignados a pasar aquí el invierno.

# 30

Sin embargo, la resignación no era completa. Como existían muy pocas posibilidades de que un barco se abriera paso hasta ellos, la mejor opción que tenían era adoptar una actitud de estoica paciencia. Pero había demasiado en juego.

«Cada mañana —escribió Macklin el 6 de junio—, subo a la cima de la colina y, a pesar de todo, no puedo dejar de pensar que se aproxima el barco de salvamento.» Y Hurley, que hasta entonces había sido tan positivo, anotó: «Escudriñamos el horizonte todos los días con la esperanza de ver un mástil o un hilo de humo».

Como el barco no aparecía, ellos lo atribuían a una docena de diferentes razones: el hielo, las tempestades, la niebla, el tiempo necesario para adecuar el navío apropiado, retrasos burocráticos para obtener la embarcación oportuna o a una combinación de todos esos factores. Nadie mencionaba la razón más probable: que el Caird se hubiera perdido.

Orde-Lees escribió con notable ingenuidad:

> No puedes impedir sentir cierta ansiedad por sir Ernest. Te preguntas cómo le va, dónde se encuentra ahora y cómo es que todavía no ha podido venir a rescatarnos. [Pero] este

tema es prácticamente tabú; todos guardan silencio y piensan en otra cosa, nadie sabe lo que piensa el otro y es obvio que nadie quiere decir lo que piensa en realidad.

Fuera lo que fuese lo que pensaran, no les quedaba más remedio que esperar y no perder la esperanza. Cada día un hombre hacía el turno de «fogonero»: su tarea era la de atender todo el día el fuego, haciendo que se mantuviera, alimentándolo con pieles de pájaro bobo y procurando que la emisión de humo fuera mínima. Otra de las tareas era la de «pinche exterior», que acarreaba recoger el hielo para el agua y reunir los suministros necesarios de carne congelada para hacer la comida. Ambas tareas eran tediosas y procuraban eludirlas. Con la mitad de un bistec de pingüino se compraba la sustitución de estos trabajos durante un día.

Además, había mucho cambalache en la cuestión de las raciones y se habían formado varias bolsas de comida. Era típica la «bolsa del azúcar», en la que todos los que pertenecían a ella ponían uno de los tres terrones que les correspondían cada día para compartirlos en una fiesta cuando volvía a empezar el turno cada seis o siete días. Wild no ponía ninguna objeción a este tipo de cosas, pues era muy flexible en casi todo. Esa actitud servía para evitar fricciones y daba a los hombres la ocasión de mantener la cabeza ocupada.

Dadas las condiciones en las que estaban obligados a vivir, prácticamente no existían antagonismos entre ellos. Seguramente esto se debía a que casi no había enfrentamientos, y los que se daban durante el día les servían para descargar la presión que de otro modo habrían ido acumulando. Además, el grupo se había convertido prácticamente en una sociedad sin clases, en la que la mayor parte de sus componentes era libre de exponer sus ideas, y así lo hacía.

Si uno pisaba la cabeza de un compañero al abrirse camino durante la noche, en la oscuridad, le dirigían los mismos insultos que a cualquier otro, sin consideración alguna al rango que antes hubiera ocupado.

Salir al exterior durante la noche para orinar era el aspecto más desagradable de su existencia. Cuando sentían la necesidad de salir, tenían que abrirse paso entre los que dormían a la luz de una única lámpara de aceite, que mantenían encendida para ese propósito. Era casi físicamente imposible no pisar a alguien. Luego tenían que atravesar a gatas la entrada del refugio y salir al exterior, donde a menudo soplaba la ventisca. Una vez fuera, apenas podían mantenerse de pie: en la oscuridad volaban invisibles trozos de hielo y de piedra. Por lo tanto, no era extraño que, para no enfrentarse a esa perspectiva, llegaran a controlar las vejigas hasta el límite de la resistencia corporal.

Pasado un cierto tiempo, sin embargo, Wild sucumbió a la extrema urgencia y se le ocurrió transformar una lata de gasolina de nueve litros en orinal para utilizarlo por la noche. El problema era que quien lo utilizaba el último, es decir, quien lo llenaba hasta cinco centímetros del borde, tenía que llevar la lata al exterior y vaciarla. Cuando hacía mal tiempo y sentían necesidad de orinar, era frecuente que permanecieran echados y despiertos hasta que otro utilizaba el orinal mientras calibraban, por el sonido, el nivel que había alcanzado el contenido de la lata.

Si sonaba muy cerca del borde superior, intentaban aguantar hasta la mañana siguiente. Aunque eso no siempre era factible y podían verse obligados a salir. En más de una ocasión, llenaban la lata con el mayor sigilo posible y luego se introducían a hurtadillas en el saco de dormir. El siguiente que iba a utilizarla se enfurecía al encontrarla llena, ya que tenía que ir a vaciarla antes de poder usarla.

La desgraciada víctima, sin embargo, despertaba muy poca simpatía. Los otros se burlaban de él y, si se enfadaba, lo ridiculizaban hasta tal punto que pronto se resignaba.

La moral fluctuaba según el estado del tiempo y según la banquisa se acercara o se alejara. Cuando brillaba el sol, la isla se transformaba en un lugar de una belleza áspera, con la luz reflejándose en los glaciares y produciendo unos colores vivos e indescriptibles que cambiaban constantemente. Era difícil no ser feliz en días como aquellos. Sin embargo, la mayor parte del tiempo la isla distaba mucho de ser un lugar hermoso. Aunque no se produjeran muchas tempestades, los periodos de extrema humedad y cielo encapotado eran muchos, lo que daba como resultado un panorama que Greenstreet describía así una noche: «Pasamos el día pudriéndonos en los sacos con humo de grasa y de tabaco; y así pasa otro maldito y asqueroso día».

Durante el mes de mayo, los miembros más pesimistas del grupo —liderados por Orde-Lees— predijeron que un día los pájaros bobos migrarían y no los volverían a ver hasta el final del invierno. Orde-Lees estaba tan convencido de ello que organizó unas apuestas. A principios del mes de junio había perdido tres de ellas, todas a la vez.

Orde-Lees había apostado: 1) que llegaría el día en el que allí no habría ni un solo pájaro bobo; 2) que después del 1 de junio no iban a aparecer más de diez, y 3) que no obtendrían más de treinta durante todo el mes. Pero precisamente aquel día mataron ciento quince pingüinos.

El alimento no era causa de preocupación inmediata. Había otros asuntos que reclamaban más atención, sobre todo el pie de Blackborow. McIlroy, a primeros de junio, observó con satisfacción que la separación entre el tejido muerto y el vivo era completa y que sería peligroso posponer la operación para más tarde. Esperar a trasladar a Blackborow a un hospital donde se llevara a cabo la amputación quedaba fuera de toda consideración. La operación tendría que practicarse el primer día que hiciera buen tiempo.

El 15 de junio amaneció apacible y brumoso. McIlroy, después de consultarlo con Wild y Macklin, decidió intervenir. Blackborow ya se había resignado hacía tiempo a la operación. Tenían algún instrumental de cirugía y, en cuanto acabaron el desayuno, llenaron un cazo con hielo, que fundieron y pusieron a hervir para esterilizar el instrumental. Colocaron, una junto a otra, varias cajas de embalaje cerca del hornillo y las cubrieron con mantas para que hicieran las veces de mesa de operaciones.

Cuando todo estuvo preparado, se pidió a los hombres que salieran a esperar a que la operación hubiera acabado. Los otros dos enfermos, Hudson y Greenstreet, se quedaron en el refugio. Hudson yacía en uno de los extremos más alejados, pero el sitio de Greenstreet, en los asientos del Docker, se encontraba directamente encima de la escena de la operación. Wild y How se quedaron para ayudar y Hurley para ocuparse del fuego. En cuanto todos hubieron salido, Hurley empezó a apilar pieles de pájaro bobo en el fuego.

Cuando la temperatura empezó a elevarse, tendieron a Blackborow en la mesa de operaciones. Encendieron todas las lámparas de aceite que tenían y el empañado interior del refugio se iluminó bastante conforme se formaba un pequeño círculo de luz alrededor de la estufa. El calor ya era suficiente; McIlroy y Macklin se quedaron en ropa interior, la ropa más limpia que tenían.

Tuvieron que anestesiar al enfermo con cloroformo, una anestesia poco adecuada, sobre todo con el fuego tan cerca. Pero era lo que tenían, y solo ciento setenta gramos. Macklin, que iba a administrarlo, esperó a que hiciera el calor suficiente en el refugio para que el cloroformo se vaporizara. Mientras, Hurley introducía pieles en la estufa y la temperatura seguía aumentando. Al cabo de veinte minutos había alcanzado unos agobiantes veintisiete grados; Macklin destapó el frasco de cloroformo y vertió una pequeña cantidad en un trozo de gasa quirúrgica. Entonces, le dio unas palmaditas en el hombro a Blackborow para animarlo y apoyó la gasa en su cara mientras le indicaba que cerrara los ojos y respirara profundamente. Blackborow, obediente, hizo cuanto le dijo y al cabo de cinco minutos estaba inconsciente. Macklin, entonces, le hizo un gesto a McIlroy con la cabeza, indicándole que podía empezar.

Levantaron el pie de Blackborow y lo apoyaron en el borde de las cajas de embalaje. Debajo pusieron una gran lata vacía. Cuando retiraron el vendaje, la carne de los dedos del pie de Blackborow parecía momificada: estaba negra y quebradiza. Wild cogió un escalpelo que previamente habían esterilizado en la cacerola y se lo entregó a McIlroy.

En el extremo más alejado del refugio, Hudson volvió la cara porque no quería mirar. Greenstreet, sin embargo, se asomó y observó todo lo que estaba sucediendo debajo de él.

McIlroy practicó un corte en el extremo del pie y luego retiró la piel. Macklin miró a Wild y vio que no se echaba atrás. «Un caso difícil», se dijo Macklin.

McIlroy pidió dos fórceps y Wild los sacó del agua hirviendo. A Greenstreet le parecieron un par de tijeras de hojalatero. Con sumo cuidado, McIlroy buscó bajo la capa de piel hasta donde los dedos se unían al pie. Luego los cortó de uno en uno, y estos fueron cayendo con un chasquido metálico en la lata vacía que había debajo.

Después, McIlroy rascó meticulosamente la carne muerta ennegrecida y, cuando la herida estuvo limpia, la suturó con sumo cuidado. Ya estaba: el pie de Blackborow había sido cercenado limpiamente justo en las articulaciones. La operación había tardado cincuenta y cinco minutos.

Blackborow empezó a quejarse y al cabo de un rato abrió los ojos. Estuvo aturdido durante un rato y luego les sonrió a los dos médicos.

—Me apetece un cigarrillo —dijo.

McIlroy arrancó una página de la *Encyclopaedia Britannica*, desmenuzó encima de ella un poco de tabaco y lio un cigarrillo para su paciente. En el refugio, el ambiente se relajó y Wild, ante el cazo lleno de agua, sugirió que la utilizaran para lavarse. A McIlroy y a Macklin les divirtió la idea. Encontraron un trozo de jabón, se quitaron las camisetas y se lavaron hasta la cintura lo mejor que pudieron. Todavía quedaba un poco de agua caliente, así que cogieron tres terrones de azúcar de la ración del día siguiente y se prepararon un poco de agua azucarada.

El resto del grupo, mientras tanto, se había refugiado en la cueva que habían cavado en la cara del glaciar. Pasaron el rato cortándose el pelo los unos a los otros.

# 31

En invierno, la banquisa se extendía la mayor parte de los días hasta el horizonte; aunque el barco de socorro hubiera aparecido, habría tenido que quedarse a varias millas de la orilla. En raras ocasiones la banquisa se movía. Sin embargo, no se descartaba del todo la posibilidad de que una embarcación de rescate pudiera deslizarse a través de ella, y seguían manteniendo ese rayo de esperanza que los hacía trepar todos los días, religiosamente, hasta el puesto de observación. Además, la actividad les ayudaba a pasar el tiempo.

Los días transcurrían tediosos. Solo hubo una fecha que celebrar: el solsticio de invierno, el 22 de junio. Lo festejaron con un sustancioso desayuno por la mañana y un maravilloso budín de nueces para cenar, con veintitrés galletas, cuatro raciones de los trineos, dos cajas de leche en polvo y doce trozos de pasta de nueces.

Luego, mientras descansaban en los sacos de dormir, presentaron un divertido programa en veintiséis actos. Habían trabajado durante días en los versos que iban a recitar y, cuando llegó el momento, la mayoría de las miradas se dirigieron hacia Green y Orde-Lees.

Hussey, claro está, tocó el banjo, y Kerr, como el año antes había hecho en el Endurance, cantó «Spagoni el Torero», «especialmente fuera de tono, para complacer».

James recitó la canción de más éxito de la tarde, con la música de Solomon Levi:

> Mi nombre es Frankie Wild-o; mi cabaña está en la isla
> [Elefante.
> Las paredes no tienen ni un ladrillo, los tejados ni
> [una teja.
> Pero, no obstante, no me negarás que, durante millas
> [y millas,
> este es el lugar más suntuoso que encontrarás para vivir
> [en la isla Elefante.

La velada finalizó con un brindis por el retorno del sol, del jefe y de la tripulación del Caird. Bebieron «Tripa podrida de 1916», una mezcla de agua, ginebra, azúcar y alcohol metílico procedente de las existencias de la estufa Primus. «Un sabor horrible —escribió Macklin—. Solo sirvió para volvernos abstemios de por vida a la mayoría de nosotros, excepto a alguno que aparentaba que le gustaba [...]. Después, varios se sintieron enfermos.»

Tras el solsticio de invierno, no hubo ningún evento que prever sino la interminable espera... y la introspección.

> Sobrellevamos nuestra existencia con paciencia —escribió Macklin el 6 de julio—, y lo cierto es que el tiempo pasa rápidamente a pesar del espantoso aburrimiento. Cada vez tengo la mente más en blanco y permanezco echado durante horas sin pensar en nada más que en una especie de vacío.

Días después, Orde-Lees escribió:

> Wild siempre está diciendo que «el barco» llegará la próxima semana; pero, claro, lo dice para levantar el ánimo de

aquellos que empiezan a perder la esperanza. Hay optimismo, y, si no desaparece, es estupendo... Dice [...] que no empezará a preocuparse por sir Ernest hasta mediados de agosto.

El 16 de julio, Hurley anotó:

> He ido a dar el paseo dominical. El mar batía a casi cien metros de la lengua de tierra. Esto no nos preocuparía si supiéramos que sir E. y la tripulación del Caird están a salvo y cuándo puede llegar la ayuda. Especulamos si a mediados de agosto...

Así, agosto se convirtió en un objetivo; solo a partir de entonces deberían preocuparse de manera oficial, por así decirlo. Wild la fijó a propósito, porque era relativamente remota y ayudaría a mantener vivas las esperanzas.

Sin embargo, no era fácil. Las condiciones de vida eran cada vez más primitivas. La provisión de nueces se había acabado y también la de leche en polvo. Y, aunque las echaban mucho de menos, su pérdida apenas pudo compararse con la tragedia que supuso el agotamiento del tabaco. Algunos fueron más frugales con sus raciones que otros, que siguieron fumando su cupo como si solo fueran a quedarse en la isla un mes o poco más.

*Jock* Wordie, con la típica tacañería escocesa, alargó su ración hasta tal punto que fue el último en acabarla, y durante una semana, cuando su pequeño tesoro era todo el tabaco que quedaba en el campamento, fue el centro de incesantes regateos. Los marineros recorrían la lengua de tierra en busca de algún fragmento de roca medianamente interesante que pudiera excitar el interés geológico de Wordie. Luego, agarrándolo de manera que él no lo viera, lo trocaban por una chupada, media o un cuarto... o dos. Y aunque Wordie había recorrido minuciosamente la lengua de tierra decenas de veces en busca de especímenes de roca, su curiosidad siempre era más fuerte que él.

Pero a él también se le acabó su ración, y siguió un periodo de depresión que alcanzó momentos penosos. El deseo de fumar era tan fuerte que empezaron a experimentar para encontrar un sustituto. McLeod sacó el aislante vegetal de sus botas y luego llenó la pipa con la hierba. «En lugar de a tabaco —escribió James—, huele a incendio en las praderas.»

Pero la costumbre cuajó y muy pronto muchos de ellos estaban fumando el aislante vegetal. A Bakewell se le ocurrió una idea para proporcionarle el aroma adecuado. Pidió prestadas todas las pipas que pudo encontrar y las puso a hervir en una cazuela junto con el aislante vegetal. En teoría, después de que la hierba se hubiera secado, habría asimilado algo del aroma del tabaco, pero «el resultado obtenido —escribió James— no valía los esfuerzos de toda la preparación».

«También hemos probado líquenes —continuaba diciendo James—, y vivimos con el temor de que alguien empiece con las algas.»

Había asimismo otras distracciones menores, entre ellas el asunto de los ronquidos. Hurley escribía:

> A Wild se le ha ocurrido una ingeniosa idea para curar a los roncadores crónicos. Lees, que no deja de molestar nuestros pacíficos sueños con su habitual trompeteo, ha sido el primero en sufrir el experimento. Se ata al brazo del roncador un lazo con nudo corredizo, y se pasa a través de varios resquicios hasta Wild. Cuando los durmientes sufren las molestias, dan un fuerte tirón a la cuerda, como uno haría para detener a un coche. Pero Lees es incorregible, apenas hace caso de nuestras señales. Alguien ha sugerido que el lazo corredizo se le ponga alrededor del cuello. Estoy seguro de que muchos tirarían con toda su fuerza.

Durante la mayor parte del mes de julio, el tiempo fue bastante moderado y solo en algunas ocasiones descendieron de las cimas las ráfagas frías. La única amenaza realmente seria era el glaciar situado en el extremo delantero de la cala. Periódicamente, y sin previo aviso, se rompían fragmentos de su superficie. Orde-Lees describía una de esas roturas de masas de hielo:

> Un fragmento inmenso, grande como una iglesia, que pendía hacía tiempo del glaciar, se rompió con un estallido parecido al retumbar de varios truenos. Levantó una poderosa ola de unos doce metros de altura, que venía directa hacia nuestro refugio y lo habría arrasado por completo si los escombros de la bahía no la hubieran amortiguado [...]. Arrojó enormes fragmentos de hielo que pesaban toneladas y que cruzaron la lengua de tierra.
>
> Marston estaba tan convencido de que iban a provocar una inundación o a aplastar el refugio que gritó «alerta», pero fue innecesario y solo sirvió para alarmar a los dos pobres inválidos, Hudson y Blackborow.

Aunque se salvaron del destino de ser borrados de la lengua de tierra, la isla hizo todo lo que pudo para echarlos de allí. A principios del mes de julio descubrieron que se había filtrado agua a través de las rocas que formaban el suelo del refugio. Era difícil decir exactamente de dónde procedía, pero en apariencia era el resultado del drenaje natural que discurría por debajo de sus cimientos.

Cuando se dieron cuenta, intentaron idear un desagüe a través de una de las paredes laterales, pero no fue efectivo. Las cosas fueron cada vez peor y descubrieron que, para evitar una inundación, iban a tener que practicar un agujero de 60 centímetros de profundidad en el punto más bajo del interior del refugio. El agujero se llenó de agua inmediatamente y tuvieron que achicarla. La primera vez sacaron casi trescientos litros y desde entonces tenían que mantenerse constantemente alerta tanto si el tiempo era seco como húmedo. El 26 de julio, James anotó:

> Hacia la medianoche me desperté porque los hombres se quejaban de que el agua en el refugio alcanzaba la parte superior de las piedras. O nos levantábamos y achicábamos el agua o nos quedábamos empapados. Hurley, McIlroy, Wild y yo mismo nos levantamos y sacamos más de doscientos litros. La misma cantidad fue achicada a las cinco de la mañana y aún más antes del desayuno.

No solo era una labor fastidiosa, sino que el agua era un líquido nauseabundo, lleno de guano de pájaro bobo. Y, además, el sumidero del que achicaban el agua estaba localizado directamente frente al hornillo de cocinar.

Con el paso de los meses, el interior del refugio se había convertido en un lugar inmundo y lleno de mugre. Habitualmente se referían a él como «la pocilga» o los «aposentos». Cuando podían, recogían piedras limpias para cubrir el suelo, pero en general las únicas piedras disponibles en el exterior estaban congeladas. En la penumbra subterránea del interior, habían caído al suelo pequeños pedazos de alimentos. Después, con la combinación del agua y del calor, los alimentos empezaron a pudrirse, lo que contribuyó todavía más a aumentar el olor desagradable.

Casi a finales de julio, el absceso de la nalga de Hudson había aumentado hasta alcanzar el tamaño de un balón de fútbol. A McIlroy no le gustaba la idea de abrirlo por el riesgo de infección, pero Hudson padecía tal dolor que tuvo que hacerlo. La operación se llevó a cabo sin anestesia y sacó más de un litro de líquido pestilente.

> Es difícil comprender la posición de uno aquí —escribió Macklin—, viviendo en un pequeño refugio lleno de humo, sucio, destartalado, únicamente con el espacio suficiente para que todos quepamos apretados. Beber de un pote común [...] y descansar junto a un hombre con un absceso purulento es una existencia horrible, aunque aún hemos tenido suerte...

Más adelante sigue escribiendo: «Le he dado a Blackborow la piel de reno que me traje del Campamento Océano [...]. Su saco está más podrido que el mío; pobre tipo, tiene muy pocas oportunidades de salir adelante».

Se acercaba el final del mes de julio y la ansiedad, reprimida durante tanto tiempo, empezó a manifestarse.

El día 30, Hurley escribió:

> Hoy es un día muy monótono, y la salvaje magnificencia de los riscos que nos limitan a los confines de cabo Wild se vislumbran a través de la niebla como las paredes de una prisión, siniestra e inaccesible. Si tan solo hubiera algo que hacer, el peso del tiempo sería más llevadero, porque hasta ahora el único ejercicio que hacemos es pasear de un lado a otro por los 65 metros de la lengua de tierra o subir al puesto de vigilancia y escudriñar la brumosa línea del horizonte en busca de un mástil. Esperamos con ansiedad la llegada del mes que viene, porque puede que llegue el barco de socorro. Uno se cansa de estimar continuamente los días que pasarán desde la partida del Caird hasta la deseada llegada [del barco de socorro].

En distinto grado, a todos les sucedía lo mismo. En las interminables discusiones sobre cómo y cuándo iban a ser rescatados, existía una posibilidad que raramente mencionaban: la pérdida del Caird. Creían que les traería mala suerte hasta hablar de ello y, si alguien se atrevía a insinuarlo, lo consideraban fuera de lugar y de mal gusto, casi como si mancillara algo sagrado.

Sin embargo, aunque todavía no sugerían abiertamente que el Caird podía haberse perdido, ya no podían negar por mucho tiempo, tácitamente al menos, que esa posibilidad podía ser cierta. Shackleton se había ido hacía noventa días... y existía una especie de progresiva consciencia de que podían estar esperando algo que nunca llegaría.

Si así fuera, Macklin, finalmente, concedió en su diario del 31 de julio: «Ello significaría un viaje en el Stancomb Wills a la isla Decepción. Sería un viaje arduo, aunque espero ser uno de los elegidos si se llega a eso».

Sin embargo, aún existía el límite de tiempo que ellos mismos habían establecido: mediados de agosto. Pero el tiempo parecía haberse detenido. El 1 de agosto se cumplían dos años desde que el Endurance había zarpado de Londres, y uno desde que había soportado las primeras presiones del hielo. Hurley lo resumió de este modo:

> El recuerdo de todo lo que ha sucedido hasta ahora revolotea en nuestras cabezas como una pesadilla caótica y confusa. Los doce meses transcurridos han pasado muy rápidos y, aunque hemos estado viviendo seguros aquí durante cuatro meses, este último periodo parece más largo que el anterior. Esto se debe, sin duda, a que contamos los días y a que esperamos a diario la ayuda que se retrasa, así como también a que no tenemos [...] ningún trabajo que realizar [...]. La espera continua y el nerviosismo por la seguridad de nuestros compañeros del Caird se añaden al lento transcurrir del tiempo.

Cada día era mayor el tiempo que pasaban en el puesto de vigilancia, en busca de una señal de la llegada del barco de socorro. El 3 de agosto, Orde-Lees escribió:

> Seguimos cercados por la banquisa [...]. Nos queda poco combustible y poca comida, pero a nadie parece importarle [...]. Ahora se habla abiertamente de la posibilidad de que sir Ernest no vuelva. A nadie le agrada pensar que quizá no ha llegado a Georgia del Sur, pero es significativo el hecho de que Wild haya dado la orden de guardar todos los trozos de cabo y de lana y todos los clavos en previsión de que tengamos que hacer un viaje en bote a la isla Decepción...

Para ese viaje, tenían un equipo verdaderamente reducido. La única vela que quedaba era el ridículo foque del Wills; así pues, tendrían que idear alguna especie de vela mayor cosiendo trozos rotos de la tela de las tiendas. Ni siquiera tenían un mástil en el que pudiera izarse. El mástil del Wills se había utilizado para hacer un palo de mesana para el Caird y el del Docker se había sacrificado para reforzar la quilla. Sin embargo, algo podría hacerse con los cinco remos que les quedaban.

Y los días se fueron sucediendo.

> 4 de agosto (James): «Una existencia de extrema monotonía».
>
> 5 de agosto (Hurley): «Sentado como un inválido en un saco de dormir, releyendo los mismos contados libros».
>
> 6 de agosto (Hurley): «Sería el momento ideal para la aparición del barco».
>
> 7 de agosto (Macklin): «Hoy Hudson se ha levantado y ha salido un rato; está muy débil y, cuando ha intentado saludar con la mano a McIlroy, se ha caído».

8 de agosto (Orde-Lees): «Hemos tenido que achicar agua cuatro veces... algo más de lo habitual».

9 de agosto (Greenstreet): «Wordie ha descubierto un periódico viejo (o parte de uno) fechado el 14 de septiembre de 1914, que todos hemos leído y releído».

10 de agosto (Macklin): «He estado observando a los petreles de las nieves: son unas aves pequeñas y muy hermosas. A veces el rompiente los captura y los arrastra hasta la orilla, pero se recuperan enseguida y de nuevo salen a pescar».

11 de agosto (Orde-Lees): «Marston ha salido a las cinco de la mañana, pero la costa estaba despejada...».

12 de agosto (Macklin): «Me preocupa mi familia. No me preocuparía si estuviera seguro de que han recibido noticias; sé lo preocupados que estarán...».

13 de agosto (James): «Empezamos a estar ansiosos por avistar el barco. Ya es hora».

14 de agosto (James): «Últimamente hemos estado comiendo algas hervidas. Tienen un sabor peculiar, pero al menos es un cambio».

15 de agosto (Orde-Lees): «Durante el día ha nevado a intervalos».

16 de agosto (Macklin): «Ansiedad en el puesto de vigilancia por la llegada del barco de socorro: la mayor parte de nosotros sube por la colina y busca con ansiedad en el horizonte la aparición de alguna señal del barco. Algunos ya pierden la esperanza de que venga...».

17 de agosto (Hurley): «El hielo ha hecho su reaparición...».

18 de agosto (Greenstreet): «Ambas bahías cubiertas por una gruesa banquisa que llega hasta donde la vista alcanza».

19 de agosto (Orde-Lees): «No es bueno que nos sigamos engañando por más tiempo».

# SEXTA PARTE

## 32

*Lunes, 24 de abril*

Nos despedimos de nuestros compañeros. Nos hacemos a la vela para buscar ayuda en Georgia del Sur, a 870 millas, a las doce y media. A las dos de la tarde llegamos a un curso de hielo que hemos podido atravesar en casi una hora. Cuando hemos llegado a mar abierto estábamos empapados, pero felices de haberlo atravesado.

Cuaderno de bitácora de McNeish

*Lunes, 24 de abril*

Campamento Wild para Crónica de marineros, 192/262.

Salida en el James Caird a las doce y media. Hemos navegado ocho millas rumbo NNE y luego una milla al E hasta una rompiente en la corriente de hielo, y de allí en dirección E y O. Viento: a las cuatro de la tarde 6 ONO [aprox. 50 km/h].

Cuaderno de bitácora de Worsley

El grupito de siluetas oscuras que se despedían agitando las manos se recortaba contra la blanca nieve: una imagen patética desde el Caird mientras el oleaje lo levantaba.

Worsley lo puso rumbo al norte y Shackleton, a su lado, vigilaba la aparición de hielo por la proa y luego se volvía a mirar a los hombres que dejaba atrás. Al poco rato ya no pudo distinguirlos.

No pasó mucho tiempo antes de que la isla Elefante exhibiera por la popa sus grandes y escarpados promontorios y de que las paredes del glaciar reflejaran el sol. A la derecha, la diminuta isla Cornwallis, que se elevaba abruptamente por encima del mar, apareció por detrás del cabo Valentine; poco después vieron los nevados picos de la isla Clarence, medio ocultos por brumas de tintes violetas. En el agua se deslizaban suavemente una foca ocasional o un pequeño grupo de pájaros bobos, contemplando con curiosidad aquella extraña criatura que se movía por la superficie del mar.

Eran las dos en punto cuando el Caird llegó a la altura del hielo, que resultó ser una densa franja de antiguos témpanos fragmentados y fundidos en una miríada de formas diferentes. Se alzaban con la marejada del oeste con majestuosa cadencia, produciendo un ruido áspero y susurrante.

Worsley puso rumbo al este, paralelo al hielo, en busca de la abertura que Shackleton y él habían visto desde la lengua de tierra, a primera hora del día. Les llevó casi una hora llegar hasta ella y descubrir que estaba casi obstruida por témpanos fragmentados y trozos de hielo quebradizo. No obstante, Worsley hizo virar la proa del Caird y empezaron a atravesar los hielos.

Casi al instante el bote se vio rodeado por fantásticas formas heladas, algunas de una altura que doblaba la del mástil, que se balanceaban y se inclinaban con el lento movimiento del mar. Encima del agua eran de un blanco muy puro, pero debajo cambiaban hasta un azul profundo.

Worsley intentó navegar a salvo entre los fragmentos de hielo, pero varias veces, al virar para evitar un témpano, tropezaba con otro, y Shackleton decidió que sería mejor seguir a remo.

Arriaron las velas y los hombres subieron con cuidado a cubierta y se pusieron a remar. Tal como estaban sentados, fue extremadamente difícil trabajar con los remos en las horquillas. Por suerte, amainó el viento. Shackleton se había puesto al timón y animaba a los remeros. Eran las cuatro de la tarde cuando la luz comenzó a declinar.

Después de casi una hora, el hielo empezó a hacerse más escaso, y pronto llegaron al extremo norte de la banquisa, desde donde salieron otra vez a mar abierto. Los remeros volvieron a la cabina de popa y todos sintieron un gran alivio.

El viento había virado gradualmente y ahora era del sureste, la dirección perfecta para llevarlos hacia el norte. Shackleton ordenó que izaran las velas y, una vez que estuvieron en posición, envió a dormir a Crean, McNeish, Vincent y McCarthy, decidiendo que él y Worsley permanecerían en sus puestos durante la noche para vigilar el hielo.

Cuando todo estuvo en orden, Shackleton se volvió y miró por la popa. La isla Elefante se veía como una masa voluminosa y sombría. Durante varios minutos permaneció contemplándola en silencio.

Un lugar de aspecto formidable, sin duda, pero que solo había mostrado el perfil más penoso. Era el refugio de veintidós hombres que, hasta ese momento, estaban acampados en un trozo de playa precario y barrido por las tormentas, aislados del mundo exterior como si estuvieran en otro planeta. Su situación solo la conocían los seis hombres que se apiñaban en el ridículo botecito, cuya responsabilidad era ahora demostrar que todas las leyes de la probabilidad estaban equivocadas... y volver con ayuda. Y esa era una enorme responsabilidad.

Cuando aumentó la oscuridad, aparecieron millares de estrellas en un cielo de un azul casi negro, y el pequeño jirón del gallardete que ondeaba en el palo mayor del Caird describió un círculo irregular por el firmamento rutilante cuando el bote penetró en el mar de aleta.

Worsley estaba al timón y Shackleton se había acurrucado a su lado. Soplaba un viento frío del sur y el mar se estaba picando. La primera preocupación era el hielo, y Shackleton y Worsley se mantenían vigilantes. Por la tarde habían pasado junto a algunos témpanos, pero a las diez el mar aparecía despejado.

De vez en cuando, Shackleton liaba cigarrillos para los dos y hablaban de muchas cosas. Era evidente que el peso de la responsabilidad que Shackleton había soportado durante dieciséis meses había menguado algo la enorme confianza que tenía en sí mismo. Quería hablar para asegurarse de que había actuado correctamente.

Le confió a Worsley que la decisión de separar el grupo le había resultado extremadamente difícil porque aborrecía tener que hacerlo. Pero algo debía hacer para buscar ayuda, y no era la clase de responsabilidad que hubiera podido delegar en otra persona.

En cuanto al viaje, parecía tener sus dudas y pidió opinión a Worsley sobre sus posibilidades. Este replicó que estaba seguro de que podrían hacerlo, aunque era evidente que Shackleton no estaba del todo convencido.

Lo cierto era que se sentía fuera de su elemento. Se había puesto a prueba en tierra. Allí demostró, más allá de cualquier duda, su capacidad para enfrentarse tenazmente contra los elementos... y vencer. Pero el mar era un enemigo distinto. A diferencia de la tierra, donde se conoce a un hombre por el valor y la simple voluntad de resistir, la lucha contra el mar es un combate físico, y no existe la posibilidad de escapar. Es una batalla contra un enemigo incansable en la que un hombre no vence nunca, y lo más que puede esperar es no ser destruido.

A Shackleton le producía inquietud; se enfrentaba a un adversario tan formidable que su fortaleza era insignificante en comparación con él, y no le divertía encontrarse en una posición en la que la voluntad y el valor prácticamente no contaban, y en la que la victoria solo se medía por la supervivencia.

Sobre todo, estaba terriblemente cansado y solo deseaba que acabara el viaje lo antes posible. Si pudieran pasar por el cabo de Hornos, le dijo a Worsley, se ahorrarían un tercio de la distancia que tenían que recorrer. Sabía que era imposible, pero le preguntó si creía que el viento del sureste se mantendría lo suficiente para que pudieran hacerlo. Worsley lo miró con simpatía, movió la cabeza y replicó que no era probable.

Justo antes de las seis aparecieron en el cielo las primeras luces del amanecer y, cuando aumentó su brillo, los dos hombres se relajaron. Ahora, si se encontraban con hielo, al menos podrían verlo.

Shackleton esperó hasta las siete; entonces, despertó a los otros. Crean montó el Primus y, después de considerables problemas para encenderlo, finalmente pudieron desayunar. Cuando acabaron, Shackleton anunció que se relevarían en la vigilancia cada cuatro horas. Dijo, además, que él haría el primer turno con Crean y McNeish, y Worsley haría el segundo con Vincent y McCarthy.

# 33

Enumerar los peligros a los que se enfrentaron, según su magnitud, sería imposible, pero entre las amenazas conocidas sin duda la mayor era el hielo, especialmente por la noche. La simple colisión con un fragmento invisible podría haber dado al traste con el viaje en un momento. El plan de Shackleton era dirigirse al norte a la mayor velocidad posible antes de girar al este, hacia Georgia del Sur.

Durante los dos días siguientes tuvieron suerte. El viento del suroeste se mantuvo estable, soplando con fuerza casi siempre. A mediodía del 26 de abril, se habían alejado 128 millas de la isla Elefante sin encontrar rastro de hielo.

Durante aquellos dos días, sin embargo, pasaron por duras pruebas que, poco a poco, hicieron patentes los sufrimientos sin límite de la vida a bordo del bote. Allí no había más que agua: un agua que todo lo ocupaba y que era ineludible. A veces se presentaba como una lluvia de rociones que se levantaba rápidamente desde la proa y que el viento precipitaba en popa: solo atormentaba al hombre que estaba al timón. Mucho peor era el oleaje sólido y más calmado en el que se zambullía la proa y que inundaba la cabina de popa. Y lo peor de todo eran las ocasiones en las que el bote se sumergía justo cuando rompía una ola. Entonces, el agua verde y espumosa barría la cubierta, inundaba la cabina de popa y desaguaba en el bote en chorros helados a través de las aberturas de las lonas de cubierta, como la lluvia se derramaría a través del tejado de una choza en ruinas. En las veinticuatro horas transcurridas desde la marcha de la isla Elefante, la cubierta empezó a aflojarse, de manera que había una docena de cavidades en las que se acumulaba el agua.

El que estaba al timón era el que más sufría, así como al que le tocaba el turno de vigilancia en los cabos del yugo durante una hora y veinte minutos. Los otros dos hombres de servicio estaban mejor solo en comparación. Cuando no se encontraban achicando agua o vigilando las velas o cambiando el lastre, trasladando las piedras en el fondo del bote, pasaban el tiempo intentando esquivar los chorros de agua que les caían encima. De todas maneras, era inútil, porque, aunque se acurrucaran, el agua les caía sobre la espalda.

Todos iban vestidos más o menos de la misma manera: ropa interior de lana gruesa, pantalones de lana, con un suéter suelto y grueso y un par de pantalones impermeables de gabardina encima. Se cubrían la cabeza con gorros de lana de punto y encima un gorro impermeable, ajustado en la nuca. En los pies llevaban dos pares de calcetines, un par de botas de fieltro hasta el tobillo y unas botas finlandesas de piel de reno, con pelo a los lados, aunque hacía tiempo que este había desaparecido, dejándolas completamente peladas y blandas. A bordo no llevaban ningún traje impermeable.

Aquellas ropas eran adecuadas para soportar fríos intensos y secos, pero no lo eran para aguantar remojones. Absorbían las gotas heladas hasta alcanzar el punto de saturación, y se mantenían mojadas.

Lo mejor que podía hacerse era aguantar esa prueba del agua, como habían hecho en el viaje que los llevó a la isla Elefante: sentarse y permanecer inmóviles tras cada remojón para evitar el contacto con la ropa recién empapada. Pero sentarse sin moverse en un bote de 6,7 metros y con mar gruesa puede resultar muy difícil.

Tenían que bombear el agua a intervalos frecuentes, dos o tres veces cada turno de guardia, y la labor requería dos hombres: uno para hacer funcionar el émbolo y el otro para sujetar el helado cilindro de latón en el agua, en el fondo del bote. Hasta con los guantes, las manos del hombre que sujetaba el cilindro se entumecían en cuestión de cinco minutos, por lo que otro debía sustituirle.

Las incomodidades no se limitaban a los hombres que hacían los turnos de guardia. Sabían desde el principio que hasta dormir les iba a resultar especialmente desagradable. Los sacos estaban en proa, en teoría la zona más seca del bote. Llegar hasta ellos significaba tener que arrastrarse con las manos y las rodillas por encima de las piedras que había en el fondo de la embarcación. Cuanto más cerca de la proa llegaban, más reducido era el espacio, hasta que finalmente tenían que arrastrarse sobre el vientre y deslizarse hacia delante, introduciéndose paulatinamente entre la parte inferior de los asientos y el lastre.

Cuando llegaban a proa, tenían que meterse dentro de su saco de dormir; luego, el problema era conciliar el sueño. El cansancio ayudaba, claro está, pero, aun así, el movimiento del bote en la proa era más violento que en ningún otro sitio. A veces eran arrojados hacia arriba para luego volver a caer encima de las piedras o eran golpeados desde abajo cuando el bote caía hacia delante con una nueva ola. El Caird había sido equipado con seis sacos de dormir para que cada hombre tuviera el suyo. Pero Shackleton pronto sugirió que compartieran tres sacos y utilizaran los otros como colchones para protegerlos de las piedras, y así lo hicieron.

También descubrieron que debajo de cubierta no había espacio suficiente para sentarse. En las primeras dos comidas intentaron comer medio erguidos, con la barbilla presionando contra el pecho. Pero, como esta postura no les permitía tragar bien los alimentos, lo único que pudieron hacer fue tenderse encima de las piedras del fondo.

Daba igual la postura —sentados, reclinados, tendidos en los sacos—: el forcejeo contra el movimiento del bote era incesante. Los novecientos kilogramos de lastre colocados en el fondo le daban al Caird un vaivén particularmente extraño, que lo hacía saltar verticalmente después de cada ola. Según Worsley llevaban demasiado lastre y trató de convencer a Shackleton de que echaran algunas piedras por la borda. Shackleton, sin embargo, se mostraba, como siempre, muy cauteloso. La única manera de comprobar si Worsley tenía razón era deshacerse del lastre, y entonces lo perderían irremisiblemente. Era mejor, según Shackleton, seguir los movimientos del bote que arriesgarse a ser demasiado ligeros.

Zarparon de la isla Elefante con bastantes ánimos, conscientes de que al fin iban en busca de la civilización. Como McNeish había anotado: «Empapados pero felices».

Sin embargo, después de dos días de interminables sufrimientos, la animación había desaparecido. Al mediodía del 26 de abril, después de que Worsley fijara la posición a 128 millas de la isla Elefante, volvieron a quedar patentes las dificultades a las que se enfrentaban. Solo existía el consuelo de que estaban avanzando, a la lentísima velocidad de una milla cada media hora, más o menos.

La posición, el 26 de abril, era de 59° 46' sur, 52° 18' oeste, lo cual situaba el Caird a unas escasas 14 millas al norte del paralelo de latitud 60. Así que habían atravesado apenas la línea que separaba los «delirantes cincuenta» de los «bramantes sesenta», así llamados debido al clima que allí predomina.

En aquella época, el paso de Drake era conocido como la zona más espantosa de todos los océanos del globo, y con toda justicia. Allí se le ha concedido a la naturaleza un campo de pruebas en el que demostrar lo que puede hacer cuando se la deja sola. Los resultados son impresionantes.

Todo empieza con el viento. Existe una inmensa zona de bajas presiones persistentes en las proximidades del círculo polar antártico, aproximadamente a 67° latitud sur. Actúa como un sumidero gigante en el que la elevada presión procedente del extremo septentrional está drenando sin parar, acompañada por unos vientos del oeste prácticamente incesantes y con fuerza de tempestad. En el lenguaje prosaico y a menudo voluntariamente eufemístico de la *Sailing Direction for Antarctica* del Departamento de Marina de Estados Unidos, esos vientos se describen categóricamente:

> A menudo soplan con la intensidad de los huracanes y con ráfagas cuya velocidad alcanza en ocasiones entre 240 y 320 km/h. Vientos tan violentos no se conocen en ningún otro sitio, salvo quizá en medio de un ciclón tropical.

En esas latitudes, como en ningún otro lugar de la tierra, el mar circunda el globo, sin que lo interrumpa ninguna masa de tierra. Aquí, desde el comienzo de los tiempos, los vientos han conducido las corrientes marinas en la dirección de las manecillas del reloj alrededor del planeta, para volver de nuevo a su lugar de origen, donde se refuerzan a sí mismos o bien los unos a los otros.

Las olas que se producen son legendarias entre los navegantes. Las llaman «ondas del cabo de Hornos» o «barbas canas». Su longitud, estimada de cresta a cresta, supera el kilómetro y medio y los terribles relatos de algunos marineros hablan de olas de 60 metros de altura, aunque los científicos dudan de que puedan superar los 24 o los 27 metros. Se especula todavía acerca de la velocidad a la que viajan, pero hay navegantes que aseguran que a veces recorren 55 millas en una hora, aunque probablemente se aproximen más a los treinta nudos.

Charles Darwin, al ver por primera vez esas olas romper en la Tierra del Fuego en 1833, escribió en su diario: «El espectáculo [...] es suficiente como para provocar que un marinero bisoño sueñe durante una semana con la muerte, el peligro y el naufragio».

Desde el Caird, el espectáculo de aquellas olas gigantes justificaba plenamente tales pensamientos. En los raros momentos en los que brillaba el sol, eran de color azul cobalto, lo que las hacía parecer infinitamente profundas..., como seguramente eran. Pero la mayor parte del tiempo el cielo estaba nublado y entonces toda la superficie del mar adquiría una tonalidad oscura, de un gris sin vida.

Aquellas montañas de agua, en su implacable avance, no emitían ningún sonido, excepto el silbido de sus crestas espumosas cuando se elevaban hasta tal punto o se abalanzaban a tal velocidad que perdían el equilibrio y su cresta caía por la fuerza de la gravedad.

Cada noventa segundos o menos, la vela del Caird se aflojaba, cuando una de aquellas olas gigantescas se asomaba por la popa, posiblemente a una altura de 15 metros, y amenazaba con enterrarlo bajo cien millones de toneladas de agua. Pero, debido a algún fenómeno de flotación, el bote era impulsado cada vez más arriba, sobre la cara de la marejada que seguía embistiendo, hasta que se encontraba, inesperadamente, atrapado en la confusión de la espuma, en la cima, y se precipitaba hacia delante.

Una y otra vez, mil veces cada día, el drama se repetía. Para los hombres que se encontraban a bordo del Caird, esta situación llegó a hacerles perder los temores, hasta el punto de encontrarla rutinaria y normal, del mismo modo que un grupo de personas puede acostumbrarse a los peligros de vivir a la sombra de un volcán en actividad.

Solo de vez en cuando pensaban en Georgia del Sur. Era algo tan remoto, tan utópico, que resultaba casi deprimente. Ningún hombre hubiera resistido solo con esa idea de seguir adelante.

La vida se contabilizaba por periodos de horas o quizá solo de minutos: una sucesión inacabable de pruebas dirigidas a librarse del infierno particular del momento. Cuando le despertaban a uno para hacer el turno de guardia, la clave de su existencia era un momento: poder deslizarse, cuatro horas después, en el frío, húmedo y duro saco de dormir que ahora abandonaba. Y dentro de cada turno de guardia había cierta cantidad de subdivisiones: el tiempo al timón, ochenta minutos interminables, durante los cuales uno se veía obligado a exponerse a la perversidad de los rociones y del frío; las ordalías del bombeo; el tremendo trabajo de desplazar el lastre; y los trabajos menores que quizá se dilataban dos minutos, como el intervalo después de cada roción hasta que la ropa estaba lo bastante templada para que pudiera moverse de nuevo.

Una y otra vez, el ciclo se repetía hasta que el cuerpo y la mente alcanzaban un estado de entumecimiento en el que las frenéticas travesuras del bote, el frío y la humedad permanentes llegaban a ser aceptadas casi como algo normal.

El 27 de abril, tres días después de haber abandonado la isla Elefante, su suerte empeoró. Hacia el mediodía, empezó a caer una llovizna fría y penetrante y el viento comenzó a virar lentamente hasta soplar directamente del norte.

Se encontraban a unas 150 millas al norte de la isla Elefante, todavía en una zona en la que podían encontrar hielo. No podían correr el riesgo de ser empujados hacia el sur, ni siquiera una milla. Shackleton y Worsley estuvieron varios minutos discutiendo las posibilidades y, finalmente, decidieron que no tenían otra elección que mantener el Caird contra el viento como pudieran.

Y empezó la lucha: se balanceaban de una bordada a la otra, y durante el proceso recibían terribles golpes, que no podían evitar. Era tanto más desagradable cuanto que absorbían un castigo al que no podían sustraerse de ninguna manera. Hacia las once de la noche, para gran alivio suyo, el viento amainó y cambió hacia el noroeste. Cuando le tocó el turno a Worsley, hacia medianoche, consiguieron virar y poner de nuevo rumbo hacia el noreste.

Al amanecer del 28 de abril solo soplaba una ligera brisa del noroeste. No habían disfrutado de un tiempo mejor desde que habían salido de la isla Elefante cuatro días antes. Sin embargo, había peligrosos signos de deterioro, tanto entre la tripulación como en el equipo. Shackleton observó con aprensión que volvía a tener dolor de ciática, el mismo que había padecido en el Campamento Océano. Y, además, los hombres se quejaban de una creciente sensación de malestar en los pies y en las piernas, una sensación de tirantez.

Hacia media mañana, McNeish se sentó en el centro del fondo de la embarcación y se quitó las botas. Tenía los pies, las piernas y los tobillos hinchados y de un blanco mortecino, al parecer por la falta de ejercicio y porque siempre estaban empapados. Cuando Shackleton vio los pies de McNeish, les sugirió a los demás que también se quitaran las botas... Todos presentaban las mismas características. Vincent era el que estaba en peores condiciones porque al parecer sufría de reumatismo. Shackleton buscó en la caja de las medicinas y le dio el único remedio que podría ayudarle: un frasquito de agua de hamamelis.

El deterioro de los libros de navegación de Worsley fue uno de los problemas más serios. La destrucción de aquellos cuadernos podía significar la pérdida de la ruta en medio del vasto océano dejado de la mano de Dios. Y, aunque se hicieron todos los esfuerzos para protegerlos, tenían que sacarlos cada vez que efectuaban una lectura de su posición.

Las cubiertas del libro de logaritmos estaban empapadas y la humedad había empezado a extenderse por las páginas interiores. El estado del *Nautical Almanac*, con sus tablas de la posición del sol y las estrellas, era todavía peor. Estaba impreso en papel barato y casi se había convertido en celulosa. Tenían que separar las páginas de una en una y con sumo cuidado para poder consultarlas.

En cuanto a las lecturas de posición, Worsley al principio intentó hacerlo en el interior de la cabina, pero no estaba cómodo. Si permanecer erguido ya era bastante difícil, realizar una minuciosa lectura era imposible. Descubrió entonces que era mejor arrodillarse en el asiento del timonel, con Vincent y McCarthy sujetándolo por la cintura.

A primera hora de la tarde del 28 de abril, el relativo buen tiempo del noroeste empezó a cambiar cuando el viento giró lentamente hacia el este, y comenzó a refrescar. Al anochecer había cambiado hacia el sur-suroeste y alcanzaba casi la violencia de una tempestad. Llegó la noche y las nubes taparon las estrellas. La única manera de navegar era observando el gallardete del palo mayor que seguía el movimiento del viento y mantener el rumbo que señalaba justo hacia babor.

Solamente en una ocasión, durante la noche, pudieron verificar que el rumbo era el correcto. Encendieron una cerilla y comprobaron la brújula un momento para asegurarse de que el viento todavía soplaba del mismo cuadrante. Solo tenían dos velas, que reservaban para el momento que ahora parecía tan lejano: cuando recalaran en Georgia del Sur.

El quinto día, el 29 de abril, amaneció con mar agitada bajo un cielo nublado. Unas nubes bajas y amenazadoras pasaban rozando la superficie del agua. El viento soplaba en contra y el Caird se esforzaba por avanzar, como una anciana protestona a la que se le hiciera ir más deprisa de lo que es capaz.

Poco antes del mediodía, en el cielo apareció una grieta y Worsley se apresuró a coger el sextante. Llegó justo a tiempo, porque minutos más tarde el sol sonrió con un guiño y luego desapareció. Pero Worsley consiguió establecer la posición y Shackleton también anotó la lectura del cronómetro. La ubicación definitiva situaba el Caird a 58º 38' sur, 50º 0' oeste: habían cubierto 238 millas desde que habían abandonado la isla Elefante seis días antes.

Habían recorrido casi un tercio del camino.

# 34

Habían cumplido un tercio de la condena. Durante el día y por la noche, continuó el viento del suroeste y hasta empezó a soplar con más intensidad. Cuando el amanecer comenzaba a iluminar el cielo gris en la mañana del 30 de abril, la superficie del mar estaba revuelta y llena de espuma, y el aullido frenético de la tempestad entre los aparejos se elevaba y decaía con un sonido histérico, mientras el Caird se elevaba con cada movimiento del mar. La temperatura había descendido casi a – 18 °C y el encarnizamiento del viento sugería que procedía en línea recta de la banquisa, que no estaba muy lejos.

A medida que iban pasando las horas, la lucha para gobernar el bote fue creciendo en intensidad. La tempestad, que soplaba a una velocidad de sesenta nudos, le obligaba a hundir la cabeza en el mar, y las gigantescas olas que constantemente lo barrían por la popa amenazaban con inundarlo por el costado. Hacia la mitad de la mañana, la embarcación estaba nadando más que navegando; se inclinaba hacia uno de los costados y luego hacia el otro, mientras el mar barría la cubierta con cada ola. La bomba no era adecuada para maniobrar en el agua y tuvieron que ayudar más hombres para achicar agua. Hacia el mediodía, el bote empezó a llenarse de hielo.

La decisión era inevitable, pero Shackleton la retrasó tanto como pudo. Bombearon, achicaron y rompieron el hielo del bote; hicieron todo eso mientras luchaban por mantener la popa contra el viento. Mediodía... La una... Las dos. Era imposible. El mar era demasiado para el bote. Shackleton, a regañadientes, dio la orden de virar. Rizaron velas y el ancla flotante —un trozo de lona de forma cónica de 1,20 metros— fue colocada en el extremo de un cabo largo en la proa. El ancla consiguió poner la proa del Caird contra el viento.

De repente, las condiciones mejoraron. Al menos no entraba tanta agua a bordo. El bote, sin embargo, se comportaba como un poseso. Se tambaleaba como si estuviera borracho encima de cada nueva ola y luego se derrumbaba oblicuamente mientras la proa daba violentos saltos cuando se atoraba en el ancla flotante. No hubo un momento, ni un instante siquiera, de reposo. La única posibilidad era aguantar y resistir.

No pasó mucho tiempo antes de que las velas recogidas empezaran a concentrar hielo y con cada rocíon la carga era más pesada. Al cabo de una hora, formaban una masa sólida congelada y el movimiento del bote se fue haciendo más indolente al tiempo que soportaba más peso. Tenían que retirar las velas y Crean y McCarthy fueron los encargados de hacerlo. Después de sacar el hielo a golpes, llevaron abajo las velas y las amontonaron en el espacio que ya se encontraba atestado bajo cubierta.

Pero entonces comenzó a acumularse en los remos una pesada capa. Había cuatro de ellos atados sobre las amuras y, cuando se acumuló el hielo en ellos, se convirtieron en pequeños baluartes que impedían que el agua se vertiera al mar antes de congelarse. Shackleton esperaba ansioso que la capa de hielo en cubierta no aumentara demasiado. Pero, a la débil luz del atardecer, observó que sería peligroso continuar de ese modo hasta la mañana. Les ordenó a Worsley, a Crean y a McCarthy que subieran con él a la cabeceadora cubierta.

Con gran esfuerzo, sacaron a golpes el hielo de los remos y luego fijaron dos de ellos a los lados. Los otros dos los ataron a los cabos, a unos 50 centímetros por encima de la cubierta, para que pudiera fluir el agua.

Tardaron más de veinte minutos en hacerlo y cuando acabaron ya había oscurecido y estaban muy mojados. Bajaron al fondo del bote... y empezó la noche.

Las cuatro horas del turno de guardia fueron una tortura; tiritaban, acurrucados bajo la cubierta. Empapados y medio congelados, intentaban permanecer erguidos frente a los bruscos movimientos del bote que se balanceaba sin tener en cuenta las piedras del lastre.

Durante siete terribles días las piedras habían sido un engorro para comer, habían sido una molestia a la hora de achicar agua, habían convertido en una complicación el simple hecho de desplazarse y les habían impedido dormir. Pero lo peor era desplazarlas periódicamente para lastrar el bote adecuadamente, lo que significaba levantarlas arrodillados encima de otras piedras, cosa que a menudo les resultaba doloroso. Llegaron a conocer perfectamente y a detestar cada punta o superficie resbaladiza.

Y luego estaba el pelo de reno que se desprendía de los sacos de dormir y que al principio solo había supuesto una pequeña molestia. No importaba cuánto pelo se desprendiera, el caso es que parecía inagotable. Estaba por todas partes: en los costados del bote, en los asientos, en el lastre. Se pegaba en la cara y en las manos, lo respiraban mientras dormían y a veces se despertaban ahogándose con él. Los pelos caían hasta el fondo del bote y obturaban la bomba, y cada vez encontraban más mechones mezclados con los alimentos.

Poco a poco, a medida que iban pasando las horas, se detectó en el bote un cambio sutil. Por un lado, la entrada de agua en cubierta fue decreciendo y finalmente cesó. Al mismo tiempo, su comportamiento fue amortiguando su violencia y, en lugar de balancearse violentamente, se elevaba con las olas con moderación creciente.

La primera luz del amanecer lo explicó. El bote, por encima de la línea de flotación, estaba encajonado en hielo, en algunos lugares con un espesor de un palmo, y la cuerda que sujetaba el ancla flotante había aumentado hasta adquirir el grosor del muslo de un hombre. Bajo su peso, la embarcación se había hundido al menos unos diez centímetros, asemejándose más a un pecio inundado que a un bote.

Worsley estaba de guardia e inmediatamente envió a McCarthy a despertar a Shackleton, que corrió a popa. Cuando vio la situación, llamó a toda la tripulación. Luego cogió un hacha y avanzó con precaución.

Con extremo cuidado, para no agujerear el piso, empezó a sacar el hielo golpeándolo con el revés del hacha. De vez en cuando una ola chocaba contra el bote, pero él no perdió el equilibrio y estuvo trabajando alrededor de diez minutos mientras los otros lo observaban ansiosos. Después, estaba tan aterido de frío que ya no pudo sujetar el hacha ni mantener el equilibrio. Bajó a la cabina con las ropas chorreando de agua y la barba casi rígida por el hielo. Tiritando, Shackleton le entregó el hacha a Worsley para que continuara el trabajo y le aconsejó que extremara las precauciones mientras estuviera en el piso de cubierta.

Todos los hombres hicieron un turno, que se dilató mientras tuvieron fuerzas, tiempo que raramente superó los cinco minutos. Primero sacaron el hielo para poder encontrar un asidero al que sujetarse y hacer un hueco en el que ponerse de rodillas. Permanecer de pie en aquella cubierta resbaladiza habría sido un suicidio, porque si alguien se hubiera caído por la borda los otros no habrían podido recoger el ancla flotante y ponerse a navegar a tiempo para rescatarle.

Shackleton descubrió entonces que hasta en el suelo del bote se estaba formando hielo. De las tablas de cubierta colgaban largos carámbanos y el agua del fondo estaba casi congelada.

Llamó a Crean y encendieron el hornillo Primus porque creían que les proporcionaría calor suficiente para que la temperatura de la parte baja subiera por encima del punto de congelación. A menos que el agua del fondo se derritiera lo bastante para que pudieran bombearla, existía el peligro de que el bote se fuera a pique.

Transcurrió una hora de durísimo trabajo en cubierta antes de que observaran que el Caird empezaba a recuperar su flotabilidad. Sin embargo, siguieron trabajando hasta que lograron desembarazarse de casi todo el hielo, excepto de un gran fragmento en el cabo del ancla flotante, porque no quisieron correr el riesgo de intentar alcanzarlo.

Después, Shackleton los llamó para beber un poco de leche. Se reunieron alrededor del hornillo, ateridos de frío. Parecía inconcebible que aquellos cuerpos entumecidos fueran capaces de desprender algún calor, pero así fue, porque al cabo de un rato los carámbanos que colgaban de la parte interna de cubierta comenzaron a fundirse y a gotearles encima. No pasó mucho tiempo hasta que pudieron bombear el agua que se había descongelado en el fondo del bote.

Shackleton dejó a Crean al cuidado del hornillo Primus, que estaba encendido, pero hacia el mediodía los humos acres que desprendía hicieron el aire casi irrespirable y tuvieron que apagarlo. Pasaron varios minutos hasta que el ambiente se despejó y en ese momento se dieron cuenta de la existencia de un nuevo olor, una especie de olor fétido y agridulce, como de carne podrida. McNeish descubrió que procedía de los sacos de dormir, que habían empezado a pudrirse. Un examen más minucioso descubrió que dos de ellos tenían el interior viscoso.

Durante la tarde, se volvió a formar la capa de hielo. Avanzado el día, Shackleton decidió que era demasiado arriesgado confiar en que el Caird sobreviviera en aquellas circunstancias hasta la mañana y volvió a ordenar que limpiaran el bote. Tardaron más de una hora, pero finalmente lo consiguieron. Después de tomar una ración de leche caliente, se sentaron a esperar la llegada de la mañana.

El temporal del suroeste arreció sin mostrar el menor signo de fatiga. Las guardias de aquella noche fueron como una hoja de apuntes del infinito. Tenían que anotar cada minuto, luego sobrevivirlo y, finalmente, comprobarlo. No hubo ni siquiera una crisis que aliviara la torturadora monotonía. Cuando hacia las seis de la mañana el cielo empezó a clarear por el este, vieron que de nuevo el bote llevaba una carga excesiva y muy peligrosa de hielo. En cuanto la luz del día lo permitió, despejaron el bote por tercera vez.

Era el 2 de mayo y el comienzo del tercer día de temporal. El cielo nublado impedía establecer la posición. Ahora había que añadir a todo lo demás el nerviosismo de no saber dónde se encontraban.

Poco después de las nueve, el viento se moderó ligeramente, aunque no lo suficiente para ponerse en marcha. Minutos después, el Caird se enfrentó a un mar particularmente grueso y, en ese preciso momento, fue golpeado por el rompiente de una ola. Lo recorrió un pequeño estremecimiento, una suave sacudida y la ola pasó. Pero, esta vez, el bote no se balanceó hacia atrás contra el viento. El ancla flotante había desaparecido.

# 35

Hubo un momento de confusión y entonces, cuando notaron que el bote se balanceaba de manera desagradable hacia estribor al tiempo que caía en el seno de una ola, por instinto, supieron lo que había ocurrido.

Shackleton y Worsley, a gatas, fueron a ver qué sucedía. El extremo gastado del cabo de proa seguía el movimiento del mar. El fragmento de hielo había desaparecido, y con él el ancla flotante.

Shackleton introdujo la cabeza por la escotilla y gritó a los hombres que fueran a buscar el foque. Lo sacaron convertido en una arrugada masa congelada. Crean y McCarthy se arrastraron por la bamboleante cubierta llevando la vela con ellos. El aparejo también estaba congelado y tuvieron que darle unos golpes para liberarlo. Pero tras uno o dos minutos sacaron suficiente hielo de las drizas para izar el foque en el palo mayor, a modo de cangreja de tormenta.

Poco a poco, a contrapelo, la proa del Caird viró a favor del viento y los tripulantes sintieron que la tensión desaparecía de sus músculos.

Ahora, la labor del timonel era mantener el bote, que se balanceaba de una amura a otra, lo más cerca del viento que fuera posible. Esto requería una constante vigilancia y era una labor muy desagradable porque se encontraba de cara al rompiente de las olas y a un viento racheado.

Por fortuna, la fuerza del viento siguió disminuyendo y, hacia las once, Shackleton decidió arriesgarse a izar velas. Arriaron el foque del palo mayor e izaron la vela al tercio y la de mesana. Entonces, por primera vez en cuarenta y cuatro horas, el Caird se puso rumbo al noreste y reanudaron el viaje. Un viaje de rumbo irregular, con el bote bamboleándose frente al mar y con la proa medio sumergida por la fuerza del viento a popa.

Poco después del mediodía, como salido de la nada, apareció un magnífico albatros viajero. A diferencia del Caird, el ave se elevaba con una facilidad y gracia poéticas: cabalgaba sobre la tempestad con las alas inmóviles, se dejaba caer a tres metros del bote, luego se elevaba casi verticalmente sobre el viento a veinte o treinta metros, para después precipitarse de nuevo en un barrido hermoso y sin esfuerzo.

Fue quizá una de las ironías de la naturaleza. Allí estaba una de las mayores e incomparables criaturas capaces de volar, cuya envergadura alar superaba los tres metros y medio de un extremo al otro, insensible a la más violenta de las tempestades, enviada a acompañar al Caird, como para burlarse de sus tremendos esfuerzos por mantenerse a flote.

Hora tras hora, el albatros voló en círculo encima de sus cabezas, con una elegancia de movimientos tal que casi era hipnótico. La tripulación apenas podía reprimir un sentimiento de envidia. Worsley señaló que el albatros probablemente podría recorrer la distancia hasta Georgia del Sur en quince horas e incluso en menos tiempo.

Como si quisiera subrayar su desgracia, Worsley anotó: «Los sacos de reno están muy mojados, tienen un aspecto viscoso, huelen muy mal y pesan tanto que tiramos por la borda los dos que estaban peor». Cada uno de ellos pesaba alrededor de dieciocho kilos.

Más tarde escribía: «*Macty* [McCarthy] es el optimista más indomable que he conocido. Cuando lo relevo en el timón, con el bote helado y con olas entrando a borbotones por su cuello, me informa, agotado y con una sonrisita de felicidad: "Es un gran día, señor". Y yo que justo antes me sentía un poco irritado...».

Durante la tarde y parte de la noche, el temporal fue amainando poco a poco, y al amanecer del 3 de mayo el viento había cesado y lo había sustituido una moderada brisa del suroeste. A medida que se aproximaba el mediodía, las nubes empezaron a perder densidad. Aparecieron grandes claros de cielo azul y pronto brilló el sol.

Worsley sacó el sextante y no tuvo ningún problema en fijar la posición: se encontraban a 56° 13' sur, 45° 38' oeste, a 403 millas de la isla Elefante.

Habían recorrido más de la mitad del camino hacia Georgia del Sur.

En el espacio de una hora, o quizá algo más, el ambiente a bordo del Caird cambió por completo. La batalla estaba ganada a medias y sobre sus cabezas brillaba el sol. Sacaron los sacos de dormir y los izaron en el mástil para que se secaran; los hombres se quitaron algunas ropas y las botas, los calcetines y los jerséis, que se ataron a los obenques.

El espectáculo que presentaba el Caird era de lo más incongruente: un bote roto y remendado de seis metros y medio, arriesgándose a navegar en solitario por el mar más tempestuoso del mundo, con los aparejos festoneados con una desgastada colección de ropas y sacos de dormir medio podridos; con una tripulación de seis hombres con el rostro negro por el hollín y medio oculto por las enmarañadas barbas, cuyos cuerpos eran de un blanco mortecino debido al constante remojo en agua salada. Además, los rostros y, sobre todo, los dedos tenían unas terribles marcas redondas en carne viva debido a las quemaduras del frío. En las piernas, más abajo de las rodillas, tenían excoriaciones como resultado de haberse arrastrado una y otra vez sobre las piedras por el fondo de la embarcación. Todos padecían ampollas de agua salada en las muñecas, en los tobillos y en las nalgas. Pero si alguien hubiera observado aquella extraña escena, sin duda lo que más le hubiera sorprendido habría sido la actitud de la tripulación: relajada, vagamente jovial, casi como si estuvieran en una excursión.

Worsley sacó su cuaderno de bitácora y escribió:

> Mar moderado; marejada del sur.
> Cielo azul; nubes de paso.
> Tiempo bueno. Estupendo.
> Hemos conseguido convertir parte de las ropas mojadas en húmedas.
> Hasta Leith Harbour, 347. M [millas].

Por la tarde, el sol había secado la ropa y cuando se metieron en los sacos aquella noche la sensación fue agradable, al menos comparativamente.

El buen tiempo se mantuvo durante toda la noche, y al día siguiente, el 4 de mayo, de nuevo se dispusieron los aparejos. El viento soplaba del sureste a no más de 20 km/h. De vez en cuando una ola barría la cubierta de modo que solo tuvieron que bombear el agua en dos ocasiones durante el día.

Al mediodía, Worsley estableció la posición en 55° 31' sur, 44° 43' oeste, un recorrido de 52 millas en veinticuatro horas.

Dos días de buen tiempo hicieron milagros y entre la tripulación fue creciendo una sensación de confianza, sutil pero inequívoca. Al inicio del viaje, Georgia del Sur solo era un nombre, infinitamente distante y carente de realismo.

Ahora ya no. En ese momento se encontraban a menos de 250 millas del punto más próximo de Georgia del Sur. Habiendo cubierto ya 450 millas, la distancia que quedaba era al fin imaginable. Tres días más, o quizá cuatro como máximo, y estarían allí. Entonces empezaron a ser presa de una sensación de ansiedad, nacida del objetivo imposible que finalmente está al alcance. Nada manifiesto, sino una especie de consciencia añadida, un poco más de cautela y más atención para asegurarse de que no pudiera estropearlo nada que se pudiera evitar.

Se mantuvo el viento del sureste durante la noche, aunque su fuerza se incrementó considerablemente, con ráfagas ocasionales de hasta 65 km/h. El 5 de mayo, con la llegada del amanecer, el tiempo volvió a sus pautas de hacía unos días: cielo cubierto con un mar peligroso y movido. El viento soplaba por estribor, de modo que los rociones rompían sobre cubierta a voluntad. A las nueve, todo estaba tan mojado como antes.

Por otra parte, fue un día sin acontecimientos dignos de mención, que se distinguió tan solo por el hecho de que, durante la tarde, el viento viró lentamente hacia el norte y luego hacia el noroeste. También incrementó su fuerza, y al anochecer se había convertido en un temporal.

Aquella noche fue difícil navegar. El cielo estaba cubierto y el gallardete del palo mayor, que les había servido para mantener el rumbo, había volado pedazo a pedazo durante los sucesivos temporales. Tuvieron que navegar por intuición y observando la línea blanca e impalpable del rompiente del mar por la proa.

A medianoche, tras beber un poco de leche caliente, acabó el turno de vigilancia de Shackleton, que cogió el timón mientras Crean y McNeish se ocupaban de bombear. Sus ojos acababan de adaptarse a la oscuridad cuando, al volverse, vio un brillo en una rendija del cielo, por popa. Llamó a los demás y les comunicó la buena noticia de que el tiempo estaba aclarando por el suroeste.

Un instante después oyó un silbido, acompañado por un lento y confuso bramido, y de nuevo se volvió a mirar. La rendija en las nubes, en realidad la cresta de una ola enorme, avanzaba rápidamente hacia ellos. Giró en redondo e instintivamente agachó la cabeza.

—¡Por Dios, sujetaos bien! —gritó—. ¡Nos alcanza!

Durante un largo instante no sucedió nada. El Caird se elevó cada vez más alto mientras llenaba el aire el sordo trueno de la enorme ola rompiente.

Luego recibió un golpe... y la embarcación se vio capturada por una montaña de agua desbordante, siendo catapultada al mismo tiempo hacia delante y hacia los lados. Pareció como si fuera a ser despedida al aire y Shackleton estuvo a punto de ser arrancado de su asiento por el diluvio de agua que le cayó encima. Los cabos del timón se aflojaron para volver a tensarse enseguida mientras el bote se bamboleaba como un juguete.

Durante un instante no existió más que agua. Ni siquiera fueron capaces de asegurar que el bote seguía a flote. Pero ese instante pasó; pasó también la ola y el Caird, aunque aturdido y medio muerto bajo la enorme cantidad de agua que a punto estuvo de arrancar los asientos, había aguantado el envite milagrosamente. Crean y McNeish cogieron lo primero que encontraron a mano y se pusieron a achicar agua con furia. Un momento después, Worsley salió de entre los sacos de dormir y unió sus esfuerzos con ímpetu frenético, porque sabía que la próxima ola sería el fin a menos que consiguieran aligerar el bote antes de que se les echara encima.

Shackleton, al timón, esperaba en popa otro brillante resplandor. Pero no apareció. Aunque muy despacio, mientras bombeaban, achicaban y sacaban el agua con cucharones, el Caird se alzó de nuevo en el mar.

El lastre se había desplazado y el cristal de la brújula estaba roto, pero al parecer habían vencido. Tardaron más de dos horas en vaciar el bote y la mayor parte del tiempo estuvieron trabajando con agua helada hasta las rodillas.

Crean fue a buscar el hornillo Primus. Al fin lo encontró, encajado en uno de los costados del bote, pero estaba completamente anegado. Durante media hora trabajó en la oscuridad y, poco a poco, su paciencia obtuvo resultados. Finalmente, lanzó un juramento contra el hornillo con los dientes apretados. Luego lo encendió y calentaron un poco de leche.

# 36

El amanecer del día 6 reveló una escena terrible. El viento soplaba a unos 80 km/h y el Caird se resistía ante él, intentando mantener rumbo al noreste. Pasaban las olas y parte de ellas barrían la cubierta del bote.

Pero, en realidad, no les importó demasiado. Habían sido golpeados, machacados y empapados más allá del límite de la sensibilidad. Además, durante la noche el oleaje había cambiado en cierto modo su comportamiento. Durante trece días habían aguantado tempestades casi sin parar y, finalmente, la mar gruesa. Habían sido los más débiles, capaces únicamente de resistir el castigo que se les infligía.

No obstante, si se la provoca lo suficiente, apenas existe una criatura en este mundo de Dios que no se revuelva e intente luchar a pesar de las desventajas. En cierto sentido, era así como se sentían. Les dominaba la ferviente determinación de hacer el viaje, no importaba cómo. Estaban obcecados en ganar. Durante trece días habían aguantado todo lo que el paso de Drake podía echarles... y ahora, por Dios, se merecían conseguir su objetivo.

Su resolución se vio reforzada cuando Worsley estableció la posición. Se encontraban a 54° 26' sur, 40° 44' oeste. Si la ubicación era exacta, estaban a 91 millas escasas del extremo occidental de Georgia del Sur. Muy pronto verían señales de tierra..., algas marinas o un madero flotante.

Sin embargo, el mar, como si se burlara de su determinación, comenzó a levantarse, amenazador, durante toda la mañana. Al mediodía era tan poco seguro que Shackleton consideró temerario forzar el bote, aunque Worsley le urgió a que lo hiciera. A la una Shackleton dio la orden de arriar la vela e izar el foque en el palo mayor y empezaron otra vez a dar bandazos en el viento.

Todos estaban sombríos, hasta Shackleton, que desde el principio les había exigido a los hombres que se esforzaran por mantenerse de buen humor a fin de evitar enfrentamientos. Pero ahora era demasiado... Estar tan cerca, posiblemente tan solo a un día de navegación, y tener que detenerse.

La tensión de Shackleton era tan grande que perdió los nervios por un incidente trivial. Apareció en el bote una avecilla de cola recortada que revoloteó por la embarcación de forma molesta, como cuando un mosquito intenta posarse. Shackleton la estuvo contemplando durante varios minutos y luego se levantó e intentó golpearla furiosamente con los brazos. Cuando comprendió el pésimo ejemplo que estaba dando, volvió a sentarse con una expresión de tristeza en el rostro.

El resto de la tarde transcurrió sin incidentes hasta casi el atardecer, cuando Crean empezó a preparar la cena. Uno o dos minutos después, llamó a Shackleton para que bajara. Crean le dio un pote con agua para que la probara y Shackleton tomó un sorbo; luego en su rostro apareció una expresión grave. El segundo barril —el que se había caído al agua cuando botaron la embarcación en la isla Elefante— estaba contaminado. Tenía el gusto inconfundible de agua de mar, que al parecer había entrado en el interior. Y no solo eso, sino que el barril estaba lleno hasta la mitad, lo que indicaba que se había vertido una gran cantidad de agua.

Crean le preguntó a Shackleton qué iba a hacer y este, en lugar de mostrarse irritado, contestó que era evidente que no se podía hacer nada, que era el único líquido del que disponían y que tendrían que utilizarlo. Crean se fue a proa y preparó el rancho. Cuando estuvo listo, los hombres lo probaron con precaución y observaron que estaba salado.

Para Shackleton, el descubrimiento significaba simplemente que la necesidad de darse prisa era ahora más acuciante. En cuanto oscureció y Worsley tomó el timón, se acercó a popa y ambos discutieron la situación. Shackleton dijo que tenían alimentos para dos semanas, pero tenían raciones de agua para menos de una, y además estaba contaminada. Tenían que encontrar tierra, y pronto.

Y surgió la inevitable pregunta: ¿encontrarían Georgia del Sur? Shackleton le preguntó a Worsley hasta qué punto creía que la navegación había sido exacta. Worsley movió la cabeza. Dijo que quizá, con suerte, con diez millas de desviación, aunque siempre era posible equivocarse.

Ambos sabían que, excepto por una o dos islas minúsculas, el océano Atlántico, hacia el este y más allá de Georgia del Sur, es un inmenso vacío hasta Suráfrica, que se encuentra a unas 3.000 millas de distancia. Si debido a unos cálculos equivocados o a una tempestad del sur perdían la isla, no tendrían una segunda oportunidad. Entonces, la tierra quedaría a barlovento y ya no podrían volver. Se arriesgaban a no encontrarla.

Por fortuna, durante la noche la tempestad del noroeste empezó a remitir ligeramente y luego el cielo comenzó a despejarse. A la una de la madrugada, Shackleton decidió que podían continuar la navegación y volvieron a poner rumbo al noreste.

Ahora lo más importante era conocer la posición, pero poco después de amanecer apareció la niebla. Podían ver el sol, aunque solo como una línea confusa. Worsley tuvo el sextante en la mano toda la mañana, esperando que la niebla desapareciera. Transcurridas varias horas, cogió su libreta de notas y, en parte desesperado, garabateó: «Condiciones muy desfavorables para Obs. Niebla, con bote saltando como una pulga...».

Normalmente, cuando se establece una posición, el perímetro del sol se hace bajar al horizonte con el sextante. Todo lo que Worsley podía hacer era escudriñar entre la niebla en busca de la imagen borrosa del sol e intentar estimar su centro. Tomó lecturas de su posición una y otra vez con la teoría de que haciendo un promedio entre ellas podría establecer un punto fijo razonablemente exacto. Finalmente, lo estableció en 54° 38' sur, 39° 36' oeste, a 68 millas del extremo de Georgia del Sur. Pero advirtió a Shackleton de que no pusiera demasiadas esperanzas en su exactitud.

El plan original había sido rodear el extremo occidental de Georgia del Sur, pasando entre las islas Willis y Bird, y luego seguir rumbo al este y navegar a lo largo de la costa hasta la estación ballenera en Leith Harbor. Pero el itinerario se había hecho considerando unas condiciones de navegación razonablemente decentes y sin tener en cuenta la escasez de agua. Ahora ya no importaba dónde desembarcarían, sino cuánto iban a tardar en hacerlo. Así, desplazaron el rumbo hacia el este, con la esperanza de encontrar algo en la costa occidental de la isla: tenía muy poca importancia dónde.

Además, la cuestión del agua era mucho más seria de lo que en un principio habían imaginado. No solo el agua estaba contaminada, sino que tenía un sedimento de pelos de reno que, de algún modo, se habían introducido en el barril. El desagradable líquido, que tenían que colar a través de una gasa de la caja de los medicamentos, era potable, aunque a duras penas, y por esa razón agravaba la sed. Además, Shackleton había reducido las raciones a medio vaso al día por cada tripulante y se había eliminado la leche caliente al comienzo de cada guardia durante la noche. Aquella tarde, Shackleton informó a la tripulación de que durante el resto del viaje solo se serviría el rancho dos veces al día.

Durante la tarde reinó la expectación ante la posibilidad de alguna señal que indicara que había tierra cerca: aves, algas o alguna otra cosa. Pero no vieron nada. Con la proximidad de la noche, la actitud expectante dio paso a una extraña aprensión.

Según las estimaciones de Worsley, deberían de estar a menos de 50 millas de la costa. Pero los cálculos eran solo aproximados y podían encontrarse mucho más cerca de tierra.

En la costa occidental de Georgia del Sur no había ningún asentamiento y mucho menos la luz de un faro o siquiera una boya para guiarlos. De hecho, hasta hoy en día, esa parte de la costa está únicamente señalada a grandes rasgos en los mapas. Por lo tanto, era muy posible que arribaran a ella en medio de la oscuridad y de manera repentina, lo que podría resultar desastroso.

Por otro lado, el temor a seguir rumbo a la isla se debía a que quizá no consiguieran llegar a ella si navegaban por la noche, sin saber dónde se encontraba. Ya podían, incluso, haberla pasado de largo.

La oscuridad era completa y el Caird navegaba pesadamente con rumbo este-noreste y con el viento por babor. Los hombres escudriñaban en la noche con los ojos ribeteados de sal buscando la imagen en sombra de la costa; aguzaban el oído por si captaban un ruido inusual, quizá el sonido del rompiente contra un arrecife. Pero la visibilidad no habría podido ser peor: las nubes cubrían las estrellas y la niebla todavía se extendía sobre la superficie del agua. Los únicos sonidos que llegaban hasta ellos eran el ulular del viento a través de los cabos de retén y la agitación de los movimientos del mar.

La sed, claro está, retrasaba sus expectativas y prolongaba cada minuto de ansiedad. Pero, a pesar de las incomodidades y de la incertidumbre, había una excitación reprimida y subyacente. Cada turno de guardia planteaba fantasiosas conjeturas acerca de cuándo llegarían a la estación ballenera y cuánto les gustaría bañarse, tener ropa limpia, dormir en una cama de verdad y que les sirvieran la comida en una mesa.

A medida que transcurrían las horas, nada indicaba que se hallaran cerca de la costa. A las cuatro de la madrugada, cuando le tocó el turno de vigilancia a Worsley, Shackleton se quedó con él al timón para seguir buscando. Navegaban a una velocidad de tres nudos y a las seis de la mañana deberían de haber estado a menos de 15 millas de tierra; sin embargo, no había ningún vestigio de ella, ni siquiera el más pequeño fragmento de hielo o de algas.

Llegaron las siete; debían estar a 12 millas de la isla, pero no había ninguna señal de ella. La atmósfera de espera poco a poco fue reemplazada por un creciente nerviosismo. Algunas montañas de Georgia del Sur tenían más de 3.000 metros de altura. Seguramente ya deberían de ser visibles.

A las ocho acabó el turno de guardia de Shackleton. Pero nadie pensaba ya en las guardias. Todos se quedaron en la cabina buscando por proa y a ambos lados en un ambiente de rivalidad, de espera, de ansiedad, todo a la vez. Pero solo había mar y cielo, como siempre.

Hacia las nueve, Shackleton envió abajo a Crean a preparar el rancho. Cuando estuvo listo, comieron a toda prisa para volver enseguida a sus puestos.

Fueron unos momentos extraños, momentos de anhelo y de expectación..., acentuados por dudas graves y silenciosas. Todo estaba cerca. Una oportunidad para la excitación, hasta para el júbilo. Y, sin embargo, en el interior de cada uno había una voz insistente que se negaba a ser acallada: podían estar buscando en vano. Si la isla estaba allí, hacía horas que deberían haberla visto.

Entonces, justo después de las diez y media, Vincent descubrió un montón de algas marinas y, minutos más tarde, avistaron un cormorán. Volvió la esperanza. Los cormoranes raramente se aventuran a más de 15 millas de la costa.

Pronto la niebla comenzó a abrirse, aunque muy despacio todavía. Jirones de nubes se extendían muy cerca de la superficie del agua. Pero la visibilidad había mejorado. Al mediodía, la niebla casi había desaparecido del todo, pero el mar interminable se extendía en todas direcciones.

—¡Tierra!

Fue la voz de McCarthy, fuerte y segura. Señalaba hacia proa. Y allí estaba. Un pico negro y ceñudo con parches de nieve pegados a sus laderas. Lo vieron entre las nubes, posiblemente a unas diez millas de distancia. Un instante después, las nubes se movieron como una cortina a través del agua y lo ocultaron.

Pero no importaba. Estaba allí y lo habían visto todos.

# 37

Shackleton fue el único que habló.

—Lo hemos conseguido —dijo con un extraño temblor en la voz.

Los demás no emitieron ningún sonido. Simplemente se quedaron mirando por la proa, esperando la reaparición de la tierra para asegurarse de que estaba allí. Lo hizo al cabo de uno o dos minutos, cuando las nubes se abrieron de nuevo. En el rostro de aquellos hombres apareció una sonrisa débil, atontada; no era de triunfo, ni siquiera de alegría, sino simplemente de un alivio indecible.

Mantuvieron el Caird rumbo al punto que habían visto primero, y al cabo de una hora estaban lo bastante cerca para divisar el contorno de la costa. Worsley sacó su libreta de notas y dibujó un rápido esquema. Lo comparó luego con el mapa y observó que, al parecer, correspondía a la zona del cabo Demidov. Si era así, significaba entonces que su navegación había sido casi correcta. Solo estaban a 16 millas del extremo occidental de la isla, el punto al que se dirigían originariamente.

El Caird se encontraba a menos de tres millas de la costa y podían verse las manchas de líquenes verdes y las zonas de montecillos de hierba amarilla y parda a través de la nieve en las empinadas laderas de los promontorios. Cosas que crecían: las primeras que veían en más de dieciséis meses. Y llegarían allí en una hora o poco más.

Todo parecía perfecto. Pero no por mucho tiempo. Al cabo de unos minutos, llegó hasta ellos el ruido profundo de los rompientes. Entonces, por la proa y a la derecha, un violento roción salió disparado hacia el cielo. Cuando estuvieron más cerca observaron la parte trasera de grandes y violentas olas encrespadas que se precipitaban hacia la orilla, como las barbas canas del cabo de Hornos, y que avanzaban ciegamente hacia su destrucción en unos arrecifes que no estaban marcados en los mapas.

De pronto, todo cambió. Ya no era posible desembarcar, al menos por el momento, porque el bote no habría sobrevivido ni diez segundos en aquellos rompientes. No se lo merecían; fue una crueldad innecesaria. La costa se extendía justo enfrente y se la habían ganado. Y, justamente cuando el viaje estaba a punto de llegar a su fin, por ironías del destino se les negaba el asilo.

No pudieron mantener el rumbo durante mucho tiempo. Crean se apresuró a tomar el timón de manos de Worsley, quien abrió el mapa para que Shackleton lo pudiera estudiar. Había que tomar una decisión rápidamente.

Si el extremo que veían por la proa era el cabo Demidov, y era casi seguro que lo era, el mapa mostraba dos posibilidades entre las que podían elegir. Una era la bahía Rey Haakon, a unas diez millas al este, en la costa que se extendía a estribor. La otra era Wilson Harbor, justo al norte del punto en el que ahora se encontraban.

Pero la bahía Rey Haakon se abría de este a oeste y estaba expuesta casi por completo al viento del noroeste que estaba soplando. Además, no llegarían a la entrada hasta la noche, y si había escollos guardando la abertura tendrían que esquivarlos en la oscuridad.

Wilson Harbor, en cambio, aunque solo se encontraba a una distancia de cuatro millas y posiblemente ofrecería un abrigo mejor, por desgracia se encontraba a barlovento y quedaba fuera de su alcance, en vista de cómo se estaba moviendo el mar.

Por lo que, en realidad, aunque en teoría existieran dos opciones ninguna carecía de riesgos. Hacia las tres, la costa se encontraba tan solo a dos millas de distancia. La habrían podido alcanzar fácilmente en menos de cuarenta y cinco minutos, pero tuvieron que resignarse a no hacerlo.

Así, a las tres y diez de la tarde, Shackleton dio la orden de virar. Dieron una bordada por estribor y se dirigieron a mar abierto una vez más, a esperar hasta la mañana siguiente, pensando que quizá entonces podrían intentar una aproximación o quizá encontrar una vía a través de los arrecifes.

Worsley sacó de nuevo el cuaderno de navegación y escribió:

> Fuerte marejada al oeste.
> Mar muy gruesa.
> Nos retiramos durante la noche; viento en aumento...

Pusieron rumbo sur-sureste, con la intención de alejarse lo suficiente de la costa para que pudieran moverse a salvo y esperar a que se hiciera de día. Cuando el viento escoró el bote hacia babor, nadie dijo nada. Cada uno de ellos se esforzaba individualmente por encontrar consuelo para su terrible desasosiego. Lo único que podían hacer era esperar a que transcurriera otra noche.

A las cinco, la luz empezó a desvanecerse y en el cielo, a estribor del Caird, aparecieron unos vívidos y casi amenazadores anillos de color rojo y anaranjado que fueron desapareciendo poco a poco. Se hizo de noche a las seis de la tarde.

Aparecieron sobre sus cabezas unas bandas nubosas, la fuerza del viento se fue incrementando poco a poco y empezó a moverse hacia el oeste. Crean preparó un poco de rancho, pero, como se estaba acabando el barril, la comida resultó bastante desagradable y tuvieron que hacer un esfuerzo para tragarla.

El viento hacía un ruido horrible, que se incrementaba a medida que pasaban las horas. A las ocho empezó a llover. Al poco tiempo, la lluvia se transformó en aguanieve y luego en granizo que tamborileaba en cubierta. A las once de la noche, la tormenta alcanzó la fuerza de un temporal y el Caird se vio atrapado en un mar agitado que lo arrastró en todas direcciones, lanzando el bote hacia un lado y luego hacia el contrario.

Soportaron el temporal de aleta hasta medianoche. Aunque no tenían la más mínima idea de dónde se encontraban, Shackleton decidió que debían de hallarse lo suficientemente alejados de la costa para ponerse al pairo. Crean y McCarthy avanzaron con cautela a través de la oscuridad y arriaron la vela mayor y el foque, y luego izaron este en el palo mayor. La proa del Caird viró a favor del viento y comenzó la larga espera hasta el amanecer.

El resto de la noche pareció una eternidad, compuesta de segundos soportados individualmente, hasta que se fundieron en minutos y, finalmente, en horas. Solo se escuchaba la voz del viento, que ululaba como nunca lo habían oído en toda su vida.

Al fin, llegó el amanecer del 9 de mayo, aunque no fue un amanecer real. En su lugar, la absoluta negrura de la noche dio paso poco a poco a un denso gris mortecino. Solo se pudo hacer una estimación de la velocidad del viento, aunque al menos soplaba a 100 km/h. Nunca habían navegado por un mar cruzado peor, a lo que había que añadir una marejada montañosa del oeste que los empujaba hacia tierra frente al temporal. Las olas que corrían hacia la orilla eran de doce metros de altura, quizá más.

El Caird, con los miserables restos de una cangreja hinchados por el viento, se elevaba encima de cada embestida y allí permanecía, estremecido por la furia del temporal, que parecía lo bastante fuerte como para arrancar la lona que cubría la cubierta. Hasta era difícil respirar. La atmósfera era una sustancia saturada, compuesta menos de aire que de lluvia y nieve y del vapor que arrastraba el viento procedente de la superficie del mar. La visibilidad se redujo a una brumosa esfera alrededor del bote, más allá de la cual solo había una cegadora monotonía que aullaba sin interrupción.

Aunque no tenían la más vaga idea de dónde se encontraban, sí sabían algo y demasiado bien: en algún lugar, a sotavento, los negros picos de Georgia del Sur estaban esperando. Y ellos se preguntaban a qué distancia.

Parecía inconcebible, pero durante las horas de la mañana la fuerza del viento se incrementó y al mediodía probablemente soplaba a 130 km/h en dirección suroeste. Preparar algo para comer era impensable, pero tampoco tenían apetito. Tenían la lengua hinchada debido a la sed y los labios agrietados y sangrantes. Si hubieran querido, habrían podido comer una ración fría; algunos lo intentaron, pero carecían de saliva para poder tragar.

La proa del Caird ceñía el viento, pero ellos escudriñaban por la popa intentando atisbar la isla o los peligrosos arrecifes que la tarde anterior los habían mantenido en la bahía. Toda la mañana los oyeron cerca. Debajo del ulular del viento y de la atormentada agitación del mar, había un latido sordo, más sentido que oído: el impacto de las sucesivas olas rompiendo en la costa, transmitido a través del agua como una serie de golpes confusos contra el bote.

Luego, cerca de las dos, vieron dónde se encontraban. Una ráfaga de viento apartó las nubes y dos picos se asomaron por encima de la línea de acantilados y de las caras de los glaciares que caían perpendiculares al mar. La costa podía estar a una milla de distancia, quizá un poco más.

Y lo que era mucho más importante, también descubrieron aterrorizados que se encontraban a muy poca distancia de la línea de los rompientes, el punto en el cual el mar se transformaba en olas encrespadas que se precipitaban rápidamente hacia su propia destrucción contra la tierra. Cuando pasaban las olas por debajo de ellos, podían sentir cómo tiraban con fuerza del bote un momento, intentando apoderarse de él y arrojarlo hacia la playa. Parecía que todo —el viento, la corriente y hasta el mar— se hubiera confabulado con un único y determinado propósito: aniquilar de una vez por todas a ese pequeño bote que hasta entonces había desafiado todos sus esfuerzos por destruirlo.

No les quedaba otro remedio que izar velas e intentar navegar de bolina mar adentro en medio del tremendo temporal. Pero era inviable porque ningún bote —y menos aún el Caird— habría podido navegar a barlovento bajo unas condiciones como aquellas.

Shackleton se precipitó a popa y cogió los cabos de la caña del timón de Crean. Este último y Worsley avanzaron por cubierta sobre el vientre, porque si se hubieran puesto de pie habrían sido golpeados por el viento o simplemente lanzados por la borda. Cuando estuvieron junto al palo mayor, se sujetaron a él y se pusieron de pie con suma precaución. El viento era tan fuerte que les costó mucho arriar el foque. Tras varios minutos de trabajo lo consiguieron y, en ese mismo momento, la proa del Caird se abatió en el seno de las olas. Los dos hombres cayeron hacia delante y rápidamente aseguraron el foque al estay. McCarthy acudió para ayudarlos a fijar la vela mayor, porque la fuerza del viento amenazaba con desgarrarla.

Al final consiguieron hacerlo deprisa y recogieron rizos, y también la mesana. Shackleton, entonces, puso el Caird rumbo al sureste; el viento lo golpeó como un objeto sólido y a punto estuvo de hacerlo zozobrar dándole la vuelta. Shackleton, excitado, les ordenó a McNeish y a Vincent que bajaran a nivelar el lastre; ellos, arrodillados sobre las piedras y trabajando con todo el fervor que su fuerza les permitía, las apilaron contra estribor: el Caird se enderezó levemente.

Habían avanzado la longitud de medio bote cuando les golpeó la primera ola y se detuvo el avance. La pared de agua se precipitó sobre el tope del mástil y la sacudida fue tan grande que las tablas de proa se abrieron y pequeños cursos de agua entraron a chorro a través de los intersticios. Avanzaron de nuevo, y otra vez el mar los obligó a detenerse. Una y otra vez se fue repitiendo el proceso hasta que parecía seguro que iban a romperse las tablas de cubierta y que los mástiles se desprenderían violentamente.

El agua entraba en el bote por arriba y por abajo, y lo hacía con tal rapidez que los dos hombres que trabajaban en achicarla sin parar no fueron suficientes, de modo que Shackleton los puso a todos manos a la obra: tres hombres en la bomba y uno achicando agua con la cacerola del rancho, que tenía una capacidad de nueve litros. Dejó a un hombre para relevar al primero que mostrara signos de agotamiento.

Todos los esfuerzos parecían insuficientes. De vez en cuando las nubes se abrían y aparecía la costa más cerca que nunca. Después de más de una hora quedó demostrada la verdad de lo que sospechaban en un principio: que no podían aproximarse. Ningún bote habría podido navegar a contraviento en un temporal similar.

Shackleton estaba convencido de que se acercaba el final.

Realmente estaban avanzando. El progreso que se apreciaba contra la línea de la costa era casi imperceptible, pero era real.

Se dieron cuenta de repente, justo después de las cuatro, cuando una fisura en la tormenta mostró por la proa un pico grande y escarpado. Se trataba de la isla Annenkov, la cima de una montaña de más de 600 metros que se alzaba a unas cinco millas de la costa. Al mismo tiempo, observaron que se encontraba directamente en su trayectoria. La proa del Caird se dirigía mar adentro, pero, como no podía capear el temporal navegando a favor del viento, el rumbo que tomó fue más de costado que de proa. No había posibilidad de virar. A popa estaba la costa y el mapa mostraba que a babor había una franja de arrecifes. El mar abierto solo se encontraba a estribor, y esa era la única dirección que no podían tomar, porque era la dirección en la que estaba soplando el viento.

No se podía hacer nada, únicamente mantener rumbo al sureste, tan cerca del viento como fuera posible, y rezarle a Dios para que de alguna manera pudieran bordear la isla, si se mantenían próximos a ella el tiempo suficiente. Cosa que tampoco era muy probable.

Estaba oscureciendo, aunque el cielo se había aclarado algo y la isla Annenkov era bien visible casi todo el tiempo, una forma negra recortada en el cielo.

El espectáculo era pavoroso. Mientras ellos se encontraban literalmente envueltos por la salvaje ferocidad de la tormenta, esforzándose por mantenerse a flote, a babor se extendía esa masa enorme y maciza que, a través de la oscuridad, se iba acercando implacablemente. No tardaron mucho en oír el profundo retumbar de las olas contra los peñascos.

Solo el hombre que estaba al timón pudo ver lo que estaba sucediendo, porque los demás achicaban sin parar por temor a que el agua les ganara la partida. De vez en cuando intercambiaban tareas para descansar un poco. Hacía rato que la sed había dejado de tener importancia, junto con todo lo demás, a excepción de la lucha por mantener la embarcación a flote. El tripulante de turno en el timón, pensando en la ansiedad que dominaba a los que estaban abajo, les gritaba para animarlos:

—Conseguirá pasar... Lo está consiguiendo.

Pero no era así. A las siete y media se encontraban en un extremo de la isla y su masa lo dominaba todo a sotavento. El ruido de las olas contra los costados era tan fuerte que apagaba el bramar del viento. La espuma de la resaca de los rompientes, que era lanzada desde los peñascos, formaba remolinos alrededor del Caird, y el imponente pico lleno de nieve estaba tan cerca que para verlo tenían que echar la cabeza hacia atrás.

Worsley recordó con lástima el diario que había ido escribiendo desde que zarparon de Georgia del Sur en el Endurance hacía casi diecisiete meses. El mismo diario, envuelto en unos trapos y empapado, se encontraba ahora guardado en la bodega de proa del Caird. Worsley no pensaba mucho en la muerte, que ahora podía ser inevitable, sino en que nadie sabría lo terriblemente cerca que habían estado de ella.

Esperó al timón, en silencio y en tensión, preparado para el impacto final que los destrozara, cuando el fondo del Caird se hiciera pedazos contra alguna roca invisible. Mientras el agua fluía a torrentes por su cara y descendía hasta la barba, apareció el cielo al este.

—¡Está pasando! —gritó—. ¡Está pasando!

Los que achicaban el agua se detuvieron y todos miraron hacia arriba y vieron las estrellas brillando a sotavento. La isla ya no estaba allí. No sabían cómo, ni siquiera por qué: quizá alguna inesperada contracorriente de la marea los había impulsado a corta distancia de la costa. Nadie perdió tiempo en buscar una explicación. Solo sabían una cosa: el bote se había salvado.

Ahora únicamente quedaba un obstáculo —Mislaid Rock— a tres cuartos de milla más allá del extremo occidental de la isla Annenkov. Pusieron rumbo al sureste ceñidos al viento. Por alguna razón, de repente todo parecía más fácil. El estruendo de los rompientes se intensificó y hacia las nueve comprobaron que los habían cruzado a salvo.

Pero la tripulación estaba debilitada, aturdida, indiferente incluso. El temporal también parecía agotado por el esfuerzo o, quizá, supo que había perdido, porque el viento amainó rápidamente y en el breve espacio de treinta minutos había girado hacia el sur-suroeste.

Viraron y pusieron rumbo noroeste, dando un amplio giro hacia Georgia del Sur. La mar todavía estaba agitada, pero había desaparecido el peligro.

Continuaron achicando agua y, a medianoche, el Caird solo necesitó tres hombres para hacerlo. Worsley y los que habían estado trabajando bajaron a dormir un poco mientras Shackleton, Crean y McNeish seguían con la tarea.

Volvían a tener sed, y ahora era mucho peor que antes. Únicamente quedaban unos pocos litros de agua; Shackleton decidió ahorrarlos hasta la mañana siguiente.

A las tres y media acabó el turno de guardia de Worsley y a las siete volvieron a avistar Georgia del Sur, a unas diez millas a estribor.

Apenas pusieron rumbo a la costa cuando el viento cambió en dirección noroeste y perdió fuerza. Durante la mañana navegaron muy despacio y al mediodía estaban de nuevo casi en ángulo recto con el cabo Demidov, mientras ante la proa aparecían dos glaciares, una promesa de hielo para fundir en agua. Sin embargo, no iban a poder alcanzarlos antes de la noche.

En consecuencia, viraron hacia la bahía Rey Haakon. Durante veinte minutos avanzaron bien, pero luego el detestable viento cambió de dirección y empezó a soplar del este, directo desde la bahía.

Arriaron velas y, con Shackleton a la caña, los demás hicieron turnos de dos en dos en los remos. Al cabo de un rato apareció una corriente del sur que con la ayuda del viento los mantuvo alejados de la costa. Al poco tiempo fue evidente que conseguían poco más que mantenerse en facha. Sin embargo, hacia las tres observaron que las aguas de la bahía, más allá de los arrecifes, presentaban una relativa calma y descubrieron también lo que parecía un paso seguro. Pero, a remo, no podrían atravesarlo en la oscuridad.

Llegó el momento de un último intento desesperado. No querían pasar otra noche sin una gota de agua y quizá sufriendo un nuevo temporal. Izaron velas apresuradamente y se dirigieron hacia la estrecha abertura de los arrecifes. Eso significaba navegar directos contra el viento y el bote no podía hacerlo. Intentaron cuatro veces dar bordadas a contraviento y las cuatro veces fracasaron.

Poco después de las cuatro empezó a anochecer. Dirigieron el Caird una milla hacia el sur, con la intención de coger el viento tan por el través como fuera posible, y luego volvieron a virar a estribor. Esta vez consiguieron atravesar los arrecifes.

Arriaron velas inmediatamente y sacaron los remos. Remaron durante diez minutos; entonces, Shackleton descubrió a estribor una pequeña ensenada entre los peñascos. La entrada estaba protegida por un pequeño escollo en el que rompía el oleaje. Pero divisaron una abertura, aunque era tan pequeña que en el último momento tuvieron que recoger los remos.

Unos 180 metros más allá había una playa empinada y pedregosa. Shackleton estaba de pie en la proa, sujetando los restos del cabo del ancla flotante. El Caird fue impulsado por una ola y la quilla se metió entre las rocas. Shackleton saltó a la orilla y sujetó el bote. El resto de la tripulación lo siguió con toda la rapidez de la que fueron capaces.

Eran las cinco del 10 de mayo de 1916. Al fin se encontraban en la isla de la que habían zarpado hacía 522 días.

Oyeron un goteo. Unos metros más allá, de los glaciares brotaba una corriente de agua fresca.

Un instante después los seis hombres estaban arrodillados, bebiendo.

# SÉPTIMA PARTE

# 38

El momento fue de sosiego, casi exento de regocijo. Habían hecho lo imposible, a un precio abrumador. Ahora ya había pasado y solo sabían que estaban muy cansados, demasiado incluso para saborear algo más que la vaga consciencia de que habían vencido. Se dieron un apretón de manos; parecía que era lo que había que hacer.

Sin embargo, hasta en ese breve momento de victoria, amenazaba la tragedia. El oleaje en el interior de la ensenada era muy fuerte; el Caird se había girado y estaba chocando contra las piedras.

Volvieron apresuradamente a la playa, pero las rocas eran escarpadas y ellos tenían las piernas débiles. Cuando consiguieron llegar al bote, el timón casi se había roto. Tenían que sacarlo del agua, lo que significaba descargarlo. Formaron una cadena humana y comenzaron la laboriosa tarea de irse pasando los pertrechos hasta la playa. Cuando acabaron, el odioso lastre de piedras se desplazó hacia un lado.

Intentaron empujar el Caird para ponerlo en seco, y entonces fue evidente el estado de debilidad en el que se encontraban, porque, aun aprovechando todas sus fuerzas, solo consiguieron mover el bote hacia delante y hacia atrás y, tras seis intentos fallidos, Shackleton vio que era inútil continuar hasta que no hubieran descansado y comido algo.

Ataron un delgado cabo a la proa del Caird, lo sujetaron a una piedra grande y dejaron el bote al borde del agua, golpeando contra las rocas.

Llevaron los sacos de dormir y una pequeña cantidad de provisiones a la pequeña cueva que habían visto a unos 30 metros. No era más que un agujero en los peñascos, donde enormes carámbanos, algunos de cuatro metros y medio de longitud, formaban una pared. Se arrastraron hasta el interior y descubrieron que tendría unos diez metros de profundidad, con un amplio espacio para cobijarlos.

Crean encendió fuego y preparó algo de comer. Acabaron hacia las ocho y Shackleton distribuyó los turnos de vigilancia, de manera que siempre hubiera un hombre de guardia en el Caird. Convino en ser el primero, mientras los demás se metían en los sacos húmedos pero inmóviles, y en cuestión de segundos se quedaron dormidos.

Todo fue bien hasta las dos de la madrugada. Tom Crean estaba de guardia cuando el oleaje capturó al Caird y se rompió el cabo. Crean consiguió sujetarlo y gritó pidiendo ayuda. Sin embargo, en el tiempo que tardaron los demás en despertarse y bajar hasta la playa, Crean había sido arrastrado por el agua, que lo cubría hasta casi por encima de la cabeza.

Con la ayuda de todos lograron llevar el bote otra vez a la orilla, e intentaron ponerlo en seco en la playa, sin conseguirlo. Habían perdido toda su fuerza. Estaban próximos al agotamiento, pero la acuciante necesidad de recuperar sueño no importaba frente a la posible pérdida del bote. Shackleton decidió que tendrían que quedarse allí hasta que amaneciera.

Se sentaron a esperar la llegada de la mañana. No pudieron dormir porque de vez en cuando tenían que sacar al Caird de las rocas.

Shackleton repasó la situación mentalmente. En un principio pensaron en utilizar aquel lugar solo como escala para abastecerse de agua y descansar unos días para luego seguir el viaje costeando hasta Leith Harbor. Pero habían perdido el timón del Caird. Además, para poder descansar debían sacar toda el agua del bote y, para hacerlo, tendrían que aligerarlo sacando la cubierta, ya que habían perdido las fuerzas para poder levantarlo tal y como estaba. Una vez logrado, difícilmente podrían enfrentarse de nuevo al mar.

Shackleton, sentado en las rocas esperando la mañana, llegó a la conclusión de que, en lugar de zarpar hacia Leith Harbor, tendrían que quedarse al sur de la isla mientras tres de ellos iban por tierra en busca de ayuda.

Si lo hubieran hecho por mar habrían tenido que recorrer más de 130 millas, bordeando el extremo occidental de la isla y luego la costa septentrional. Por tierra serían apenas 46 kilómetros en línea recta. La única diferencia entre las dos posibilidades era que, durante los casi setenta y cinco años que habían transcurrido desde que el hombre había llegado a Georgia del Sur, ningún ser humano había cruzado la isla, por la sencilla razón de que no podía hacerse.

Algunas cumbres se elevaban a algo más de 3.000 metros, que no era mucha altura en términos de montañismo, pero un experto había descrito el interior de la isla como una «elevación serrada formada por un torturado cataclismo de montaña y glaciar que desciende caóticamente hasta el mar, al norte». En resumen, un lugar impracticable.

Shackleton lo sabía, pero no tenía elección. Lo anunció después del desayuno y todos lo aceptaron sin rechistar. Dijo que haría el viaje con Worsley y con Crean en cuanto fuera posible.

Pero antes había una tarea que hacer. McNeish y McCarthy se pusieron a la labor de sacar la cubierta y las tablas que habían añadido al Caird mientras Shackleton, Crean y Worsley se disponían a nivelar el suelo de la cueva con algunas piedras lisas y hierba seca. Vincent permaneció en el saco, con un ataque de reumatismo.

Hacia el mediodía, McNeish ya había desmantelado el bote, y decidieron intentar levantarlo. En esta ocasión lo consiguieron, aunque a duras penas. Lo arrastraron hacia la orilla centímetro a centímetro, tomándose varios minutos para descansar antes de volver a empujar. A la una estaba a salvo, con el agua por debajo de la línea de flotación.

Por la tarde, Shackleton y Crean se encaramaron a la meseta del extremo inferior de la cala y, una vez allí, observaron unas pequeñas protuberancias blancas entre las rocas. Se trataba de crías de albatros en sus nidos. Shackleton bajó a coger la escopeta y mataron a un albatros adulto y a un polluelo. Los prepararon para cenar y Worsley escribió (refiriéndose al albatros adulto): «Bueno, aunque un poco duro». Y McNeish anotó: «Ha sido un banquete».

Después se acostaron y durmieron doce gloriosas horas sin interrupción. Por la mañana se encontraban muchísimo mejor. McNeish anotó en un momento de éxtasis:

> No hemos estado tan cómodos en las últimas cinco semanas. Nos hemos comido tres albatros jóvenes y uno adulto, con casi un litro de salsa que supera cualquier caldo de pollo que yo haya probado. He estado pensando en lo que nuestros compañeros [en la isla Elefante] dirían si tuvieran una comida como esta.

Shackleton y Worsley, mientras tanto, salieron a supervisar la zona y comprobaron que se trataba de un lugar impenetrable. Excepto en la cala en la que habían acampado, los peñascos y los glaciares se levantaban casi perpendicularmente.

En consecuencia, Shackleton decidió que todos zarparían con el Caird hasta la bahía Rey Haakon, que se encontraba a unas seis millas de distancia. El mapa indicaba que el terreno era algo más habitable y, además, estarían diez kilómetros más cerca de la bahía Stromness, en el extremo opuesto de la isla, donde estaba situada la estación ballenera.

Como el viaje sería breve, Shackleton no se dio prisa y pasaron dos días descansando y alimentándose copiosamente. Poco a poco fueron recuperando fuerzas y desaparecieron las tensiones mientras les inundaba una maravillosa sensación de seguridad, empañada solamente por la responsabilidad de ir en busca de los compañeros abandonados en la isla Elefante.

El 14 de mayo era el día que tenían que zarpar hacia la bahía, pero, como amaneció con lluvia, el viaje se pospuso hasta el día siguiente. Después del mediodía, el cielo empezó a clarear. McNeish escribió: «He subido a la cima de la colina y me he echado en la hierba; me he acordado de casa, cuando me sentaba en la ladera de la colina a contemplar el mar».

Se pusieron en marcha al amanecer del día siguiente. Les resultó muy fácil empujar el bote. A las ocho habían abandonado el refugio y salido a la bahía. Soplaba un viento fresco del noroeste y, al cabo de poco rato, el sol se abrió camino a través de las nubes.

Fue una travesía extremadamente despreocupada, con el Caird navegando con brío por unas aguas centelleantes. Al cabo de un rato se pusieron a cantar y a Shackleton se le ocurrió que podrían haberlos confundido con los comensales de un pícnic, de no ser por su terrible aspecto.

Poco después de mediodía, rodearon un gran risco y apareció ante ellos una playa de arena y guijarros, abrigada y lamida suavemente por las olas. Estaba poblada por centenares de elefantes marinos, los suficientes para proporcionarles alimento y combustible indefinidamente. Desembarcaron allí a las doce y media.

Sacaron el Caird del agua y lo tumbaron del revés. McCarthy lo acodaló con una base de piedras y, cuando hubo acabado, metieron en el interior los sacos de dormir. Decidieron llamar a aquel lugar «Campamento Peggotty», en recuerdo de la familia pobre pero honrada del *David Copperfield* de Dickens.

Shackleton estaba ansioso por iniciar el viaje, sobre todo porque la estación se les echaba encima y el tiempo podía empeorar. Además, había luna llena y estaban seguros de que iban a necesitar su luz cuando viajaran de noche. Sin embargo, el 16 de mayo amaneció nublado y lluvioso, por lo que se mantuvieron a cubierto dentro del Caird durante casi todo el día. Pasaron el tiempo hablando del viaje y McNeish estuvo ocupado en arreglar las botas para escalar. Había sacado cuatro docenas de clavos de cinco centímetros del Caird y clavó ocho en cada una de las botas de los miembros del grupo que iba a viajar por tierra.

El 17 de mayo el tiempo tampoco era adecuado para emprender el viaje, con vientos racheados y aguanieve. Worsley se fue con Shackleton hacia el extremo oriental de la bahía para explorar el interior cuanto les fuera posible, aunque no tuvieron mucho éxito debido a la poca visibilidad; Shackleton pareció satisfecho al comprobar que la nieve caía oblicuamente desde el extremo de la bahía hacia el interior.

Al principio habían pensado en transportar los suministros sobre un pequeño trineo: McNeish construyó uno muy tosco con maderos arrojados por el oleaje, pero, cuando intentaron acarrearlo, comprobaron que era difícil de arrastrar y abandonaron la idea.

El 18 de mayo fue otro día de tiempo desapacible. Shackleton seguía ansioso por iniciar el viaje. Se pasaron el día ocupados con los equipos y observando cualquier cambio meteorológico.

Se decidió emprender el viaje sin llevar peso, hasta sin los sacos de dormir. Cada uno iba a llevar raciones para tres días y galletas. Además, se llevarían el hornillo Primus con combustible suficiente para seis comidas, más un pequeño cazo para cocinar y la mitad de una caja de cerillas. Tenían dos brújulas, un par de prismáticos y una cuerda anudada de 15 metros, junto con la azuela de carpintero para utilizarla como un hacha para romper el hielo.

El único objeto superfluo que permitió Shackleton fue el diario de Worsley.

Al anochecer cambió el tiempo. El cielo empezó a despejarse. Shackleton se reunió con McNeish, al que había dejado a cargo de los tres hombres que se quedaban; le dio las últimas instrucciones y escribió esta carta en el diario de este:

*18 de mayo de 1916*
*Georgia del Sur*

Señor McNeish:

Estoy a punto de emprender el viaje a Husvik, en la costa oriental de esta isla, para buscar ayuda. Le dejo a cargo del grupo formado por Vincent, McCarthy y usted. Deberá quedarse aquí hasta que llegue la ayuda. Tienen alimento suficiente, que pueden combinar con aves y pescado según su pericia. Se queda con una escopeta de dos cañones, cincuenta cartuchos [y otras provisiones]. Tiene además el equipo necesario para aguantar durante un periodo indefinido en caso de que no volvamos. En ese caso, lo mejor sería que esperase a que pasara el invierno para intentar llegar a la costa oriental. La ruta que voy a tomar hacia Husvik es el este magnético.

Espero llegar con ayuda en cuestión de unos días.

Atentamente,

E. H. Shackleton

# 39

Los demás se acostaron, pero Shackleton no podía dormir y salió varias veces a comprobar el estado del tiempo. Aclaraba, aunque muy despacio. Worsley también salió a medianoche a comprobar cómo evolucionaban las condiciones meteorológicas.

A las dos de la madrugada brillaba la luna y el ambiente estaba despejado. Shackleton dijo que había llegado el momento.

Prepararon el rancho y comieron tan rápidamente como pudieron. Shackleton quería salir enseguida para no dar mayor énfasis al significado de su marcha en la mente de los que se quedaban. Tardó solo unos minutos en reunir su menguado equipo. Se despidieron con un apretón de manos y Shackleton, Worsley y Crean salieron a gatas de debajo del Caird. McNeish los acompañó durante unos 200 metros, volvió a estrecharles la mano y a desearles suerte y luego se retiró lentamente al Campamento Peggotty.

Eran las tres y diez de la madrugada. Había empezado la travesía final. Los tres hombres siguieron la costa hasta el extremo de la bahía; luego continuaron hacia las tierras altas, subiendo por una ladera cubierta de nieve.

Shackleton iba a la cabeza con paso rápido. Durante la primera hora continuaron ascendiendo sin pausa, pero la nieve estaba blanda: los pies se hundían en ella hasta los tobillos y pronto empezaron a sentir fatiga en las piernas. Por suerte, cuando alcanzaron una altura de unos 750 metros, la ladera se niveló.

En el mapa que llevaban solo se mostraba el litoral de Georgia del Sur, y gran parte del mismo tampoco constaba. El interior estaba en blanco. Únicamente podían guiarse por lo que veían y a Shackleton le interesaba mucho determinar lo que tenían delante. Hacia las cinco de la mañana apareció una niebla densa que lo cubrió todo con un difuso resplandor luminiscente en el que hasta la nieve que tenían bajo los pies solo era real cuando la pisaban. Shackleton pensó que sería mejor que se ataran con las cuerdas para mantenerse unidos y a salvo.

Hacia el amanecer, Worsley estimó que habían recorrido unos ocho kilómetros, y cuando se levantó el sol la niebla comenzó a dispersarse. Ante ellos vieron un enorme lago cubierto de nieve, un poco a la izquierda del rumbo hacia el este que llevaban. El lago era un golpe de buena suerte porque era la promesa de un camino llano. Se dirigieron hacia él.

Durante una hora siguieron un camino fácil colina abajo, aunque el número de grietas fue aumentando. Al principio se trataba de grietas finas y superficiales, pero pronto se ensancharon, aumentaron en profundidad y resultó evidente que los tres hombres estaban descendiendo por el frente de un glaciar. La situación era poco habitual porque los glaciares raramente se vacían en los lagos, y sin embargo allí estaba, extendiéndose incitante ante ellos.

A las siete en punto el sol se había elevado lo suficiente para hacer desaparecer todo rastro de niebla y vieron, de pronto, que el lago se prolongaba hasta el horizonte. Se dirigían hacia la bahía Posesión, en mar abierto, en la costa norte de Georgia del Sur.

Habían recorrido unos once kilómetros y casi habían cruzado la parte más estrecha de la isla. Eso no les convenía en absoluto porque, aunque pudieran descender los promontorios perpendiculares que discurrían más abajo, no existía ninguna línea costera que pudieran seguir. El glaciar se desviaba hasta el mar. Solo podían hacer una cosa: retroceder sobre sus pasos y volver a las tierras elevadas.

Lo peor de todo era que habían perdido tiempo. Si lo hubieran tenido, podrían haber hecho un reconocimiento del terreno para buscar la ruta adecuada, descansar cuando sintieran la necesidad de hacerlo y viajar solo cuando fuera apropiado y cuando hiciera buen tiempo. Pero tenían que arriesgarse por cuestiones de rapidez. No tenían ni sacos ni tiendas. Y si mientras estaban en aquellas montañas sobrevenía un cambio de tiempo, no tendrían la oportunidad de ponerse a salvo. Las ventiscas de Georgia del Sur se consideran de las peores de la tierra.

Tardaron unas laboriosas dos horas en volver sobre sus pasos y dirigirse luego hacia el este. Hacia las ocho y media vieron una hilera de pequeñas montañas que discurría delante de ellos, una serie de cerros y estribaciones, cuatro en total, como los nudillos de un puño cerrado. Worsley consideró que la dirección que debían tomar se encontraba entre el primero y el segundo, y hacia allí se dirigieron.

A las nueve se detuvieron para hacer la primera comida. Practicaron un agujero en la nieve y colocaron allí el hornillo. Prepararon una mezcla con las raciones que llevaban y las galletas y las comieron bien calientes. A las nueve y media volvieron a ponerse en marcha.

Desde allí se incrementaba la cuesta y tenían que caminar laboriosamente, paso a paso, con Shackleton a la cabeza. Ascendieron por lo que parecía un declive casi vertical mientras iban recortando escalones con la azuela.

Finalmente, hacia las once y cuarto, llegaron a la cima. Shackleton fue el primero en llegar. Ante sí vio un precipicio que finalizaba en un abismo de 450 metros, en cuyo fondo había fragmentos de hielo diseminados que habían caído desde donde él estaba inclinado. Les hizo un gesto a los demás para que se acercaran a mirar. No había camino para bajar hasta allí. A la derecha había una masa caótica de grietas y riscos de hielo, un terreno impracticable. A la izquierda los glaciares descendían escalonadamente hasta el mar. Pero delante de ellos —la dirección que debían seguir— había una pendiente llena de nieve de una docena de kilómetros. Aquella era la dirección, si podían alcanzarla.

Habían tardado más de tres horas de agotadores esfuerzos en llegar a la cima, pero ahora estaban retrocediendo para encontrar un camino diferente; quizá lo lograran al dar la vuelta al segundo pico.

Se permitieron cinco minutos de descanso y luego volvieron sobre sus pasos. El descenso fue relativamente fácil y tardaron solo una hora, pero fue descorazonador. Cuando llegaron al fondo, bordearon la base de la montaña, caminando entre los acantilados helados que colgaban sobre sus cabezas y una gigantesca garganta de hielo, un barranco en forma de media luna, recortado por el viento, de cientos de metros de profundidad y unos dos kilómetros y medio de longitud.

Se detuvieron a las dos y media a comer un poco y luego volvieron a ponerse en marcha. La ascensión fue tortuosa, mucho más difícil que la primera, y tuvieron que practicar escalones con la azuela cuando estaban a mitad de la ascensión de la vertiente. La altura y el esfuerzo les causaban una fatiga terrible, y era imposible avanzar sin detenerse. Cada veinte minutos se tendían de espaldas con las piernas y los brazos extendidos mientras aspiraban con fruición el aire enrarecido.

Finalmente, hacia las tres de la tarde, consiguieron ver la cima, un casquete de hielo blanco azulado.

El panorama desde allí reveló que el descenso era tan imposible como lo había sido el primero, solo que esta vez había una amenaza añadida. La tarde estaba muy avanzada y empezaban a formarse grandes bancos de niebla en el valle que se extendía más abajo. Cuando miraron, vieron que al oeste se estaba formando más niebla.

La situación era muy sencilla: a menos que pudieran bajar, morirían congelados. Shackleton estimó la altitud en 1.400 metros. A esa altura, la temperatura por la noche descendería fácilmente a unos –18 °C. No podían encontrar ningún abrigo y llevaban ropas ligeras y desgastadas.

Shackleton se volvió y comenzó a descender con los otros detrás de él. Intentaban mantenerse tan arriba como les era posible; recortaron escalones en la ladera lateralmente, alrededor de la vertiente del tercer pico, y volvieron a ascender. Se movían tan rápidamente como les era posible, pero no podían ir muy deprisa. Las piernas les temblaban y les desobedecían de manera extraña.

Finalmente, pasadas las cuatro, llegaron a una cima tan escarpada que Shackleton se sentó a horcajadas, con una pierna a cada lado. La luz se estaba desvaneciendo con rapidez, pero al mirar hacia abajo observaron que, aunque el descenso era empinado, no era tan malo como los otros. Al fondo, el suelo parecía nivelarse, aunque nadie podía asegurarlo porque ahora había poca luz y el valle estaba cubierto por la niebla. Esta ascendía y se aproximaba con gran rapidez, amenazando con ocultarlo todo y dejarlos a ciegas y atrapados en aquella angosta cima.

Superado el momento de las dudas, Shackleton se lanzó por uno de los lados. Trabajando furiosamente, comenzó a recortar escalones en la cara del risco y a descender lentamente, paso a paso. El aire transportaba un frío punzante y el sol empezó a ponerse. Poco a poco fueron descendiendo en lenta progresión.

Al cabo de treinta minutos la superficie de nieve helada comenzó a ablandarse, lo que indicaba que la pendiente no era tan empinada. Shackleton se detuvo un momento y de pronto pareció comprender la inutilidad de lo que estaba haciendo. Al ritmo que iban tardarían horas en completar el descenso y, además, era demasiado tarde para volver atrás.

Recortó con la azuela una pequeña plataforma y luego llamó a los demás.

No tuvo necesidad de explicarles la situación. Shackleton dijo rápida y simplemente que se enfrentaban a una elección inequívoca: si se quedaban donde estaban, se congelarían en una hora, quizá dos o quizá algo más. Tenían que bajar... a la mayor velocidad posible. Sugirió que lo hicieran deslizándose.

Worsley y Crean se quedaron atónitos, sobre todo porque aquella locura procedía de Shackleton. Pero no estaba bromeando... Ni siquiera sonreía. Hablaba en serio.

¿Y si se golpeaban contra una roca?, quiso saber Crean.

¿Podían quedarse donde estaban?, replicó Shackleton elevando la voz.

¿Y si no se nivelaba la vertiente?, arguyó Worsley. ¿Y si había otro precipicio?

A Shackleton se le acababa la paciencia. Volvió a preguntar: ¿podían quedarse allí?

Era obvio que no podían, y Worsley y Crean se vieron obligados a admitirlo a regañadientes. No existía ningún otro camino para descender. La decisión estaba tomada. Shackleton dijo que se deslizarían todos juntos, atados entre sí. Rápidamente se sentaron y desenrollaron la cuerda, con la que se ataron. Cada uno se hizo un ovillo y se enredó con el otro. Worsley entrecruzó las piernas alrededor de la cintura de Shackleton y puso los brazos alrededor del cuello del jefe. Crean hizo lo mismo con Worsley. Parecía que fueran a deslizarse por un tobogán, pero sin tobogán.

Tardaron en sujetarse algo más de un minuto y luego Shackleton no permitió ningún instante para reflexionar. Cuando estuvieron listos, dio un puntapié. Un instante después sus corazones dejaron de latir. Pareció que se quedaban suspendidos durante una décima de segundo y luego, de repente, el viento aullaba en sus oídos mientras se precipitaban como un borrón blanco de nieve. Abajo... Abajo... Gritaron no de terror, sino simplemente porque no pudieron reprimirlo. Gritaron por la cantidad de presión que se les acumuló en los oídos y en el pecho. Más rápido y más rápido: ¡abajo...!, ¡abajo...!, ¡abajo!

Salieron impulsados hacia delante cuando llegaron a ras del suelo y perdieron velocidad. Un instante después los detuvo bruscamente un banco de nieve.

Los tres hombres se levantaron. Contenían el aliento y el corazón les latía con fuerza. Y entonces se echaron a reír a carcajadas. Lo que unos segundos antes había sido una perspectiva terrible se había transformado en un soberbio triunfo.

Levantaron la vista hacia el cielo oscuro y vieron cómo la niebla serpenteaba en el borde de la cima, quizá a 600 metros por encima de ellos; sintieron esa clase de orgullo especial de la persona que en un instante de locura acepta un reto imposible y luego consigue su propósito a la perfección.

Después de comer una ración de galletas y carne seca iniciaron el ascenso en dirección este por una vertiente nevada. Caminar en medio de la oscuridad era muy dificultoso, y requería una extrema cautela para evitar las grietas. En dirección suroeste, un vago resplandor recortaba la silueta de los picos de las montañas. Tras una hora de angustioso avance, el resplandor se elevó por encima de la cadena de montañas: la luna llena iluminaba directamente su ruta.

El panorama era espectacular. Bajo aquella luz, los bordes de las grietas podían verse fácilmente y, en la nieve, cada arista proyectaba su sombra. Siguieron caminando, guiados por la amistosa luna, hasta después de medianoche, deteniéndose de vez en cuando para descansar, porque ahora su debilidad se estaba convirtiendo en una verdadera carga, aliviada tan solo por la creencia de que seguramente se dirigían hacia la dirección correcta.

Hacia las doce y media llegaron a una altura de 1.200 metros donde la vertiente se nivelaba; entonces empezaron a descender muy despacio, desplazándose ligeramente hacia el noreste, como si se dirigieran hacia la bahía Stromness. Con gran expectación empezaron el descenso. El frío, sin embargo, estaba aumentando o quizá lo sentían más. A la una de la madrugada Shackleton permitió una breve parada para comer. Se levantaron y siguieron su camino a la una y media.

Durante más de una hora viajaron montaña abajo y luego volvieron a ver el agua. Allí, dibujada por la luz de la luna, estaba la isla Pasto, sentada en medio de la bahía Stromness. Mientras continuaban, iban apareciendo otros lugares que les eran familiares y que señalaban, excitados. Al cabo de una o dos horas estarían abajo.

Crean descubrió una grieta hacia la derecha y otras más que se abrían en medio del camino que seguían. Se detuvieron, confundidos. Estaban encima de otro glaciar. Solo que no había glaciares en los alrededores de la bahía Stromness.

Entonces se dieron cuenta de que su propio afán los había engañado cruelmente. La que tenían delante no era la isla Pasto y las señales que habían visto eran producto de su imaginación.

Worsley sacó el mapa y los otros se acercaron a estudiarlo a la luz de la luna. Habían descendido hacia la bahía Fortuna, una de las muchas depresiones costeras en Georgia del Sur que se extendían hacia el oeste de la bahía Stromness. Eso significaba que, una vez más, tenían que volver sobre sus pasos. Con mucha amargura dieron la vuelta y, de nuevo, empezaron a ascender.

Durante dos horas terribles siguieron caminando, bordearon la bahía Fortuna, esforzándose por recuperar el camino perdido. Hacia las cinco ya casi habían recuperado del todo lo andado y se dirigían a una hilera de crestas similares a las que les habían bloqueado el paso la tarde anterior. Solo que esta vez parecía existir un pequeño paso.

Estaban agotados, exhaustos. Encontraron un pequeño lugar abrigado detrás de una roca y se sentaron, acurrucados juntos para darse calor. Un instante después, Worsley y Crean se quedaron dormidos y Shackleton dio unas cabezadas. De repente, levantó la cabeza. Los años de experiencia en el Antártico le advirtieron de que era una señal de peligro: el sueño fatal que precede a la muerte por congelación. Hizo un esfuerzo para despertarse del todo y al cabo de cinco minutos despertó a los demás, diciéndoles que habían dormido media hora.

Después del breve descanso, tenían las piernas tan rígidas que les resultaba doloroso estirarlas y se desplazaban con torpeza. La abertura entre las crestas se encontraba a unos 500 metros; continuaron la penosa marcha en silencio, temerosos de lo que podrían encontrar al otro lado.

Eran las seis en punto cuando la atravesaron. La primera luz del amanecer mostró que no había ningún barranco ni precipicio que les impidiera seguir, solo una cómoda pendiente hasta donde les alcanzaba la vista. Más allá del valle, en la distancia, se levantaban las altas colinas situadas al oeste de Stromness.

—Parece demasiado bueno para ser verdad —dijo Worsley.

Empezaron a bajar. Cuando habían descendido a una altura de 750 metros, se detuvieron a preparar el desayuno. Worsley y Crean hicieron un agujero para el hornillo mientras Shackleton iba a inspeccionar el terreno. Subió a una pequeña loma y lo que vio no le animó demasiado. La elevación acababa, al parecer, en otro barranco, aunque era difícil asegurarlo.

Empezó a descender y, entonces, le sorprendió un sonido. Un sonido lejano e incierto que podía haber sido un silbido de vapor. Shackleton sabía que eran las seis y media de la mañana... La hora en la que se despertaban los hombres de la estación ballenera.

Bajó corriendo la pequeña loma para comunicarles a Worsley y a Crean la sorprendente noticia. Engulleron apresuradamente el desayuno, Worsley se quitó el cronómetro del cuello y los tres se agruparon a su alrededor contemplándolo fijamente. Si Shackleton había oído un silbido de vapor procedente de Stromness, volvería a pitar a las siete en punto.

Pasaron las 6:50 horas... Luego las 6:55. Contenían el aliento por temor a emitir algún sonido. Las 6:58, las 6:59. A la hora exacta, el aire de la mañana llevó hasta ellos el sonido del silbido.

Se miraron los unos a los otros sonrientes y se dieron un apretón de manos en silencio.

Puede sorprender que el sonido del pitido de una factoría escuchado en la ladera de una montaña entusiasme a un hombre, pero para ellos fue el primer sonido procedente del mundo exterior que habían oído desde el mes de diciembre de 1914, diecisiete increíbles meses antes. En aquel instante, sintieron un orgullo y una satisfacción abrumadores. Aunque no habían cumplido el objetivo principal de la expedición, sabían que habían hecho más, mucho más, que si lo hubieran conseguido.

Shackleton estaba ansioso por bajar y, como la ruta más segura era la más larga, optó por arriesgarse y tomar la más difícil pero más corta. Reunieron los pertrechos, excepto el hornillo Primus, que estaba vacío e inservible. Con una ración de comida y una sola galleta para cada uno, se apresuraron a ponerse en marcha, avanzando con dificultad por la nieve.

A unos 150 metros descubrieron el precipicio que Shackleton ya había visto al final de la pendiente. Era muy elevado, casi como el campanario de una iglesia. Pero no estaban dispuestos a dar marcha atrás. Shackleton se inclinó por el borde, descendió con la cuerda y recortó un paso en la cara helada del risco. Cuando llegó a 15 metros del límite de la cuerda, los otros dos descendieron hasta donde él se encontraba. Fueron repitiendo estos movimientos una y otra vez. Iban avanzando, pero lenta y peligrosamente.

Les llevó tres horas completar el descenso, pero finalmente, hacia las diez, llegaron abajo. Desde allí solo había un fácil descenso hasta el valle y luego tenían que subir hasta el otro lado.

La altura era considerable, de unos 900 metros, y estaban muy cansados, pero ahora solo les quedaba superar aquella última elevación y sus debilitados cuerpos se pusieron en marcha. Cuando llegó el mediodía estaban a medio camino, y a las doce y media llegaron a una pequeña plataforma. A la una y media, al fin, habían ascendido la última cresta. Se detuvieron para mirar abajo.

A unos 750 metros de donde estaban se encontraba la estación ballenera de Stromness. Había un velero amarrado en uno de los muelles y un pequeño ballenero estaba entrando en la bahía. Vieron las diminutas siluetas de los hombres moviéndose por los diques y los tinglados.

Durante un rato permanecieron en silencio. No había mucho que decir, o al menos nada que necesitaran decir.

—Bajemos —anunció Shackleton sin alzar la voz.

A medida que se aproximaban, volvieron las antiguas precauciones y la determinación de que desde ese momento todo iba a salir bien. El terreno que tenían bajo sus pies requería cautela. Se trataba de una pendiente acusada cubierta de hielo, como los lados de un cuenco, que se desviaba oblicuamente en todas direcciones hacia el puerto. Si un hombre perdía pie, podía caer sin detenerse todo el trecho, porque prácticamente no había nada donde pudiera sujetarse.

Caminaron a lo largo del borde de la cresta hasta que encontraron una pequeña hondonada que parecía ofrecer una base e iniciaron el descenso. Una hora después, los lados de la hondonada eran más escarpados y del centro brotaba un riachuelo. Cuando llegaron allí, el riachuelo se hacía más profundo, hasta tal punto que tuvieron que atravesarlo con el agua hasta las rodillas; estaba helada, debido a la nieve de las tierras altas que lo alimentaba.

Hacia las tres observaron que el riachuelo terminaba abruptamente... en una cascada.

Llegaron al borde y se asomaron. Había una pendiente de unos siete metros y medio, pero era el único camino. Allí la hondonada adquiría las dimensiones de un desfiladero, con los lados perpendiculares sin ningún paso para descender.

La única opción era avanzar por el borde. Encontraron una piedra lo bastante grande para aguantar su peso y ataron la cuerda a su alrededor. Se quitaron las parkas, en las que envolvieron la azuela, el cazo para cocinar y el diario de Worsley, y luego los lanzaron hacia abajo.

Crean fue el primero en bajar. Shackleton y Worsley lo descolgaron, y Crean llegó al fondo casi sin poder respirar. Luego descendió Shackleton a través del agua y Worsley fue el último.

Fue una zambullida en el hielo, pero estaban en el fondo y desde allí el terreno era prácticamente llano. No pudieron recuperar la cuerda, pero sí los tres objetos que quedaban, y emprendieron el camino hacia la estación ballenera que se encontraba a kilómetro y medio de distancia, más o menos.

Casi al mismo tiempo, los tres recordaron su apariencia. El cabello les llegaba casi hasta los hombros y la barba era una masa de sal y de grasa. Llevaban la ropa sucia, raída y rota.

Worsley buscó bajo el jersey y sacó con cuidado cuatro agujas imperdibles oxidadas que había guardado durante casi dos años. Con ellas hizo lo que pudo para arreglarse los desgarros en los pantalones.

# 40

Mathias Andersen era el encargado de la estación de Stromness. No conocía a Shackleton, pero como todo el mundo en Georgia del Sur sabía que el Endurance había zarpado de allí en 1914... e indudablemente se había perdido con toda su tripulación en el mar de Weddell.

En ese momento, sus pensamientos estaban muy lejos de Shackleton y de la fracasada Expedición Transantártica Imperial. A las siete empezaba para él una larga jornada de trabajo, por lo que a las cuatro de la tarde estaba cansado. Se encontraba en el muelle, supervisando a un grupo de hombres que estaban descargando suministros de un bote.

Oyó un alboroto y miró en aquella dirección. Dos muchachos de unos once años corrían aterrorizados. Detrás de ellos, Andersen vio a tres hombres caminando lentamente que se dirigían hacia él.

Se quedó aturdido. Eran extranjeros, ciertamente. Pero lo más raro era que no procedían, como era habitual, del muelle donde podía haber atracado su barco, sino de las montañas, del interior de la isla.

Cuando estuvieron más cerca, observó que tenían la barba crecida y el rostro casi negro, a excepción de los ojos. Llevaban el cabello tan largo como el de una mujer, porque les colgaba hasta los hombros. Por alguna razón lo tenían pegajoso y rígido. La ropa que vestían también era peculiar. No llevaban los jerséis y las botas típicas de los marineros. Aquellos tres hombres llevaban parkas, aunque era difícil de asegurar debido a que sus prendas se encontraban en un estado desastroso.

Los hombres que estaban trabajando se detuvieron y se quedaron mirando a los tres extranjeros. El encargado se adelantó hacia ellos y el hombre que iba en el centro le habló en inglés.

—Por favor, llévenos ante Anton Andersen —dijo con voz débil.

El encargado movió la cabeza. Anton Andersen hacía tiempo que ya no estaba en Stromness, explicó. Lo había reemplazado el director de la factoría, Thoralf Sørlle.

El inglés pareció complacido.

—Estupendo —dijo—. Conozco bien a Sørlle.

El encargado les acompañó a casa de Sørlle, a unos metros a la derecha. Casi todos los trabajadores que estaban en el muelle habían dejado sus tareas para estudiar a aquellos tres extranjeros que habían aparecido, y se alinearon a ambos lados del camino mirando con curiosidad al encargado y a sus tres acompañantes.

Andersen llamó a la puerta del director y, un momento después, el propio Sørlle la abrió. Estaba en mangas de camisa y todavía llevaba su gran mostacho.

Al ver a los tres hombres dio unos pasos hacia ellos con una expresión de incredulidad en el rostro. Durante unos instantes permaneció aturdido y en silencio, sin poder hablar.

—¿Quiénes demonios son? —preguntó al fin.

El hombre del centro se adelantó.

—Me llamo Shackleton —contestó en voz baja.

De nuevo se hizo el silencio. Alguien dijo que Sørlle se dio la vuelta y se echó a llorar.

# Epílogo

Solo otro grupo ha conseguido atravesar Georgia del Sur. Fue casi cuarenta años después, en 1955; se trataba de un equipo británico de reconocimiento dirigido hábilmente por Duncan Carse y formado por expertos escaladores, bien pertrechados con todo lo necesario para el viaje. Aun así, lo encontraron muy peligroso.

En octubre de 1955, desde aquellas tierras, Carse escribió que se podía hacer la travesía a partir de dos itinerarios: «el bajo» y «el alto».

> De uno a otro —seguía diciendo— no hay más de 15 kilómetros de distancia, pero en dificultad apenas son comparables. Viajamos sin prisas y sin problemas. Somos hombres bien preparados con trineos, tiendas y con comida y tiempo abundantes. Estamos abriendo un nuevo camino, pero con la comodidad y la oportunidad de ir sondeándolo. Elegimos los peligros y solo aceptamos el riesgo calculado. Ninguna vida depende de nuestro éxito, excepto la nuestra. Elegimos el itinerario alto. Ellos, Shackleton, Worsley y Crean [...] tomaron el bajo. Ignoro cómo lo hicieron, excepto que lo consiguieron: tres hombres de la época heroica de la exploración al Antártico con 15 metros de cuerda entre ellos y una azuela de carpintero.

En la estación ballenera pusieron a disposición de Shackleton, Worsley y Crean todas las comodidades. En primer lugar, disfrutaron de un baño prolongado, seguido de un afeitado. Les dieron ropa nueva del almacén de la estación.

Por la noche, después de una cena sustanciosa, Worsley subió a bordo del ballenero Samson para rodear Georgia del Sur e ir al Campamento Peggotty, donde McNeish, McCarthy y Vincent estaban esperando. El Samson llegó a la mañana siguiente a la bahía Rey Haakon. Poco se sabe del reencuentro, solo que los náufragos no reconocieron en un primer momento a Worsley porque su aspecto había cambiado drásticamente después de afeitarse y ponerse ropa nueva. McNeish, McCarthy y Vincent fueron conducidos a bordo del ballenero, así como el Caird, que también fue cargado. El Samson llegó a Stromness al día siguiente, 22 de mayo.

Shackleton, mientras tanto, se había encargado de adecuar un ballenero de madera de grandes dimensiones, el Southern Sky, para volver a la isla Elefante a recoger a los hombres.

Aquella noche les organizaron un gran recibimiento, que Worsley describió así: «Una gran sala, llena de capitanes, contramaestres y marineros, llena de humo de tabaco». Se adelantaron cuatro veteranos patrones noruegos que peinaban canas y su portavoz, hablando en noruego, con Sørlle haciendo de traductor, dijo que habían navegado por los mares antárticos durante cuarenta años y que deseaban darles un apretón de manos a los hombres que habían hecho el recorrido con un bote abierto de 6,7 metros desde la isla Elefante a través del estrecho de Drake hasta Georgia del Sur.

Entonces, todos los hombres que llenaban la sala se pusieron en pie y los cuatro patrones saludaron a Shackleton,

Worsley y Crean con un apretón de manos y los felicitaron por lo que habían hecho.

La mayoría de los balleneros llevaban barba y vestían gruesos jerséis y botas de mar. No fue un acto formal, no hubo discursos. No se concedieron medallas ni condecoraciones, solo una admiración plenamente sentida por un logro que quizá ellos fueran los únicos que podían apreciar. Su sinceridad proporcionó a la escena una solemnidad sencilla aunque profunda. De los honores que siguieron —que fueron muchos— posiblemente ninguno superó aquella noche del 22 de mayo de 1916 cuando, en un deslustrado almacén de Georgia del Sur, con el olor a podrido de los despojos de los cetáceos, los balleneros del océano austral se fueron adelantando en silencio, de uno en uno, a darles un apretón de manos a Shackleton, a Worsley y a Crean.

A la mañana siguiente, menos de setenta y dos horas tras su llegada a Stromness atravesando las montañas, Shackleton y sus dos compañeros zarparon hacia la isla Elefante.

Fue el inicio de una serie de intentos de rescate frustrados que se dilataron durante más de tres meses, durante los cuales la banquisa de hielo que rodeaba la isla parecía absolutamente determinada a que el barco de salvamento no pudiera atravesarla para rescatar a los náufragos.

El Southern Sky se encontró con el hielo a solo tres días de haber zarpado de Georgia del Sur y no había pasado una semana cuando se vio obligado a volver a puerto. Al cabo de diez días, Shackleton consiguió que el Gobierno uruguayo le prestara un barco pequeño, el Instituto de Pesca N.º 1, para el segundo intento de rescatar a sus hombres. Volvieron seis días después, con el barco seriamente dañado por el hielo a través del cual Shackleton había intentado pasar.

El tercer intento se llevó a cabo en una goleta con vigas de madera, la Emma, que Shackleton alquiló. Durante tres semanas estuvo en el mar, y a duras penas pudo mantenerse a flote y mucho menos efectuar el rescate. La Emma no se aproximó a más de cien millas de la isla Elefante.

Era el 3 de agosto, cerca de tres meses y medio desde que el Caird había zarpado hacia Georgia del Sur. El nerviosismo de Shackleton había ido en aumento con cada intento fallido, hasta el punto de que Worsley dijo que nunca lo había visto de aquella manera. Había apelado al Gobierno británico para que le enviara un barco adecuado para atravesar el hielo y poder cruzar la banquisa, y le llegó la noticia de que el Discovery, el barco que en 1901 llevó a Scott al Antártico, había zarpado de Inglaterra. Pero tardaría semanas en llegar y Shackleton no estaba de humor para sentarse a esperar.

Así, apeló al Gobierno chileno para poder utilizar un viejo remolcador, el Yelcho. Prometió que no lo metería en el hielo, porque no tenía el casco de acero y su capacidad de resistir en el mar —y menos aún en la banquisa— era dudosa. El Yelcho zarpó el 25 de agosto. Esta vez el hado estaba de su parte.

Cinco días después, el 30 de agosto, Worsley anotó en el cuaderno de bitácora: «5,25 a toda marcha... 11:10 [a. m.] [...] base de tierra apenas visible. Travesía: nos abrimos paso entre fragmentos de hielo, escollos e icebergs varados. 1:10 p. m. avistamos campamentos al SO...».

Para los veintidós náufragos de la isla Elefante, el 30 de agosto empezó como cualquier otro día. A la salida del sol el tiempo era frío y despejado, la promesa de un buen día. Pero poco después empezaron a acumularse las nubes y el escenario se transformó una vez más, como Orde-Lees anotó, en «la penumbra casi diaria a la que estamos tan acostumbrados».

Como siempre, casi todos subieron por turno al puesto de vigilancia para comprobar que una vez más no había ningún barco a la vista. Se había convertido más en una costumbre que en una esperanza, un ritual al que se habían habituado: subían hasta allí sin ninguna ilusión y volvían a su refugio sin sentirse decepcionados. Hacía cuatro meses y seis días que el Caird había zarpado y entre ellos no había nadie que creyera en serio que habían sobrevivido a la travesía hasta Georgia del Sur. Solo era cuestión de tiempo que un grupo zarpara con el Wills a hacer el peligroso viaje hasta la isla Decepción.

Después del desayuno, trabajaron quitando la nieve que se había acumulado alrededor de la cabaña. Más tarde, como la marea estaba baja, decidieron posponer ese trabajo y dedicarse a pescar lapas, pequeños moluscos que habían descubierto en un extremo de la lengua de tierra. Wally How era el cocinero; estaba preparando caldo de huesos de foca, un plato que todos encontraban muy gustoso.

El rancho estuvo listo a las 12:45 horas. Se reunieron en la cabaña, a excepción de Marston, que había ido al puesto de vigilancia y estaba haciendo unos pequeños dibujos.

Minutos después oyeron sus pasos apresurados por el sendero, pero nadie le prestó atención. Simplemente llegaba tarde a comer. Entonces asomó la cabeza y le dijo algo a Wild, en un tono entrecortado, pero los otros pensaron que era casual.

—¿No sería mejor que fuéramos allá arriba a hacer señales de humo? —preguntó.

Antes de que nadie tuviera tiempo de contestar —escribió Orde-Lees—, empezaron a tropezar los unos con los otros y con los potes de guiso de foca, porque todos a la vez se lanzaron hacia el agujero de la puerta, al que arrancaron inmediatamente las lonas para que todos pudieran pasar a la vez, ya que buscaban la salida hasta a través de la «pared» o lo que quedaba de ella.

Unos se pusieron las botas, otros salieron sin ellas. James se las puso al revés.

A solo una milla de la orilla había un barco pequeño.

Macklin se dirigió al puesto de vigilancia, se quitó la parka mientras corría y la ató a la driza del remo que les servía de poste. Solo fue capaz de alzarla en parte porque la driza se atascó. (Shackleton vio la señal a media asta y su corazón dio un brinco, según dijo después, porque pensó que era la señal de que habían perdido a alguien de la tripulación.)

Hurley reunió toda la hierba que pudo encontrar: vertió encima un poco de aceite y el resto de parafina que tenían. Tardó un poco en conseguir que prendiera y, cuando finalmente se encendió —casi con una explosión—, produjo más llamas que humo.

Pero no importaba. El barco se acercaba a la lengua de tierra.

Wild, mientras tanto, se había ido a la orilla y estaba haciendo señales para dirigir la entrada del barco. How abrió una preciada lata de galletas y se las ofreció a los demás. Algunos las rechazaron porque, en la excitación del momento, el obsequio tenía poco atractivo.

Macklin volvió a la cabaña, cargó a Blackborow sobre su espalda y lo llevó hasta unas rocas cerca de Wild donde podría ver mejor el emocionante espectáculo.

El barco se aproximó a unos centenares de metros y se detuvo. Los que estaban en la orilla vieron que bajaban un bote que llevaba cuatro hombres, seguidos por una silueta fuerte y robusta: Shackleton. Lanzaron vítores. La excitación era tan intensa que algunos hombres sollozaban.

Al cabo de unos minutos el bote estaba lo bastante cerca para que pudieran oír a Shackleton.

—¿Están todos bien? —gritó.

—Todos bien —respondieron.

Wild guio al bote hasta un lugar entre las rocas, pero debido al hielo que había en la orilla fue imposible vararlo, así que lo dejaron a unos metros de distancia. Urgió a Shackleton a que desembarcara, aunque fuera solo brevemente, para que viera cómo habían fijado la cabaña en la que habían esperado durante cuatro largos meses. Pero Shackleton, aunque sonreía y se le veía aliviado, todavía estaba nervioso y solo deseaba marcharse de allí. Declinó el ofrecimiento de Wild y urgió a los hombres a que subieran a bordo con la mayor rapidez. Ciertamente no era necesario meterles prisa: saltaron de uno en uno de las rocas al bote dejando atrás sin pensárselo un segundo docenas de objetos personales que solo una hora antes consideraban indispensables.

El bote llevó su primer cargamento al Yelcho y volvió en busca del segundo.

Worsley permaneció en todo momento en el puente del barco. Después escribió: «2,10 ¡Todo bien! ¡Al fin! 2,15 ¡Avante a toda máquina!».

Y Macklin:

> Me quedé en cubierta contemplando cómo la isla Elefante se perdía en la distancia [...]. Todavía pude ver mi chaqueta ondeando en la brisa, en la ladera de la colina [...]. Sin duda seguirá ondeando hasta que, ante la curiosidad de las gaviotas y de los pájaros bobos, la convierta en jirones una de nuestras conocidas ventiscas.

# Agradecimientos

Me es imposible expresar mi agradecimiento a todas las personas que han contribuido a esta empresa. En orden alfabético, enumero aquellas a las que estoy particularmente agradecido:

William Bakewell, de Dukes, Michigan.

Charles W. Ferguson, de Chappaqua, Nueva York.

Margery y James Fisher, de Northampton, Inglaterra, coautores de *Shackleton and the Antarctic*, que generosamente me permitieron consultar gran cantidad del material que reunieron cuando prepararon su excelente y exhaustiva biografía de Shackleton.

Charles J. Green, de Hull, Inglaterra.

Comandante Lionel Greenstreet, de Brixham, Inglaterra, en primer lugar por dedicarme muchas horas de su tiempo y después por permitirme utilizar sus dos detallados diarios, y por contestar por carta a mis muchas preguntas.

Miss Evelyn Harvey, de Nueva York, por sus pacientes consejos y críticas.

Walter How, de Londres.

Doctor Leonard D. A. Hussey, de Chorley Wood, Hertfordshire, Inglaterra, que me aportó mucha información, tanto en persona como por carta.

Miss Joan Ogle Isaacs, de Londres, que me acompañó en la investigación durante muchas semanas.

Doctor Reginald W. James, de Ciudad de El Cabo, Suráfrica.

A. J. Kerr, de Ilford, Essex, Inglaterra.

James Marr, de Surrey, Inglaterra, que me consiguió amablemente el diario de Frank Worsley de la travesía en el Caird, por lo que le estoy especialmente agradecido.

A los editores de The McGraw-Hill Book Company, sobre todo a Edward Kuhn, Jr.

Doctor J. A. McIlroy, de Aberystwyth, Gales.

Miss Edna O'Brien, de Scarborough, Nueva York.

Maurice T. Ragsdale, de Chappaqua, Nueva York, que leyó el manuscrito y me aportó algunos sabios consejos.

Miss Cecily Shackleton, ya fallecida, que me permitió utilizar el diario de su padre y muchos de sus documentos personales.

El Scott Polar Research Institute, de Cambridge, Inglaterra, que puso a mi disposición los siguientes manuscritos:

- El diario de Frank Worsley en el Endurance, 1914-1916 (S. P. R. I. ms. 296).
- El diario (de navegación) de Frank Worsley en el James Caird, abril-mayo, 1916 (S. P. R. I. ms. 297).
- Los diarios de R. W. James (S. P. R. I. ms. 370).
- El borrador del relato de la expedición del Endurance de T. H. Orde-Lees (S. P. R. I. ms. 293). Mecanografiado.

Estoy particularmente agradecido a Harry G. R. King y a miss Ann M. Savours del Scott Polar Research Institute por sus muchas horas de ayuda y el interés que se tomaron en mi proyecto.

Arnt Wegger de Framnaes, la naviera de Sandefjord, Noruega, y también Lars Christensen, Aanderud Larsen y Mathias Andersen y muchos otros de Sandefjord, quienes me proporcionaron bosquejos y fotografías del Endurance, además de mucha información acerca de Georgia del Sur.

Sir James Wordie de Cambridge, Inglaterra.

Finalmente, me siento en deuda con tres personas.

La primera es Paul Palmer, de Ridgefield, Connecticut, sin cuyo entusiasmo, ánimos y ayuda nunca habría podido escribir este libro.

La segunda es el doctor Alexander H. Macklin, de Cults, Aberdeenshire, Escocia, con el que me siento especialmente en deuda. No solo me cedió sus diarios y los de otros, sino que me proporcionó un relato detallado de la travesía en bote hasta la isla Elefante. Nunca podré agradecerle su generosidad, objetividad y, sobre todo, la paciencia que tuvo conmigo durante un periodo de largos meses en los cuales respondió a mis numerosas preguntas. De él recibí una ayuda que no merezco.

Y, finalmente, mi esposa, de la que solo puedo decir que su ayuda fue más allá de cualquier obligación.